LESS IS MORE
How Degrowth Will Save the World

少即是多

棄成長如何拯救世界

LESS IS MORE

How Degrowth Will Save the World

傑森．希克爾 Jason Hickel 著　朱道凱 譯

suncolor
三采文化

pour les damnés de la terre

致　飢寒交迫的人民

「我們並沒有權利去問我們是否會成功。我們唯一有權利去問的問題是，正確的做法是什麼？如果我們想要繼續活在地球上，我們需要為它做些什麼？」

——溫德爾．貝里（Wendell Berry）

目次
CONTENT

序

由我們共同的脆弱性和團結性構成的願景

反滅絕運動（Extinction Rebellion）有時會提出了太難達成的要求而被批評，但重要的是，我們得清楚理解反滅絕運動「不是什麼」。反滅絕運動「不是」治療迷途文明的萬靈丹，相反的，反滅絕運動是煙霧警報器，是一種非暴力的警告。在傑森・希克爾這本重要的新書中所說的「緊急煞車」之前，我們希望政府面對現實、正視眼前危機，但我們仍須想出**究竟如何改變一切**，以創造對人民和地球更好的社會。

反滅絕運動是承認事態危急。過去一年隨著新冠病毒蔓延全球，我們學到很多關於危急情況的資訊。這場全球流行病使我們承受共同的脆弱，為了保護人類、保護生命，我們必須快速行動並做出困難的決定。大多數國家能做到這一點，這是相當樂觀的信號。當我們認真看待危機，即能成就些什麼。

正因為新冠病毒一開始對北方世界[1]打擊最重，我們得相當嚴肅地對待，需要迫切聽到它敲響的警鐘。較緩慢的氣候危機同時伴隨而來，並對已經承受大量苦難的南方世界構成巨大的威脅。我們處於共同危機之中，但此危機有差異化的影響。我們必須意識到，有些政府將以更加惡劣的「環境種族歧視」和「生態法西斯主義」回應。這些動機挑起不同族群彼此敵對（也向不同形態的生命敵對），我們需要團結一致面對危機。如果新冠病毒教會我們團結的重要，這個危險時刻之中就能出現一線真正曙光。

《少即是多》提出精闢的新構想，處理新冠病毒危機的另一面。這些構想涉及我們如何防止氣候災難，如何逆轉正在進行中的第六次生物大滅絕，如何避免社會崩垮。我們由本書瞥見如何從殘破的世界建立起更美好的未來。傑森．希克爾從歷史、經濟學、人類學、哲學、科學等各角度，提出眾多交織、重疊和相互強化的構想。這種大格局的思維，正是達到我們需要的快速轉型所必需。

新冠危機清楚顯示，只要政府有足夠決心，並受到情勢——及人民意志——足夠地驅使，就能夠做到它們多年來一直宣稱不可能的事，譬如全民基本收入、債務免除、富人稅、必要時的國有化等等。傑森在書中闡述某個類似但甚至更大的概念，可以使我們脫離愚蠢和瘋狂的「成長主義」，引導我們建立一個更美好、更平等的社會，同時對生態系統有著更低衝擊，令人民更幸福。讀這本書有種感覺：我們能用更簡單的方法並且擁有一切，至少是真正重要的一切。

這本書燃起了我們的希望，並顯示了反滅絕運動是**得以實現的**。此可能性仰賴於足夠的遠見，重建恢復生機的地球、更再生的文化、更美好的共同生活的願景。新冠危機告訴我們每個人，世界各地的關鍵工作者是誰：醫護人員、糧食生產者、配送人員等等。如果我們將社會重新聚焦於需要，而非人工製造的欲望，便能重新校準世界，在此世界我們可以一起變得更滿足和更少分歧。談到欲望，傑森在書中強而有力地闡述廣告如何扭曲我們的生活，提醒我們那就是臉書和谷歌等科技巨頭的本質。

我們必須做此改變，我們都知道不能等待。如果我們要阻止成長魔王宰制所有人，就必須**改變制度**。誠如反滅絕運動最大的支持者，瑞典環保少女葛蕾塔．桑伯格（Greta Thunberg）對全球「菁英」那令人難忘的喊話：「我們處於大滅絕的開端，而你們只會談錢和無止境經濟成長的童話故事。你們怎麼敢！」我們必須改變制度，不是為了任何意識形態上的理由，而僅僅是因為事態危急之要求。類似二次大戰期間，有些國家如英國實施的食物配給制，它與社會主義無關，完全是為了生存，然而它確實使社會更平等、使人民更健康。這一次的改變有望再度獲得一個美麗的意外收穫：我們為了生存需要而做的事情，剛好是我們為了擁有**更好的生活**需要而做。

在這本書前幾章，傑森講述資本主義的恐怖歷史，是如此殘酷得令人想否認，但它真實存在，我們需要面對真相，並正視我們目前承受的氣候和生態崩壞背後的現實。當傑森告訴我們「GDP成長是資本主義福利的指標，不是人類福祉的指標」這個硬道理時，我們需要悉心聆聽。

我們不能忘記世界上的崩垮已經發生，而對於崩垮責任最小的地方，卻是西方媒體很少注意的地方。如要推動新的制度，得超越我們不計一切代價的成長模式，就必須從團結南方世界開始。這必須與「去殖民化」和「補償」有關，否則就是沒有抓到重點。

在現今社會，我們傾向於想像更多科技創新是解決問題的方法。但為什麼我們不同樣熱切地想像更多**社會創新**呢？這顯示了我們的想像力極度貧乏，碰到資本主義就止步，認定它是唯一的選擇。不！我們是充滿創意的人，並能想像更大的格局，我們能開創**各式各樣**的方法。《少即是多》沒有提供答案，但它提供了一個**明確的可能性**，並承諾只要我們願意提問，願意尋找，而且若實際上決心這麼做，可能還有更多答案。

最重要的是，《少即是多》證明了一件事，那就是我們要求的改變絕非不切實際。相反的，如果我們願意開始真正面對現實，最不切實際的事情莫過於幻想現狀還能維持很久。

傑森沒有花很多篇幅探討絕境，也就是萬一我們最後失敗之時會墜落的無底深淵。反滅絕運動延續至今，因為愈來愈多人終於願意面對他們對崩垮之可能性的恐懼，甚至絕望，並承諾做出重大改變。你可以協助這個進程，加入愈來愈誠實坦率地看待社會當今運行軌道的行列，並加入反抗運動，反抗我們邁向自我毀滅的路徑，抗拒那個偽宿命。

如果你同意傑森在書中的觀點，你就有深切責任採取相應行動，為了實現那個願景，也為了避免另一個後果。而此必要性包括激進行動，以超越正常政治能量的方式快速改變現狀。後新冠時刻也許是人類向共同的脆弱性學習的最後一個機會，以便創造和實現願景——一個遠比過去平等和永續發展的世界。

傑森的書相當傑出地詮釋那個世界，現在就加入我們，一起來改變現狀吧！

為生命抗爭的終生叛逆者

——魯伯特・李德和寇夫・毛瓦利・克魯，二〇二〇年四月寫於倫敦

導言

歡迎來到人類世

我為自己挽救不了的一切感傷。已有太多被摧毀。我必須和那些人同甘共苦，他們沒有超凡的力量，卻反常的，一代接一代，重構世界。

——雅德里安．李奇（Adrienne Rich）

有時，有些覺悟會悄悄潛入腦中，像段沉默記憶，只是最輕微地暗示：有些事不對勁。

我成長於史瓦帝尼，南非洲的小國，舊名史瓦濟蘭。小時候我家有一台搖搖晃晃的老舊豐田貨卡，一九八〇年代那一帶到處可見的那種車。在長途車程之後，我的工作是幫忙清除堆積在水箱罩上的昆蟲。有時候蟲子堆了三層厚，蝴蝶、飛蛾、黃蜂、蚱蜢、金龜子，沒有幾百種也有幾十種，所有想像得到的尺寸和顏色應有盡有。記得我爸告訴我，地球上的昆蟲比起其他所有動物，包括人類，加起來還要重。我對這個概念感到驚奇，不知何故的受到鼓舞。小時候我擔心世界的命運，我猜很多兒童都如此，因此這個關於昆蟲的故事讓我感覺一切都會安然無恙。生命似乎源源不絕、無窮無盡的想法令人安心。炎熱的夜晚，當我們坐在鐵皮屋頂的小房子外面露台上乘涼，看著大群飛蛾和甲蟲繞著燈飛舞，閃躲偶爾猛撲進來搶一頓美食的蝙蝠，這個事實便會浮上心頭。我變得著迷於昆蟲。有一度我嘗試辨認我家周遭所有不同種類的昆蟲，手上抓著筆和小筆記本跑來跑去。最後我不得不放棄，因為種類多到無法計算。

我爸三不五時仍會講那關於昆蟲的老故事，總是帶著興奮的語氣。做父親的總是如此，好像那是他剛發現的新事實。但這些時日故事聽起來不大真實。不知怎的，事情感覺不一樣了。近幾年當我回到南非洲做研究時，即使開了長途，車子或多或少還是乾淨的。也許這裡或那裡點綴了幾隻蒼蠅，但完全不像過去那樣。或許只是因為昆蟲在我的童年記憶中特別突出，又或許某個更令人不安的事情正在發生。

二〇一七年後期，一個科學家團隊公布了一些奇怪並相當驚人的研究結果。他們在德國自然保護區一絲不苟地計算昆蟲數量長達數十年之久。很少科學家肯花時間做這種事，因為昆蟲數量太多了，使這類研究似乎沒必要，因此人人好奇他們到底發現了什麼。結果令人震驚，該團隊發現德國自然保護區的飛蟲在二十五年間消失了四分之三。他們推斷，由於周遭森林變更為農地，密集的農藥使用隨之而來。

這項研究被廣為傳播，登上世界各地媒體頭條。「我們似乎把大片土地弄成不歡迎大部分的生命形態，目前正邁向生態末日。」其中一位科學家說。「如果我們失去昆蟲，一切將會崩垮。」[1]昆蟲對於授粉和植物繁殖不可或缺，而且是成千上萬其他物種的食物來源，這也許看起來微不足道，卻是生命網（web of life）的關鍵節點。彷彿要證實這些憂懼似的，幾個月後，兩份研究報告出爐，顯示昆蟲種群減少已造成法國農地上的鳥類銳減。短短十五年時間，平均數目減少三分之一，某些鳥類如草地鷚和鷓鴣暴跌八十%之多。[2]同一年，中國傳出昆蟲相繼死亡，引發授粉危機的消息。工人親手為其農作物授粉的荒誕照片出現在媒體上。

問題不限於這些地區，昆蟲減少的現象似乎四處發生。一份發表於二〇一九年檢視全球證據的報告，發現至少十%昆蟲物種有滅絕危險，甚至可能更多。[3]

這些現象更發生在世界上一些最偏遠的地方。二〇一八年，一組科學家發表關於波多黎各艾爾雲克雨林中的昆蟲的研究報告，這片保護區遠離公路、農場和工廠，要多蠻荒有多蠻荒，然而，即使在叢林深處，他們發現昆蟲生物量（biomass）在三十六年間減少了九十八％，幾乎完全絕種。「我們不敢相信最初結果。」其中一位科學家對《經濟學人》雜誌表示：「我記得一九七〇年代，雨後蝴蝶漫天飛舞。二〇一二年我回去的第一天，幾乎沒看到任何一隻。」[4]更糟的是，昆蟲數目銳減進而引發眾多攝食昆蟲的物種減少，從蜥蜴到鳥，整個系統似乎瓦解了。

究竟是什麼力量能在叢林中間造成這麼大的災難？在這個例子中，科學家歸咎於氣候變遷。波多黎各雨林的氣溫比前工業時代水準升高約攝氏二度，是世界平均值的兩倍之多。二度足以把許多熱帶昆蟲推到牠們的耐熱極限之外。美國昆蟲學家大衛・華格納（David Wagner）表示，這是他生平所見最令人不安的研究之一。不安是因為發生在波多黎各雨林的現象，讓我們瞥見隨著全球暖化加速，其餘世界可能會發生什麼事。到目前為止，全球平均氣溫上升攝氏一度。當我們開始接近攝氏二度，昆蟲種群可能開始到處衰竭。那些在艾爾雲克森林中垂死的蝴蝶，是煤礦坑裡的金絲雀。[5]

這並不是一本談厄運當頭、在劫難逃的書，這是一本關於希望的書。我們談的是如何能夠改變經濟體，使它從圍繞著宰制和榨取組織而成，變成與生命世界扎根的互惠關係。不過在我們啟程之前，瞭解哪些事物處於危急關頭甚為重要。發生在我們周遭的生態危機，遠比我們普遍認為的嚴重。它不只是一、兩個互不相干的議題，可以用針對性的干預分別解決，其他一切照常運行。

目前發生的現象是多重、互聯系統的崩解，人類從根本上依賴這些系統。如果你已熟悉目前狀況，不妨略過這部分。否則，請做好心理準備，出問題的不只是昆蟲。

活在大滅絕時代

「把土地轉讓給大公司」、「拔光任何樹籬和喬木，種上單一作物」、「用飛機噴灑」、「用巨型收割機採收」……這在當時似乎是個好主意。從二十世紀中葉開始，整個地景改觀，根據產業利潤的極權邏輯再造，大部分用來生產家畜飼料，以極大化榨取為目標，而他們稱之為綠色革命。但從生態觀點來看，它一點也不「綠」。由於將複雜的生態系統縮減成單一向度，其他一切都看不見了。沒有人注意到對昆蟲和鳥類的影響，甚或是對土壤本身的影響。

如果你曾抓一把肥沃、深色、芬芳的土壤在手上，你就知道裡面爬滿生命：蠕蟲、幼蟲、昆蟲、菌類和幾百萬個微生物。生命使土壤有復原力和繁殖力。但在過去半個世紀，工業化農業以其對積極耕作和化學投入的依賴，快速殺死土壤生態系統。聯合國科學家發現，如今地球上的土壤有四十%已嚴重退化。農業土壤消失的速度比它形成的速度快了一百多倍。[6] 二〇一八年，一位來自日本的科學家努力爬梳世界各地蚯蚓種群的證據。他發現工業化農場的蚯蚓生物量已銳減八十三%。隨著蚯蚓一一死亡，土壤的有機成分減少一半以上。我們的土壤正變成沒有生命的廢土。[7]

「後果令人擔憂」只是最輕描淡寫的說法。全世界五分之一農地的收穫量目前正在下降。[8] 科學家警告，如果這個情形繼續下去，地球只能再支撐六十年的收成。[9] 構成人類文明基礎長達幾萬年的土壤，突然間，在短短幾十年內瀕臨崩潰。

海岸也發生類似的情況。當我們去超市時，理所當然認為一定會找到所有愛吃的海鮮，鱈魚、無鬚鱈、黑線鱈、鮭魚、鮪魚等等，對世界各地人類飲食極為重要的物種，但這個簡單的認知正開始動搖。最近數據顯示，約八十五％的全球魚群現已耗盡或面臨衰竭。黑線鱈的數量已降到過去的一％，大比目魚，雄偉的海中巨無霸，只剩下一％的五分之一。有史以來第一次，世界各地的漁獲都開始下降。[10]以目前趨勢來看，到了二〇四八年，亞太地區的漁業產量將會歸零。[11]

積極的過度捕撈造成大部分的問題，和農業的情形如出一轍，大公司把漁業變成一種戰爭行為，用工業式的超大型拖網漁船掃蕩海底，追捕愈來愈稀少的魚，僅為了捉幾隻有「市場價值」的魚而拖拉起幾百個物種，過程中把珊瑚花園和五彩繽紛的生態系統變成死氣沉沉的平原。為了爭奪利潤，整個海洋景觀被大批毀滅。同時，其他力量也產生效應。氮和磷之類的農藥流入河川，最後注入海洋，導致巨大海藻茂盛生長，阻斷氧氣供給底下的生態系統。大片「死區」沿著工業化地區如歐洲和美國的海岸線蔓延。許多海洋曾經翻騰攪動著生命，逐漸變成詭異的死寂，塑膠充斥多過於魚。

海洋也受氣候變遷影響。地球暖化產生的熱量九十％以上被海水吸收。[12]海洋充當了緩衝器，使我們免於承受我們自身排放的溫室氣體之最壞效應。但結果是海洋受苦，因為當海水溫度升高，養分循環被打亂，食物鏈斷裂，大片海洋棲息地相繼死亡。[13]同時，碳排放導致海水變得更酸。這是問題，因為海洋酸化過去曾驅動了幾次大規模滅絕事件。它在六千六百萬年前的最後一次滅絕事件中扮演主要角色，當時海水酸鹼（PH）值下降〇．二五%。那個小小變化足以消滅七十五%的海洋物種。以我們目前的碳排趨勢，到了本世紀末，海洋酸鹼值會下降〇．四%。[14]我們知道接下來會發生什麼事，可以預見它的降臨。事實上，此時此刻它已經登場了，海洋動物消失的速度是陸地動物的兩倍。[15]大量珊瑚生態系統正在白化，變成死亡、沒有顏色的骸骨。[16]根據潛水員報導，甚至連偏遠、曾經充滿生命的礁石，現在也發出腐肉的惡臭。

❖

起初關於飛蛾和甲蟲的模糊概念，若隱若現的童年記憶，變成痛徹心扉的覺悟，像一記打在肚子上的重拳。我們夢遊似的步入一場大規模滅絕事件，地球歷史上的第六次，人類經濟行為造成的第一次。**現在滅絕的速度比工業革命前快一千倍**。

幾年前幾乎沒有人談論這件事。就像我爸和他的昆蟲故事，人人只是假定生命網會永遠完好無損。現在情況嚴重到聯合國成立一個專案工作組負責監控，名為「生物多樣性及生態系統服務政府間科學及政策平台」(縮寫為IPBES)。二〇一九年IPBES發表第一份詳盡報告，引用來自世界各地、代表幾百位科學家共識的一萬五千項研究，首開先河地評估目前存活在地球上的物種。研究發現，全球生物多樣性正以歷史上前所未有的速度加快減少，約一百萬物種目前處於幾十年內滅絕的危險之中。[17]

我不斷盯著這些數字，但無法理解，它感覺太超現實，像發燒時做的夢，夢中世界似乎奇特、陌生和不成比例。IPBES主席羅伯・華生(Robert Watson)稱這份聯合國報告是「不祥之兆」。「我們及其他所有物種依賴的生態系統，其惡化的速度快過以往任何時候。」他說。「我們正在侵蝕全世界的經濟、生計、糧食安全、健康和生活品質的基礎本身。」IPBES幹事長安妮・賴芮葛黛莉(Anne Larigauderie)說得甚至更直白：「我們目前正以系統化的方式消滅所有非人類的生物。」科學家通常不愛用強烈字眼，寧可用中性、客觀的語氣書寫。但讀完這些報告，你很難不注意到他們當中很多人感覺非改變作風不可。最近一篇研究報告發表在素負盛名的《國家科學院院刊》(*Proceedings of the National Academy of Sciences*)，那是一本嚴肅、沉悶的刊物，報告卻用「生物殲滅」形容滅絕危機，並斷定它代表「對人類文明基礎的恐怖攻擊」。「人類最後會付出非常高的代價，」作者寫道：「為了毀滅宇宙中我們所知的唯一生命群落。」[18]

生態有個特性：萬物互相連結。我們很難理解這是怎麼運作，因為我們習慣從個別部分的角度去思考世界，而不是把世界看成複合的整體。事實上，我們甚至被教導用這個方式思考自己，把自己看成個體。我們忘記如何留意事物之間的關係。授粉需要昆蟲；鳥控制作物害蟲；幼蟲和蠕蟲對土壤的肥沃度不可或缺；紅樹林淨化水質；魚類種群依賴珊瑚。這些生命系統不是「外界」，跟人類不相連。相反的，我們的命運和它們交織在一起。在真實意義上，它們就是**我們**。

用同樣的簡化思維不可能充分了解生態危機，這種思維正是造成危機的元兇，這在氣候變遷的例子上特別明顯。我們傾向於認為氣候變遷主要是溫度問題。很多人並不特別在乎，因為我們對溫度的日常經驗是一、二度的溫差其實感受不大。但溫度只是開端，它是毛衣上的脫線。

氣溫上升有些後果顯而易見，因為我們直接看得到和感受到。自一九八〇年代以來，每年發生極端風暴的次數已經加倍。[19]現今風暴襲擊如此頻繁，以致於即使特別驚心動魄的景象在我們記憶中也模糊不清。如果你還記得，僅僅二〇一七年，美洲就遭遇幾次有紀錄以來破壞力最強的颶風。颶風哈維摀毀一大片德州；艾瑪把巴布達島摧毀到實際上無法居住；瑪莉亞讓波多黎各陷入幾個月的黑暗，並摧毀島上八成作物。這些是五級颶風，是最嚴重的級別。這種強度的颶風應該一個世代只發生一次，但在二〇一七年，它們接二連三來襲，走後留下一片混亂和覆滅。

氣溫上升也引發致命的熱浪。二〇〇三年熱浪襲擊歐洲，短短幾天時間造成驚人的七萬人喪生。法國受創最重，連續一個多星期，氣溫飆高到攝氏四十度以上。隨著乾旱橫掃歐洲大陸，小麥收成減少十％。摩爾多瓦的收成全毀了。三年後熱浪再度來襲，打破歐洲北部各地氣溫紀錄。二〇一五年，熱浪在印度和巴基斯坦維持了攝氏四十五度以上的高溫，奪走五千多條人命。二〇一七年，熱浪席捲葡萄牙，引發野火燒遍該國森林。道路變成墳場，駕車逃離火場的人在車內被活活烤死。濃煙甚至遠飄到倫敦，遮蔽了天空。二〇二〇年，澳洲叢林大火迫使人們逃到海灘避難，其場景讓人聯想到世界末日電影。多達十億隻野生動物遇害，遍地是袋鼠和無尾熊焦屍的恐怖景象出現在我們眼前。

這類事件既真實又具體，並成為媒體頭條新聞。但氣候變遷更危險的面向則否，至少還沒有。到目前為止，我們僅比前工業時代氣溫水準上升攝氏一度。以目前趨勢來看，我們將在本世紀末達到上升攝氏四度。即使將各國在巴黎氣候協定下宣誓減少的碳排納入考慮（儘管那是自願性質而無約束力），全球氣溫仍會上升攝氏三·三度。這不是遞增式的變化。人類從未生活在這麼熱的星球上。那個二〇〇三年襲擊歐洲的致命熱浪？它將是未來的正常夏季。西班牙、義大利、希臘會變成沙漠，氣候會像撒哈拉甚於我們所知的地中海，而中東會陷入永久乾旱。

在此同時，上升的海水將改變我們的世界到幾乎認不出來的地步。自一九〇〇年至今，海平面大約上升二十公分。即使這個看來很小的升幅，已造成更頻繁的洪水氾濫和更危險的風暴潮。二〇一八年，當颶風麥可猛擊美國，它帶來十四英尺高的巨浪，把佛羅里達州部分海岸線變成破屋殘骸和扭曲金屬的地獄景觀。如果我們什麼都不做，照常過我們的日子，一切會變得更糟。事實上，即使我們達到巴黎氣候協定制定的目標，維持氣溫上升不超過攝氏二度，到了本世紀末，海平面預計還會再升高三十至九十公分。[20]以二十公分造成的損害來看，難以想像海平面比現在再升高四倍會是什麼光景。僅僅風暴潮就會造成浩劫。相形之下，颶風麥可掀起的波濤似乎小巧玲瓏。如果氣溫上升攝氏三度或四度，海平面會升高一百公分之多，有可能達到二百公分。幾乎所有地球上的海灘都會沉到海底。孟加拉，一億六千四百萬人的家園，大部分會消失；沿海城市如紐約和阿姆斯特丹將永遠被水淹沒，雅加達、邁阿密、里約和大阪亦然。不計其數的人將被迫逃離沿海地區。這一切都將在本世紀發生。

然而，不論這一切災難有多嚴重，氣候變遷最令人擔憂的衝擊或許與更平常的事物有關——糧食。亞洲有一半人口依賴從喜馬拉雅山冰河流下來的水，不只為了飲用和其他家務需求，也為了農業。數千年來，這些冰河每年流失的量被新的冰補充。但現在，冰融化的速度比補充的速度快。如果我們達到暖化攝氏三度或四度，大部分這些冰河會在本世紀結束前消失，等於拔掉了該區糧食系統的心臟，令八億人陷入飢荒。在南歐、伊拉克、敘利亞和其他大部分中東地區，極端乾旱和沙漠化會導致整個區域不宜農耕。美國和中國的主要糧食產區也會受到衝擊。根據美國太空總署研究，美國大平原和西南部的乾旱將會把這些地區變成塵暴區。[21]

根據簡單的經驗法則，科學家算出我們每加熱地球一度，穀物類主食作物的收成即減少十%。[22]以目前的暖化趨勢，這表示本世紀糧食產量會減少三十%。有些作物情況更糟，例如印度的小麥和美國的玉米，可以暴跌六十%之多。[23]在正常情況下，區域性的糧食短缺可以靠其他地區的過剩產能彌補。但氣候崩壞可以引起數個大陸同時出現糧食短缺現象。根據聯合國政府間氣候變遷專門委員會（縮寫為ＩＰＣＣ）的報告，暖化超過二度很可能造成「全球糧食供應持續中斷」。該報告的領銜作者之一表示：「多重糧倉衰竭的潛在風險不斷增高。」加上土壤貧化、授粉者死亡和漁業崩垮，我們看到糧食危機不斷加劇的前景。

這個前景會對全球政治穩定造成嚴重後果。受糧食短缺影響的地區，會出現大規模人口遷移現象，人們為了尋找穩定的糧食供給而移居他鄉。而事實上，它已經發生了。[24]那些逃離瓜地馬拉和索馬利亞等地的人，很多只是因為他們的農場不再能夠養活他們。國際體系已經緊繃，因為六千五百萬人被戰爭和旱災所迫離開故鄉，比二次大戰後的任何時期來得更多。隨著移民壓力升高，政治變得更加兩極化，法西斯運動趁勢而起，國際聯盟開始裂解。鑑於飢荒、暴風雨和海平面上升導致愈來愈多的人口遷移，加上可耕地不斷減少，誰也說不準會爆發什麼戰火。

生態系統是複雜的網絡。在壓力下，它們可以非常有韌性，但一旦某些重要節點開始失靈，連鎖反應將貫穿整個生命網。這是以往大規模滅絕事件展開的原因。這不是如隕星或火山等外部衝擊造成的，而是隨之而來內部失靈的骨牌效應。很難預測這種效應如何演變。像轉折點（tipping points）和反饋迴路（feedback loops）這類因素，使一切事物變得更加危險，超過它原本可能有的程度。這就是為什麼氣候崩壞如此令人擔憂。

以極地冰帽為例。冰的功能類似一座巨大的反射器，把太陽光反射回太空。這個作用叫做反照效應（albedo effect）。但隨著冰層消失，露出底下顏色更深的地景和海洋，所有的太陽能被吸收並將熱氣輻射到大氣層，這又驅動進一步暖化，導致冰融化得更快，不論有沒有人類製造的碳排。一九八〇年代，北極海冰平均覆蓋約七百萬平方公里。在我寫這句話之際，它的面積已縮小到大約四百萬平方公里。

反饋迴路也影響森林。隨著地球溫度上升，森林變得更乾燥和更容易著火。當森林燃燒，它們釋放二氧化碳到大氣層，我們則失去森林做為未來碳排的吸儲庫。這更加劇全球暖化，也直接影響降雨。森林實際上造雨。例如，亞馬遜森林每天呼出大約兩百億噸的水蒸氣到大氣層，像一條看不見的大河流入天空。這些水蒸氣大部分化成雨降回森林，但它也為更遠的地方造雨，遠至南美洲各地，甚至北飄到加拿大。森林對地球的循環系統極為重要；它們像巨大的心臟，把孕育生命的水輸送到世界各地。[25]當森林相繼死亡，乾旱將變得更加尋常，森林繼而變得更容易著火。這個情形發生的速度快得駭人。以目前趨勢，大部分雨林會在本世紀結束前枯萎，變成稀樹草原。

在一些例子，轉折點發作的速度之快，可以讓整個系統在一段非常短的時間內崩塌。科學家特別擔心一個現象，叫做「海洋冰崖不穩定性」。從前大部分的氣候模型假定，即使全球暖化鎖定在西南極冰層完全融化，瓦解過程會延續兩個世紀。但二〇一六年，兩名美國科學家勞伯・狄康圖（Robert DeConto）和大衛・波拉德（David Pollard）在《自然》期刊（*Nature*）發表文章，指出瓦解速度很可能快得多。冰層中央比邊緣厚，因此當冰山斷裂，它們會暴露愈來愈高的冰崖。這是問題，因為更高的冰崖不能支撐本身的重量，一旦暴露，它們將開始彎曲變形，一個接一個，在骨牌效應中，像摩天大樓倒塌。這可以造成冰層瓦解不用花幾個世紀，只要幾十年，或許短到二十至五十年。[26]

如果這個情形發生，僅僅西南極冰層就可以在我們有生之年讓海平面再升高一公尺或更多。同樣情形如果發生在格陵蘭，後果會更糟。全世界的沿海城市會淹沒，速度快到讓人來不及適應。加爾各答、上海、孟買和倫敦全都泡水，大部分這個世界的經濟基礎架構也跟著泡湯。這是一個規模大到幾乎無法想像的災難。而且我們知道它將很有機會發生，因為過去曾經發生過。事實上，它發生在上個冰河期尾端。研究冰崖動態的科學家已大聲疾呼，批評政府不把這個風險納入他們的氣候模型。

所有這些複雜性所呈現的真正問題是，我們究竟有沒有能力控制地球溫度。有些科學家擔心我們也許不能把溫度上升「停在」二度，如巴黎氣候協定假設的。如果升溫二度，我們可能引發骨牌效應，情況急轉直下到失控地步，把地球推入永久的「溫室狀態」。氣溫可能飆高到遠超過目標臨界點，我們將完全無力阻止它。[27]鑑於這些風險，唯一理性反應是盡一切可能維持暖化不超過攝氏一．五度。這表示趕快將全球碳排量減至零，比任何人目前計畫的速度都快得多。

生態事實背後

你當然不是第一次聽說這一切。如果你正閱讀這本書，多半因為你關切此事。你已經讀了幾十個關於我們目前所處危機、令人反胃的事實，知道有些事情出了嚴重差錯。我不必說服你。那不是這本書的目的。

哲學家提摩西・莫頓（Timothy Morton）拿創傷後壓力症候群（簡稱ＰＴＳＤ）患者的夢魘來比喻我們對生態事實的著魔。在ＰＴＳＤ夢中，你重新經歷創傷，醒來發自內心地驚恐、冒汗和顫抖。基於某個原因，夢魘一而再、再而三出現。佛洛伊德認為，這是你的大腦試圖把你插入創傷發生前一刻，藉此減輕你的恐懼。其概念是如果你能預知創傷事件，就有可能避免它，或至少做好心理準備。莫頓認為生態事實發揮類似功能。藉著不斷重複恐怖的生態事實，在某個潛意識層次，我們試圖把自己插入一個虛構時刻，崩潰發生前一刻，這樣我們就能看到它來臨和設法避免。至少當它來臨時，我們會感覺準備好了。[28]

在此意義上，生態事實攜帶雙重訊息。一方面，它們大聲呼喊，催我們趕快醒過來和馬上行動。但同時，它們暗示創傷尚未完全到來，還有時間逃過一劫。這是它們這麼容易騙人，這麼令人放心的原因，也是為什麼我們莫名其妙地渴望更多生態事實的原因。危險在於，我們會被哄騙到無所作為，空等事實變得更極端。我們告訴自己，一旦到了最後關頭，我們就會起而行，做點什麼來解決它。但那個終極生態事實永遠不會到來。它永遠不夠充分。如同 PTSD 噩夢，生態事實永遠不會發揮它們應有的作用。它們總是失敗，我們落得半夜哭醒，因無法言喻的恐懼而顫抖，因為在內心深處，我們知道創傷已經到來。我們已經身處其中，活在一個垂死的世界。

事實累積了幾十年。隨著一年一年過去，它們愈來愈清楚，也愈來愈令人擔憂。但不知何故，我們無法改變路線。過去半個世紀布滿無所作為的里程碑。一九七〇年代中葉，科學界首次對人為氣候變遷開始形成共識。第一次國際氣候高峰會於一九七九年舉行，我出生的前三年。一九八八年，太空總署氣候學家詹姆斯・漢生（James Hansen）向美國國會發表劃時代的證詞，解釋化石燃料的燃燒如何促使氣候崩壞。一九九二年聯合國通過氣候變遷綱要公約（縮寫 UNFCCC），制定無約束力的溫室氣體排放限度。自一九九五年起，國際氣候高峰會——聯合國締約方會議——年年召開，協商減碳計畫。聯合國綱要經過三次擴展，從一九九七年的京都議定書，到二〇〇九年的哥本哈根協議，到二〇一五年的巴黎協定。然而全球 CO_2 排放量仍年年攀升，生態系統則以致命的速度裂解。

儘管我們已經明白了將近半個世紀，生態問題攸關人類文明的存亡，但在阻止生態崩解這件事上卻毫無進展。這是非常弔詭的現象。未來世代回顧我們，會驚異我們怎麼可能明知發生了什麼，清楚它的細微末節，卻不去解決問題。

要如何解釋這個惰性？有些人歸咎化石燃料公司及其對政治系統的牢牢掌控。這個指控當然不是無的放矢。有些較大的公司，雖然早就知道氣候崩壞的危險，早在它成為公共議題之前，仍然資助那些要麼徹底否認科學，要麼盡可能阻擋有意義行動的政客。國際氣候公約之所以不具法律約束力，大部分是它們努力阻擋的結果，因為它們大力遊說政府反對這類提案。它們也發動非常成功的假消息宣傳戰，幾十年下來，削弱了公眾對氣候行動的支持，尤其是美國這個切實可以領導全球轉型的國家。

化石燃料公司和它們買通的政客，對我們的困境負有重大責任。但這個單一因素解釋不了我們何以未能採取行動。一定有其他、更深層的原因。我們用化石燃料成癮和化石燃料產業耍的花招，其實只是一個已存在問題的症狀。歸根究柢受其威脅的是過去幾個世紀或多或少支配整個地球的經濟制度：資本主義。

◆◆◆

一提到資本主義四個字，人們立刻擺出攻防架勢。人人對它有強烈感覺，愛憎分明，通常基於很好的理由。但不論我們對資本主義有什麼想法，重要的是睜大眼睛看清楚它是什麼以及它如何運作。

我們有個傾向，用熟悉的、陳腐的詞彙描述資本主義，譬如「市場」和「交易」。但這個描述不大精確。市場和交易在資本主義出現前已經存在了幾千年，它們本身夠單純。資本主義與歷史上其他大部分經濟制度不同之處，在於它圍繞著不斷擴張或「成長」的迫切性組織而成，即產業開採、生產和消費水準的不斷提高。我們用國內生產毛額（GDP）來衡量，[29]成長是資本的最高指導原則。注意，不是為了任何特定目的而成長，而是**為成長而成長**。它有一種極權邏輯：每一個產業，每一個部門，每一個國家經濟體，都必須成長，時時刻刻成長，沒有可辨認的終點。

這個概念的言外之意可能難以領會。我們往往視成長概念為理所當然，因為它聽起來如此**自然**。它的確是。所有活的有機體都成長。但在自然界，成長有一個自我設限的邏輯：有機體成長到一個成熟點，然後維持健康的平衡狀態。當成長停不下來——當細胞不斷為了複製而複製時——那是因為編碼錯誤，比如癌症的情況。這種成長很快形成致命。

在資本主義下，全球GDP每年需要成長至少二％或三％，那是大企業維持總利潤增加的最低必要成長率。[30]二%或三%的增幅也許看起來不多，但記住，這是指數增長，指數曲線有個特性，它會以迅雷不及掩耳的方式攀升。三%成長率表示全球經濟規模每二十三年翻一倍，然後從已經加倍的狀態再加一倍，然後再加，加了又加。如果GDP是無中生有變出來的，這也許OK。但它不是。它結合能源和資源使用，在整個資本主義歷史上一貫如此。兩者之間有一點出入，但差別不大。隨著GDP成長，全球經濟體每年吞吐的能源、資源和廢棄物一年多過一年，如今吞吐量已顯著超出科學家界定為安全的地球界限（planetary boundaries），伴隨對生命世界的毀滅性後果。[31]

但是，與人類世一詞暗示的意思相反，生態危機並非全人類平均造成的。了解這一點很重要。我們將在第二章看到，低所得國家——其實大部分是南方世界的國家——維持在它們的地球界限公平份額之內。事實上，在許多例子中，它們需要增加能源和資源使用以便滿足人類需求。高所得國家是問題所在，那裡的成長已變得完全脫離任何需求概念，早已大幅超過人類繁榮所需。全球生態崩壞幾乎完全是高所得國家的過度成長促成的，尤其是非常富裕國家的過度積累，後果則不成比例地傷害南方世界和窮人。[32]歸根究柢，這是一個不平等的危機，不平等和其他因素一樣重要。

我們確切知道，為了避免氣候崩壞，需要做什麼。我們需要積極減少化石燃料和快速推出再生能源，亦即推動全球綠色新政（Green New Deal），在十年內將世界碳排放量減少一半，並在二〇五〇年以前減至零。記住這是全球平均目標。鑑於高所得國家對歷史排放量負有更大責任，它們需要更快地減碳，在二〇三〇年達到零排放。[33]這個改變劇烈的程度再怎麼強調都不誇大，它是人類不曾面對過的最艱難任務。好消息是它絕對可能做得到，但有一個問題：科學家清楚，如果我們在此同時繼續增長經濟，則不可能以夠快的速度維持氣溫上升低於攝氏一．五度或甚至攝氏二度。[34]為什麼？因為更多成長代表更多能源需求，更多能源需求使我們更難在剩餘的短時間內推出足夠的再生能源來滿足需求，事實上不可能。[35]

即使這不是問題，我們仍須問自己：一旦我們有了百分之百的乾淨能源，我們要用它來做什麼？除非我們改變經濟運作方式，我們會繼續做跟我們用化石能源做的一模一樣之事：用乾淨能源提供電力持續開採和生產，以愈來愈快的速度，施加愈來愈大的壓力於生命世界，因為這是資本主義要求我們做的。乾淨能源也許有助於處理碳排問題，但它對於逆轉濫伐森林、濫捕漁獲、土壤貧化和大規模滅絕毫無作用。一個靠乾淨能源提供動力但一味追求成長的經濟體，仍然會把我們推進生態浩劫。

棘手的是我們似乎別無選擇。資本主義從根本上**依賴**成長。如果經濟不成長，它會陷入衰退，導致債務累積，人們失去工作和房子，生活支離破碎。政府必須竭力維持產業活動成長，永遠不斷試圖阻擋衰退危機。因此我們被困住了。成長是結構性的迫切需要，是一個鐵律，而且它有意識形態上的死忠支持：左派和右派政治人物也許爭吵如何分配成長的獲利，但談到追求成長這件事，他們團結一致、沒有分歧。我們也許可以稱之為成長主義（growthism），它是現代歷史上最霸權的意識形態。沒有人停下來質疑它。

我們的政治人物由於對成長主義忠貞不二，無法採取有意義的行動去阻止生態崩潰。我們有幾十個解決問題的辦法，但不敢實施，因為怕做了會破壞成長。一個依賴成長的經濟體，豈能容許此事發生。反之，媒體一邊登載生態崩解的痛心故事，一邊興奮地報導GDP每季成長多少，政治人物既對氣候崩潰苦惱不已，又盡忠職守地要求產業年年成長，嚴重的認知失調。

有些人試圖調和成長與生態之間的緊張關係，寄望於科技會拯救我們，科技創新會讓成長變「綠」。效率改進允許我們「脫鉤」GDP與生態衝擊，使我們能夠繼續增長全球經濟，而不必改變絲毫資本主義。即使做不到，我們總是能依賴龐大的地球工程計畫在危急關頭拯救我們。這是令人安慰的幻想。事實上，我自己也曾一度相信它。但當我開始剝開層層包裝它的動聽辭藻，意識到它不過只是幻想。我和生態經濟學同仁合作研究這個議題好幾年了，二〇一九年我們發表一篇檢討現存證據的報告；二〇二〇年，科學家進行數次統合分析，檢驗來自幾百項研究的數據。[36]我會在第三章解釋細節，但歸納結論如下：「綠色成長」不存在。它缺乏經驗證據支持。這些發現對我來說是頓悟，迫使我改變立場。在生態危急的時代，我們不能冒圍繞幻想制定政策之險。

別誤會，在力阻生態崩潰的奮鬥中，科技絕對必要。我們需要所有能獲得的效率改進，但科學家清楚知道，效率改進本身不足以解決問題。為什麼？因為在一個成長導向的經濟體，能夠幫助我們減少衝擊的效率改進是約束而非推進成長目標。不是把愈來愈大片的自然拖進開採和生產循環。科技不是問題，成長才是。

甦醒時刻

詹明信（Fredric Jameson）有句名言：「想像世界末日比想像資本主義死亡來得容易。」

說真的，這不令人意外。畢竟，資本主義是我們唯一知道的制度。即使我們有辦法終結它，但接下來會發生什麼事？我們用什麼來取代它？革命成功當天，我們要做什麼？我們如何稱呼它？我們的思考能力甚至語言，在資本主義邊界止步，那條線外是恐怖的深淵。

多麼奇怪，我們的文化喜新厭舊，迷戀發明和創新。我們號稱崇尚有創意、跳脫傳統框框的思想。我們當然絕不會說一具智慧型手機或一件藝術品「是空前絕後最好的工具或畫，過去不曾創造過，未來永遠不會被超越，甚至不該嘗試」，低估人類的創造力未免太天真。那為什麼一談到經濟制度，我們就照單全收資本主義是唯一可能選項的說法，甚至不該有創造更好制度的念頭？為什麼我們如此不離不棄地守著這個十六世紀古老模型的陳舊教條，頑固地拖著它進入一個明顯不適合它的未來？

但也許情況正在改變。二〇一七年，在一場電視實況轉播的紐約市民大會上，一名叫做崔佛・希爾（Trevor Hill）的美國大學二年級生站起來，向南西・佩洛西（Nancy Pelosi）提出一個簡單的問題。佩洛西是當時美國眾議院議長，全世界最有權勢的人之一。崔佛・希爾引述哈佛大學做的調查，顯示十八到二十九歲的美國人有五十一％不再支持資本主義，詢問佩洛西所屬的民主黨，能否接受這個快速改變的現實，並表明對另類經濟的看法。[37]

佩洛西明顯吃了一驚。「謝謝你的問題。」她說：「但抱歉我必須說，我們是資本主義者，就是這樣，改變不了。」

這段錄影被瘋傳。因為它勁爆又戲劇化地凸顯不能公開質疑資本主義的禁忌。崔佛・希爾不是死硬左派，他只是尋常的千禧世代，聰明、資訊豐富、對世界好奇，而且熱切憧憬一個更好的世界。他問了一個誠懇的問題，但結結巴巴和充滿戒心的佩洛西無法接受，甚至不能表達一個有意義的理由替她的立場辯護。資本主義被視為理所當然，以致它的支持者甚至不知道如何為它辯解。佩洛西的回答——「就是這樣」——旨在結束問題，但適得其反。它暴露了虛弱又疲憊的意識形態，就像是拉開遮住《綠野仙蹤》（*Wizard of Oz*）的窗簾。

這段錄影呈現人民的想像力，它揭露年輕人願意做不同的思考，願意質疑舊的確定性，而且他們不孤單。儘管大多數人可能不會給自己戴上反資本主義的帽子，調查結果仍顯示絕大多數人懷疑資本主義經濟學的核心原則。二〇一五年 YouGov 民調發現，英國有六十四％的人認為資本主義不公平，即使在美國也高達五十五％，德國是扎實的七十七％。二〇二〇年愛德曼全球信任度調查報告（Edelman Trust Barometer）顯示，全球逾半（五十六％）民眾同意「資本主義弊大於利」，法國的比例高達六十九％，印度是驚人的七十四％。[38] 除此之外，在所有主要資本主義經濟體，整整四分之三的人表示他們認為大公司很腐敗。[39]

當「成長」一詞用來表述問題時，人民情緒變得甚至更強烈。二〇一八年耶魯大學舉辦的民意調查發現，至少七十％美國人同意「環境保護比成長重要」。調查結果甚至在共和黨的州都成立，包括深南部。同意比例最低的州是奧克拉荷馬、阿肯色和西維吉尼亞，但即使在那裡，絕大多數選民（六十四％）也抱持這個立場。[40]這個結果徹底推翻長久以來有關美國人對經濟態度的假設。

二〇一九年，歐洲外交關係委員會問了十四個歐盟國家的人民一個問題，比上述問題更為強烈。他們將問題表述為：「你認為環境應被列為優先要務，即使這樣做會傷害經濟成長嗎？」人民想必會對這種取捨猶豫不決。然而在幾乎所有例子中，過半數人（介於五十五％和七十％之間）表示贊成。只有兩個國家例外，支持度略低於五十％。我們在西歐和北美洲以外的國家發現類似結果。一份檢視各項民調的科學評論發現，當人們必須在環保和成長之間做選擇時，「大多數民調和大多數國家，環保是優先選擇」。[41]

在一些民調中，人們顯然願意更進一步。一項大型消費者調查研究發現，在全世界中等和高所得國家，平均約七十％的人認為過度消費使我們的地球和社會陷入危險，我們應該減少購買和擁有，而且這樣做無損我們的幸福或安康。[42]這是驚人的結果。不論這些人的政治立場是什麼，他們表達的原則直接衝撞資本主義的核心邏輯。這個不尋常的故事過去幾乎完全被忽視。世界各地的人正在默默地渴望某個更好的東西。

棄成長

有時科學證據會牴觸文明社會的主要世界觀，碰到這種情形時，我們必須做出選擇；要麼忽視科學，要麼改變自己的世界觀。當達爾文首度證明所有物種（包括人類）是共同祖先的後代，並經過漫長地質時間演化而成，在當時引起哄堂大笑。「人類從非人類演化而來，而非按照上帝形象創造出來」以及「生命在這個星球上的歷史遠比聖經似乎暗示的幾千年久遠」的概念，在當時完全無法被接受。有些人急切想要維持現狀，發明稀奇古怪的替代理論去解釋達爾文的證據，藉此否定他的結論。但真相揭曉，過不了多久，達爾文的研究已成為科學共識，並永遠改變我們對世界的看法。

類似情況此刻正在發生。隨著GDP成長與生態系統崩潰息息相關的證據持續累積，世界各地的科學家逐漸改變態度。二〇一八年，兩百三十八位科學家聯名呼籲歐盟執委會放棄GDP成長，改為聚焦於人類福祉和生態穩定。[43]次年，來自一百五十多個國家、超過一萬一千名科學家，共同發表一篇文章，呼籲世界各國政府：「從追逐GDP成長和財富，轉移到維持生態系統和增進人民福祉。」[44]短短幾年前這種事情在主流圈還無法想像，但現在正形成一個顯著的新共識。

放棄成長不像表面看來那麼瘋狂。幾十年來我們被灌輸一個觀念：為了改善人民生活，我們需要成長，但結果證明它不是真的。一旦超過某個水準，GDP與人民福祉的關係就完全斷裂，而高所得國家早就超過了。我們將在第四章看到，重要的不是**成長**，而是所得和資源如何分配。目前它們分配得非常、非常不公平。想想看，最有錢的一%人（各個是百萬富翁）每年攫取的所得大約是十九兆美元，占全球GDP將近四分之一。[45]當你思考此事，你會驚訝不已。它表示所有我們付出的勞力，所有我們開採的資源，所有我們排放的CO_2，有四分之一是為了讓富人更富。

一旦意識到我們**不需要成長**，就可以更理性地自由思考如何因應正面對的危機。科學家明確表示，要逆轉生態崩潰和維持全球暖化低於攝氏一．五度，或甚至攝氏二度，唯一可行的辦法是高所得國家得積極減緩「瘋狂的開採」、「生產」和「浪費速度」。[46]減少資源使用可以解除生態系統承受的壓力，並給生命網一個機會補洞，減少能源使用則使我們更容易快速轉型到再生能源，在幾年內而不是幾十年，在危險的轉折點開始推倒骨牌之前。

這個辦法叫做「棄成長」，有計畫地減少能源和資源的過度使用，以安全、公正和公平的方式，把經濟帶回到與生命世界平衡的狀態。[47]令人興奮的部分是，我們知道我們做得到，同時還可以消滅貧窮、增進人類福祉、確保人人過著欣欣向榮的生活。[48]這正是棄成長的核心原則。

這個原則如何實踐？第一步是擺脫「所有經濟部門一概必須時時刻刻成長」這個非理性觀念。與其每個部門如無頭蒼蠅一般追求成長，我們可以決定希望增長哪些部門（譬如乾淨能源、公共醫療保健、必要服務、再生農業等等，不一而足），以及哪些部門需要徹底放棄成長（譬如化石燃料、私人飛機、武器和休旅車等等）。我們也可以縮小經濟體當中單純設計來極大化利潤，而不是滿足人類需求的部分，譬如計畫性報廢（即刻意把產品製造成用一段短時間後就故障），或意在操縱我們情緒，使我們感覺自己有所欠缺的廣告策略。

當我們解放人民免於非必要勞動的辛勞，我們可以縮短每周工時來維持充分就業，可以更公平地分配所得和財富，並投資於全民醫療保健、教育和負擔得起的住宅等公共財。我們將在第五章看到，這些措施已一再證明對人民的健康和福祉有強烈正向影響。它們是社會欣欣向榮的關鍵。這方面的證據真正鼓舞人心。

容我強調，棄成長的意思**不是縮小** GDP。當然，減緩非必要的開採和生產可能代表 GDP 成長放緩或停止成長，甚至下滑。即使如此也可以。在正常情況下，這也許會引起經濟衰退，但經濟衰退是一個依賴成長的經濟體停止成長時發生的狀況。它是混亂和災難性的。我在這本書提倡的是完全不同的概念。它談的是轉變到完全不同類型的經濟制度，一個打從一開始就不需要成長的經濟體。要達到那個目標，我們需要重新思考一切，從債務制度到金融系統，將人民、企業、政府，甚至讓創新從成長的義務（growth imperative）解放出來，使我們能夠聚焦在更高的目標。

當我們採取務實步驟並朝這個方向前進，令人興奮的嶄新可能性就會進入視野。我們可以創造一個經濟體，圍繞著人類蓬勃發展，而非無止境的資本積累組織起來；換言之，一個**後資本主義經濟體**。一個更公平、更公正、更關懷的經濟制度。

過去幾十年這些概念已滲入各大洲，如耳語般悄悄傳遞希望。我們從許多有識之士承襲這些概念，包括生態經濟學的先驅創始者赫曼・達利（Herman Daly）和唐妮拉・麥杜思（Donella Meadows）；哲學家范達娜・席娃（Vandana Shiva）和安德烈・高茲（André Gorz）；社會學者阿圖羅・埃斯科巴（Arturo Escobar）和瑪莉亞・米斯（Maria Mies）；經濟學家塞吉・拉圖什（Serge Latouche）和喬爾格斯・卡利斯（Giorgos Kallis）；以及原住民作家及社運人士艾爾頓・克雷納克（Ailton Krenak）和貝塔・凱瑟瑞斯（Berta Cáceres）。[49]突然間，這些概念闖入主流，啟發一場不尋常的科學論述轉移。如今我們面對一個選擇：我們會為了維持世界觀而漠視科學嗎？或改變我們的世界觀？

這一回的賭注比達爾文的時代大多了。這一回，我們沒有餘裕假裝科學不存在。這一回，它攸關生死。

◆◆◆

在尋找前方道路之前，我們首先需要瞭解一開始究竟如何陷入「成長」的掌控之中。這需要探究資本主義的悠久歷史，去瞭解資本主義如何運作的內在邏輯，以及它如何成為強加於世界各國的制度，我們將在第一章開始闡述。過程中，我們會發現其他意想不到的事物也處於危險之內。對資本主義成長極其重要的開採流程，歸根究柢依賴一種特殊的本體論（ontology）或存在論。這正是我們的問題根本所在。

今天，我們這些生活在資本主義社會的人，已被教育成相信人類社會和其餘生命世界之間存在根本差異：「人類不同且優越於『自然』，人類是有靈魂和思想和原動力的主體，自然則是呆滯、機械性的客體。」這種看待世界的方法叫做二元論（dualism）。我們從一長列思想家承襲這些觀念，從柏拉圖到笛卡爾，他們引導我們相信人類可以名正言順地剝削自然和控制自然。我們並非一向相信這些道理。事實上，那些在十六世紀設法替資本主義鋪路的人，首先必須摧毀其他更整體地看待世界的觀點，說服或強迫人們變成二元論者。二元論哲學被利用來貶低生命的價值，以達到成長的目的。在深層意義上，它必須為我們的生態危機負責。

但這不是唯一可供我們選擇的存在方式。我的人類學同僚早已指出，在大部分人類歷史上，人基於截然不同的本體論運作，一種我們籠統稱之為泛靈論（animism）的存在論。一般而言，先人從不認為人類和其餘生命世界有根本上的區別。恰恰相反，他們承認人與河流、森林、動物和植物，甚至地球本身，有深度互依關係，他們認為天地萬物跟人一樣有知覺，被同樣的靈魂賦予活力。在一些例子中，他們甚至把其餘生命世界看作親人。

今天我們仍能看到這個哲理蓬勃發展的痕跡，從亞馬遜盆地到玻利維亞高地到馬來西亞的森林，那裡的人們思考非人類的存在體，從美洲豹到河流，以及和它們互動的方式；不是把它們看作「自然」，而是視為親戚。當你以這種方式看世界，它將徹底改變你的行為模式。如果你視萬物和人類在道德上相等，就不可能只取不給。為了增加人類財富而把自然當作「資源」加以剝削，在道德上可受譴責，如同奴隸制度或甚至食人習俗。相反的，你必須基於禮尚往來的精神，進入互惠關係，你必須付出至少和自己獲得的一樣多。

這個邏輯內含固有的生態價值，與資本主義的核心邏輯直接對立，後者是取，更重要的是取的比給的多。我們將會討論，這是成長的基本機制。

啟蒙運動思想家曾經污衊泛靈論概念，斥之為落後和不科學。他們認為泛靈論妨礙資本主義擴張，並迫不及待設法撲滅它。但現在科學開始跟進泛靈論。生物學家發現人類並非獨立的個體，反而主要由微生物組成，我們依賴微生物維持基本功能如消化。心理醫師認知到，花時間與植物共處對人的心理健康很重要，某些植物真的可以治癒患有複雜心理創傷症的人。生態學者學到樹絕非呆滯不動，它們彼此溝通，甚至透過土壤中肉眼看不見的菌絲網絡分享食物和藥。量子物理學家教導我們，看似各自獨立的粒子，實則與其他粒子密不可分地糾纏在一起，甚至跨越遙遠距離。地球系統科學家發現證據，地球本身運作得像一個有生命的超級有機體。

這一切改變我們如何思考自己在生命網的位置，並為新的存在理論鋪路。在地球陷入生態浩劫之際，我們開始學習一個不同的、從我們與其餘生命世界的關係看待自己的方法。我們開始憶起遺忘已久的祕密，那些祕密縈繞我們心頭，像來自祖先的低語。

這完全顛覆二十世紀環保主義的陳腔濫調。環保人士有時傾向於從「限制」的角度談環保，粗茶淡飯和清教徒式的生活準則，但總適得其反。限制的概念使我們一開始就跨錯步。它預設自然是某個「外界」的東西，和我們分離，像一個嚴厲的當權者管束著我們。這種思維出自二元本體論，當初就是這個理論害我們惹上麻煩。我在這本書提倡的是完全不同的觀念。它與限制無關，而是與互相連結有關，亦即恢復與其他存在體極端親密的關係。它不要求清教徒戒律，反而鼓吹消遣娛樂、吃喝玩樂。它不要小氣，而要大方——擴大人類社群的範圍，擴大我們語言的範圍，擴大我們意識的範圍。[50]

不只經濟學需要改變。我們需要改變看待世界的方法，以及我們在世界的位置。

窺見未來

有時，新概念可以讓你看一切事物都不同。舊迷思破滅，新的可能出現，困難的問題消失，或是變得更容易解決。過去似乎無法想像的事情，突然變得顯而易見。整個世界可能改變了。

我喜歡想像未來有一天再度被史瓦帝尼老家的昆蟲數目迷住。屆時我可能已是個老頭子，和小時候一樣，傍晚坐在露台上，心生敬畏地看著牠們，聆聽牠們的唧唧聲。在這個願景中，世界將改變很多。高所得國家將它們的資源和能源使用降到永續水準，我們開始認真實行民主，更公平分享所得和財富，並終結貧窮。富國和窮國之間的差距縮小，「億萬富翁」一詞從我們語言中消失。工時從每周四十、五十小時減至二、三十小時，給人們更多時間聚焦在社區、照顧和生活的藝術。高品質的公共醫療保健和教育提供給每一個人。人民更長壽，更快樂，過著更有意義的生活。而且我們開始從不同角度看自己，視自己為與其餘生命世界互連，而非分離的存在體。

至於地球，奇妙的事情將發生。雨林長回來了，遍布亞馬遜、剛果和印尼，茂密蒼翠和充滿生命。溫帶森林再度蔓延歐洲和加拿大。河水清澈見底，魚群游來游去。整個生態系統復原了。我們完成再生能源的快速轉型，地球溫度穩定下來，天氣系統開始恢復它們的古老模式。換言之，萬物開始痊癒……**我們**開始痊癒……而且比任何人認為可能的速度還快。我們取得更少，但獲得更多。

這本書是關於那個夢。

旅程在前方，它將帶領我們跨越五百年的歷史，我們將探索現行經濟制度的根源，它如何確立地位，靠什麼起作用。我們會看看我們能採取哪些具體、務實的步驟，以扭轉生態崩潰，並建立一個另類的、後資本主義的經濟體。我們的行腳將跨越幾大洲，來到與生命世界互動的文化和社群，開拓全新的想像的視野。

目前它也許只是最微弱的低語，訴說一個可能，但低語可以匯聚成風，席捲世界。

/ Part 1 /

多即是少

More is Less

第一章／

資本主義：創世故事

泛靈論賦予東西靈魂；工業主義把靈魂變成東西。

——麥克斯．霍克海默（Max Horkheimer）暨狄奧多．阿多諾（Theodor Adorno）

人類已存在於地球將近三十萬年，經過充分演化，發展出充分智能，形成我們今天的模樣。其中約九十七%的時間，我們的祖先與地球上的生態系統處於相對和諧狀態。這不表示早期人類社會不曾改變生態系統，也不表示那時沒有出現過問題。例如，我們知道某些社會在一些遠古巨型動物群的滅絕中（如長毛象、大地獺和劍齒虎）發揮了作用。但他們從未如我們今天所目擊的，猛然促成任何多面向生態浩劫。

全球規模的生態失衡，僅在過去幾百年隨著資本主義興起，以及自一九五〇年代起工業化的急遽加速才開始出現。一旦瞭解這一點，即改變我們對問題的看法。我們稱這個人類時代為「人類世」，但事實上這個危機就人類本身而論，與人類毫無關係，它與一個特定經濟制度的主導地位有關，這個制度起源於近代，在歷史上一個特定時間發展於一個特定地方，而且尚未被所有社會以同等程度採納。社會學者傑生・摩爾（Jason Moore）指出，這不是人類世，它是資本世（Capitalocene）。[1]

這個觀念起初可能難以理解，我們傾向於將資本主義視為理所當然，到了認定它或多或少一直存在，至少處於萌芽階段的地步；畢竟，資本主義與市場有關，而市場自古已有。但拿兩者相提並論是錯誤的。市場在不同時代和不同地方已經存在了幾千年，資本主義則相對年輕，才五百歲。[2] 資本主義的特點不是它有市場，而是它圍繞著永遠不斷成長的原則組織而成。事實上，它是歷史上第一個本質是擴張主義的經濟制度。它把愈來愈多的自然和人類勞動力拖進商品生產循環。由於資本的目標是榨取和積累盈餘，它必須以盡可能便宜的方式取得這些東西。換言之，資本運作是根據一個簡單、直截了當的公式：從自然和勞工取的比給的多。

生態危機是這個制度不可避免的後果，資本主義打翻了我們與生命世界的平衡。一旦我們瞭解這個事實，新的問題就湧上心頭：「這是怎麼發生的？資本主義從哪裡來？它為什麼賴著不走？」

慣常說法是，人類「天性」是自私自利、極大化的行為者，即所謂的經濟人（homo economicus）。我們在個體經濟學教科書上讀到的追逐利潤的自動機，我們被教導這個天生傾向逐漸掙脫封建制度的束縛，終結農奴制，促成今天所知的資本主義。那是我們的故事，我們的起源傳說。它經常被複述，以致人人不疑有他。由於資本主義的崛起被塑造成人類固有天性——自私和貪婪——的表達，於是貧富不均和生態崩壞等問題就顯得不可避免和幾乎不可能改變。然而，這個故事能在我們文化中如此根深蒂固，儘管不同凡響，但它完全不是真的。資本主義並不是「剛好出現」。它不曾經過平順、自然的「過渡期」，這和人類天性毫無關係。歷史學家有一個更精彩而且黑暗得多的故事要講，這揭露一些令人驚訝的真相，與我們的經濟實際如何運作有關。瞭解這個故事有助於我們洞悉驅動生態危機的深層力量，並提供重要線索，指引我們如何解決問題。

被遺忘的革命

我們在學校裡學到，封建制度是個殘暴的制度，造成可怕的人間苦難。這是事實，領主和貴族控制土地，住在領地上的人，即農奴，被迫以租金、稅、什一捐和無償勞動的形式向他們奉獻。但和我們耳熟能詳的敘事相反，終結這個制度的原因不是資本主義崛起。那個勝利相當不凡地歸功於具有悠久傳統的尋常革命家的英勇鬥爭，因為某個原因，他們幾乎完全被遺忘。

一三〇〇年代初，歐洲各地的平民開始反抗封建制度。他們拒絕提供無償勞動，拒絕領主和教會強索的稅和什一捐，開始要求直接管控他們耕作的土地。這些抗議並非只是東冒出一點、西冒出一點的瑣碎抱怨，它是有組織的抗爭。在一些例子中，它演變成公然軍事衝突。一三二三年，農民和工人在佛蘭德斯區（Flanders）揭竿而起，戰爭打了五年，直到他們被佛萊明（Flemish）貴族打敗。類似叛亂在歐洲其他各地爆發，包括布魯日、根特、佛羅倫斯、列日和巴黎。[3]這些早期叛亂很少成功，它們大多數被裝備精良的軍隊殲滅。一三四七年黑死病來襲，情況似乎只變得更糟，鼠疫消滅了三分之一的歐洲人口，引發史無前例的社會和政治危機。

但這場災難之後，始料未及的事情發生了。由於勞工短缺和土地充足，突然間，農民和工人擁有更大的談判力量。他們能夠要求降低佃租和提高工資。領主發現自己居於劣勢，維持數代的權力均勢第一次向對平民有利的一方傾斜。平民開始意識到他們轉運了，他們有機會改變社會和政治秩序的基礎。他們變得更樂觀、更自信，叛變行動也氣勢如虹。[4]

一三八一年在英格蘭，瓦特・泰勒（Wat Tyler）領導農民起義反抗封建制度，這場叛變受到激進派牧師約翰・鮑爾（John Ball）的啟發，鮑爾以呼籲「你可以，只要你願意，拋棄奴役的枷鎖和恢復自由的時機到了」聞名。一三八二年，梳毛工在義大利城市起義，成功占領市政府。一四一三年，「工人民主」在巴黎奪取政權。一四五〇年，一支英國農民和工人組成的軍隊進軍倫敦，史稱傑克・卡德的叛亂（Jack Cade's Rebellion）。整個區域在這段時期起來造反，成立議會和招募新兵。

到了一四〇〇年代中葉，農民和領主之間的戰爭在西歐遍地開花，隨著反叛運動壯大，他們的要求也隨之擴大。他們對於微調一點體制邊緣不感興趣，他們要的簡直就是革命。根據歷史學者希爾維雅・費德里奇（Silvia Federici），一位研究中世紀政治經濟的專家表示，「反叛者不滿足於限縮一些封建規則，也不是僅僅爭取更好的生活條件。他們的目標是終結領主的權力。」[5]

雖然在大多數例子中，個別叛亂本身被撲滅（瓦特・泰勒和約翰・鮑爾被處決，一五〇〇名的追隨者落到同樣下場），但整個運動最後成功摧毀了歐洲大陸大部分地方的農奴制。在英格蘭，農奴制在一三八一年農民起義之後幾乎完全剷除。農奴變成自由農人，靠自己的土地維持生活，可以自由使用公地：可供放牧的草地、狩獵和伐木的森林、捕魚和灌溉的水道。如果想要額外收入，他們可以做工賺取工資，鮮少在脅迫下做工。在德國，農民逐漸掌控該國九成土地。即使在維持封建關係的地方，農民的待遇也顯著改善。

隨著封建制度瓦解，自由農人開始建立一個明確的替代制度：一個平等主義、合作式的社會，根植於本地自給自足原則。就平民的福利而言，這個革命的結果非常驚人，工資上漲到史無前例的水準，大部分地區漲了兩倍或甚至三倍，有些例子高達六倍。[6] 租金下降，食物變便宜，營養也改善了。工人能夠爭取更短工時和周末休息，加上上班日供餐和往返工作地點的交通費等福利。婦女的工資也提高了，過去在封建制度下兩性待遇的巨大落差也縮小了。歷史學家描述一三五〇至一五〇〇年這段時期是「歐洲無產階級的黃金時代」。[7]

它也是歐洲生態的黃金時代。封建制度是一場生態災難。領主對農民施加沉重壓力，逼他們一味榨取土地和森林，不做任何回饋。這引發濫伐森林、過度放牧和土壤肥力逐漸下降的危機。但一三五〇年後出現的政治運動逆轉了這些趨勢，開啟一段生態再生時期。一旦贏得直接控制土地的權力，自由農人遂能維持與自然更互惠的關係，他們透過民主議會，集體管理牧草地和公地，以謹慎的規則調節耕作、放牧和森林使用。[8] 歐洲的土壤開始復原，森林再度生長。

反撲

不消說，歐洲菁英不樂見這個形勢變化，他們認為高工資「可恥」，惱怒平民只願短期受雇或只做有限的工作，一賺夠錢、滿足所需就立刻走人。「如今僕人是主人，主人變僕人。」約翰．戈爾（John Gower）在《人類之鏡》（*Miroir de l'Omme*，一三八〇）中抱怨。一位作者在一五〇〇年代初期寫道：「農民太富有了……不知道什麼是服從，他們不把法律放在眼裡，他們希望世上沒有貴族……他們想替我們決定我們出租自己的土地應該收多少租金。」[9] 根據另一位作者所說：「農民假裝模仿自由人的舉止，穿上自由人的衣服，打扮成自由人。」[10]

在一三五〇至一五〇〇年革命時期，菁英階層遭受歷史學家形容的「慢性斷積累症」

（chronic disaccumulation）危機。[11]當國民所得更平均分配於整個人口，菁英更難像過去在封建制度下那樣積聚利潤。這是一個重點。我們常以為資本主義是從封建制度的瓦解中自然而然出現，但事實上，這種過渡不可能發生。資本主義需要菁英聚財：積聚過剩財富，以便做大規模投資。但後封建社會的平等條件，包括自給自足、高薪資、草根民主和集體管理資源，不利於菁英聚財的可能，事實上這正是菁英滿腹牢騷的原因。

我們永遠不會知道那個新社會可能發展成什麼模樣，因為它被粗暴地碾碎了。貴族、教會和資產階級商人，在一項有組織的計畫下團結，聯手終結農民自治並把工資打回原形。他們的做法不是把農民變回農奴，那已證明不可能。相反的，他們發動暴力的、泛歐陸的驅逐運動，強迫農民離開他們的土地。至於公地，那些集體管理的、維持農村生計的牧草地、森林和河流，則用圍籬圈起來和私有化，供菁英使用。簡單來說，公地變成**財產**。

這個過程叫做「圈地」（enclosure）。[12]在圈地運動期間，成千上萬個農村社區被摧毀；莊稼被剷除和燒毀，整個村子夷為平地。平民喪失使用土地、森林、野味、草料、水、魚的權利，頓失一切必要的生活資源。宗教改革又火上添油，隨著歐洲各地天主教修道院被拆除，它們的土地被貴族搶走，住在那裡的平民遭到驅逐。

農民社群當然不會不戰而降。但他們只獲得少得可憐的成功。一五二五年，德國發生一場有組織的農民叛亂，戰敗的結果造成十萬平民死亡，該叛亂為世界史上最血腥的屠殺事件之一。一五四九年，英格蘭人羅伯·凱特（Robert Kett）領導叛軍成功控制該國第二大城諾維奇，直到被軍隊鎮壓，三千五百名叛徒慘遭屠殺，叛軍領袖被吊死在城牆上。一六〇七年一起被稱作米德蘭暴動的叛變，在牛頓鎮的起義達到高潮，農民再度與圈地者發生武裝衝突，五十人在戰敗後被處死。

經過三百年下來，圈地運動吞噬了英國和其餘歐洲的大片土地，幾百萬人被驅離，引發一場境內難民危機。這段時期之動盪再怎麼強調都不誇張，它是一場人道浩劫。史上第一次，平民百姓被系統化地拒絕取得生存所需的最基本資源。人民無家可歸，飢寒交迫。我們不用浪漫化自耕自食的生活方式，也知道圈地造成的生活條件更糟，甚至比農奴制下的生活還糟。在英格蘭，「貧困」一詞首次被普遍用來描述圈地造成的大批「貧民」和「遊民」，這些詞彙在那段時期之前幾乎從未出現在英語文本中。

但對歐洲的資本家來說，圈地有神奇的效果，允許他們侵吞過去無法染指的大量土地和資源。經濟學家一向認為某種初始積累（initial accumulation）是資本主義崛起的必要條件。亞當·史密斯稱之為「預先積累」（previous accumulation），聲稱那是一些人真正努力工作並把賺來的錢存起來的結果，這個田園詩般的故事至今仍被經濟學教科書傳誦，但歷史學家認為它太天真。資本積累不是純潔無辜的儲蓄過程，它是一個掠奪過程。馬克思堅持叫它「原始積累」（primitive accumulation），以凸顯它靠暴力來實現的野蠻本質。

但資本主義的興起也取決於其他要素，它需要勞力——多且廉價的勞力。圈地也解決了這個問題。當自給自足式經濟（subsistence economies）被摧毀，公地被圈圍，人民別無選擇，只能出賣勞力換取工資。做工不是為了賺一點額外收入，如在先前的體制下，也不是為了滿足地主的要求，如在農奴制下，而是**僅僅為了活下去**。一言以蔽之，他們成為無產階級。這在世界歷史上是全新的身分。這種人在當時被稱作「自由勞工」，但這個詞有誤導作用：沒錯，他們不是被迫做工，不像奴隸或農奴，但在這件事上他們仍然沒有選擇，因為唯一的替代辦法是挨餓。那些控制生產工具的人可以付低到不能再低的工資，人們只能接受任何工資，不管多低，總比餓死好。

◆◆◆

這一切推翻了我們聽慣的資本主義如何興起的故事。它完全不是一個自然和不可避免的過程，沒有經過循序漸進的「過渡」，如人們習慣的假設，而且肯定不和平。資本主義的興起仰仗有組織的暴力、大規模貧窮化，以及系統性地破壞自給自足經濟。它不曾終結農奴制，反而消滅了已終結農奴制的進步革命。由於幾乎完全掌控生產工具，使農民和工人必須依賴他們才能存活，資本家其實發揚光大了農奴制的原則。人民並沒有張開雙臂歡迎這個新制度，相反的，他們起而反抗。從一五〇〇年到一八〇〇年代進入工業革命這段時期，是世界史上最血腥、最動盪的時期之一。

圈地給人類福祉帶來毀滅性的後果，它反轉了自由農人曾經贏得的一切利益。根據經濟學家亨利・菲爾普斯・布朗（Henry Phelps Brown）和雪拉・霍普金斯（Sheila Hopkins）的研究，從一五〇〇年代到一七〇〇年代，實質薪資減少了七十%之多。[13]營養惡化，飢餓變成常態，由於自給自足經濟被摧毀，一些歐洲歷史上最嚴重的飢荒發生在一五〇〇年代，它造成社會結構支離破碎，以致整個西歐人口在一六〇〇至一六五〇年之間實際減少。我們可以從英格蘭的公共衛生歷史檔案，清楚看到這個災難留下的印記：新生兒的平均壽命從一五〇〇年代的四十三歲，降到一七〇〇年代的三〇出頭。[14]

我們都知道湯瑪斯・霍布斯（Thomas Hobbs）的名言：「生命在『自然狀態』中是『險惡、殘酷和短暫的』。」他在一六五一年寫下這句話。我們讀霍布斯以為他描述的是假定存在於資本主義之前的悲慘狀況，一個資本主義應該解決的問題。但事實完全相反。他描述的苦難是資本主義本身的興起造成的。確實，當時歐洲是世界最貧窮、最病態的地方，至少對平民而言。[15]霍布斯有所不知，情況即將變得更糟。

英國的圈地運動比歐洲其他任何地方做得更徹底。王室起初試圖限制圈地，擔心它引起社會危機。但在一六四〇年代的內戰和一六八八年的所謂光榮革命之後，當資產階級掌控國會，有權為所欲為時，那些限制被廢除了。仗著國家的全部武力，他們通過一系列的法律，即國會圈地法，掀起一波驅離潮，比之前任何驅離行動更迅速，影響範圍也更廣。從一七六〇到一八七〇年，七百萬英畝土地被法庭令狀圈起來，約占英格蘭面積的六分之一。到這段時期結束時，全國幾乎不剩任何公地。

這是英國農民制度摧毀過程最後一段黑暗的插曲，時序上與工業革命完全巧合。大批無依無靠的人絕望、極度驚恐地湧進城市，在那裡，他們提供廉價勞力給黑暗的撒旦磨坊，這幅圖像因威廉．布雷克（William Blake）的詩而永垂不朽。

工業資本主義起飛了，但付出巨大的人類成本。賽門．史瑞特（Simon Szreter）是研究公共衛生歷史資料的世界權威之一，他證明工業革命第一個百年的特徵是平均餘命顯著惡化，降到自十四世紀黑死病以來不曾見過的水準。曼徹斯特和利物浦這兩個工業化大城，相較於該國非工業化的地區，平均餘命暴跌。曼徹斯特跌到只剩二十五歲。而且這個現象不限於英國，其他每一個被研究的歐洲國家都可以看到同樣結果。資本主義頭幾百年製造的苦難程度，是前資本主義時代不曾見過的。[16]

成長即殖民化

歷史學家在瞭解資本主義的興起如何依賴圈地方面獲得長足進步。但這個故事太常忽略同時在歐洲海外進行的原始積累模式，也是這個興起過程的一部分。在地球南方，自然和人類身體被圈圍的程度，令發生於歐洲本土的圈地運動相形見絀。

當歐洲人在一四九二年後的數十年間開始殖民美洲時，他們不是受到「探險」和「發現」的浪漫想像驅使，如我們的教科書樂於描述的。殖民化是因應歐洲農民起義造成的菁英斷積累危機。它是「解癮」。如同菁英在國內求助於圈地，他們也在海外尋找新的疆域據為己有，始於哥倫布前往美洲的首航。兩個過程同時展開。一五二五年，德國貴族屠殺十萬農民的同一年，西班牙國王卡洛斯一世頒發王國最高榮譽獎給荷南·寇蒂斯（Hernán Cortés），那位率領軍隊穿越墨西哥，沿途屠殺十萬原住民並摧毀阿茲特克帝國（Aztec）首都特諾奇提特蘭（Tenochtitlán）的征服者。兩個事件的一致性不是巧合，在資本主義開始崛起的數十年，圈地和殖民化是同一個策略部署的兩部分。

殖民侵吞的規模大得驚人。從一五〇〇年代初期到一八〇〇年代初期，殖民者從安地斯山脈吸走一億公斤的銀，送到歐洲港口。要知道這筆財富有多龐大，不妨做個假想實驗：倘若投資於一八〇〇年，以歷史平均利率計算，今天這個數量的銀值一六五兆美元，是世界GDP的兩倍多。除此之外，同一時期，殖民者還從南美洲挖走金子。這筆橫財在歐洲資本主義的興起中扮演關鍵角色；它提供的盈餘有些最後投資於工業革命。它使歐洲能夠向東方購買陸基商品，允許歐洲將人口從農業轉移到工業生產；而且它提供經費給軍事擴張，促成更多輪的殖民征服。[17]

殖民化也提供了促進工業革命的主要原料，例如棉花和糖。在英國工業崛起的過程中，棉花是最重要的大宗物資，是蘭開夏郡代表性產業紡織廠的命脈。糖成為英國工業工人獲取廉價卡路里的重要來源。但不論棉花或糖都不是種植於歐洲。為了取得它們，歐洲人從大部分巴西、西印度群島和北美洲，侵吞幾百萬英畝的土地經營種植園農業（plantation agriculture）。到了一八三〇年，僅僅英國一國就在它的新世界殖民地盜用二千五百萬到三千萬英畝的可耕地。[18]而且這不是有節制、有良心的開採。殖民地的礦業、伐木業和單一作物種植園造成的生態破壞規模之大，在當時史無前例。事實上，殖民邊疆之所以對資本有這麼大的吸引力，首先就是因為可以不受懲罰地墾伐土地，以及虐待住在其地上的人。

至於誰提供動力給所有這些礦場和種植場，答案是：高達五百萬的美洲原住民，他們為了這個目的被奴役，過程如此殘暴，導致大部分人口被消滅。[19]但即使這樣還不夠。另外一千五百萬生靈，在一五〇〇年代到一八〇〇年代的三百年間，被歐洲強權國家贊助的人口販子強押上船，從非洲運到大西洋彼岸。美國從非洲奴隸身上榨取的勞力，如果付以美國基本工資，以保守的利率計算，今天總額高達九十七兆美元，是美國GDP的四倍。[20]而這只是美國，還沒計算加勒比海和巴西呢。奴隸貿易等於一種特殊的勞力竊盜，從原住民和非洲社區偷走，放進歐洲工業家的口袋。

但此外還有比較不明顯的盜取形式。在印度，英國殖民者透過向農人和工匠抽稅的方式榨取鉅額金錢。一七六五到一九三八年之間，他們從印度吸走相當於四十五兆美元，送進英國的保險箱。這個金流允許英國購買鐵、焦油和木材之類對英國的工業化不可缺少的戰略物資。他們也用這筆錢資助白人拓荒者定居的殖民地，比如加拿大和澳大利亞的工業化，並用來支付英國的福利制度，該制度在一八七〇年代後終於開始處理圈地造成的苦難（十九世紀後期，超過半數的英國內政預算財源靠從印度和其他殖民地吸金）。[21]如今英國政客常用英國幫助「發展」印度的說詞辯護殖民主義。但事實正好相反：英國利用印度來發展自己。

重點是，資本主義在歐洲的崛起以及歐洲的工業革命，並非無中生有。它依賴被奴役的工人，在從被殖民的人偷來的土地上生產原物料，然後用被圈地強迫驅離的歐洲農民在工廠裡加工。我們往往以為這些是各自獨立的流程，但它們是同一個計畫的不同部分，並根據同樣的邏輯運作。圈地是一個境內殖民化流程，殖民化是一個圈地流程。歐洲農民被逐出自己的土地，跟美洲原住民一樣（雖然後者明顯遭受更惡劣的待遇，被完全排除在人權、甚至人性的範圍之外）。奴隸貿易無非是人體版的圈地和殖民化，侵占這些身體的目的是積累剩餘價值，跟侵占土地的目的相同，而且兩者同樣被當作財產。

我們也許很想淡化這些暴力事件，說它們只是資本主義歷史上脫離常軌的過失，但它們不是，而是資本主義的根基。在資本主義下，成長總是需要新的疆域，從那裡榨取無償的價值。換言之，資本主義的本質是殖民。

殖民干預給資本主義的興起添加最後一塊拼圖。歐洲的資本家已創造一個大量生產系統，但他們需要某個地方來銷售。誰來吸收所有這些產品？圈地提供部分答案，藉由摧毀自給自足經濟，圈地不但製造大批工人，也創造了大批消費者，這些人的衣食和其他生活必需品全靠資方。但這還不夠，資本家必須開拓海外新市場。問題是大部分南方世界，尤其亞洲，有自己的手工業，通常被認為是世界最精緻的工藝，他們沒有興趣進口自己能製造的東西。殖民者解決這個問題的辦法，是用不對稱的貿易規則摧毀南方各處的本土產業，強迫殖民地不但做為原料來源，而且成為歐洲量產貨品的專屬市場。此舉完成了產銷循環，但後果是毀滅性的：隨著歐洲資本擴張，南方世界在全球製造業的占比重挫，從一七五〇年的七七%，跌到一九〇〇年的十三%。[22]

人為稀缺悖論

圈地之後，那些留在鄉下、沒有移居城市的歐洲農民，發現自己受制於一個新的經濟體制。他們再度回到領主的統治下，但這一回處境甚至更差，在農奴制下，至少他們有牢靠的土地使用權，現在他們只准暫時租地。而且那不是一般租約，它們是基於生產力分配。因此為了保留使用土地的權利，農民必須想方設法強化自己的產能，工作時間一年比一年長，從土壤汲取的收成也一年比一年多。在這場競賽中落後的人，會失去租賃權、面臨飢餓。這也導致農民直接相互競爭，跟自己的親人和鄰居競爭，把一個曾經是集體合作的制度，變成殊死對抗的競賽。

這個邏輯應用在土地和農業上，標示人類歷史上一次根本性的轉變。史上第一次，它代表人民的生活不得不由增強生產力和極大化產出所支配。[23]生產不再與滿足需求有關，不再與本地自給自足有關，反而圍繞著利潤組織而成，而且是為了資方的利益。這一點非常重要：我們假設鐫刻在人類天性上的經濟人原理，在圈地過程中被**制度化**了。[24]

同樣的壓力也在城市施展。那些被圈地驅趕到城市貧民窟的難民別無選擇，只能接受工作換取微薄工資。因為難民多，工作少，搶工作的競爭壓低了勞動成本，破壞了過去曾保護技術工匠生計的行會制度。面對被取代的不斷威脅，工人在壓力下必須盡體力所能增加生產；他們經常一天工作十六小時，比圈地前的工作時間長很多。

這些強迫競爭體制造成生產力巨幅提升。一五〇〇和一九〇〇年之間，每英畝地的穀物產量暴增四倍。這個特點在當時叫做「改善」，成為合理化圈地的主要理由。英國地主和哲學家約翰．洛克（John Locke）承認圈地是一個竊取公地、竊取平民的過程，但他辯稱這種偷竊合乎道德，因為它促使農業轉變到強烈的商業方法，從而增加產出。[25]他說，總產量的任何增幅，都是對「更大之善」的貢獻，有助於改善人性。同樣的邏輯也被用來合理化殖民，洛克本人也援引來捍衛他對美洲土地的主張。改善成為強占的藉口。

今天，同一個藉口經常被用來合理化新回合的圈地和殖民——對土地、森林、漁場，對大氣本身的圈地和殖民。不過我們不說那是「改善」，我們稱之為「發展」或「成長」。幾乎任何事情都可以合理化，只要對GDP成長有貢獻。我們把它當作信條，成長有利於人類整體，沒有它，人類不可能進步。但即使在洛克的時代，這個藉口也明顯是個詐術。雖然農業的商業化確實增加總產量，但唯一「改善」是地主的利潤。儘管產量飆升，平民卻遭受兩百年飢荒的打擊。工廠也一樣。勞動生產力暴增的好處絲毫未回到工人身上，事實上，圈地時期的工資**不升反降**。利潤反而落入擁有生產工具者的口袋。

此處必須瞭解的重點在於，產能突飛猛進是資本主義的特性，但它仰賴於創造和維持**人為稀缺**（artificial scarcity）條件。稀缺，以及飢餓的威脅，充當了資本主義成長的引擎。稀缺係人為，因為並無真正的資源不足，同樣的土地和森林和水全部還在，和過去一樣一直在那裡，但人民取得這些資源的權利突然受限制了。所以，稀缺是在菁英積累的過程中創造出來的，而且它是用國家暴力來執行，農民如果膽敢拆除阻止他們使用土地的障礙，則將慘遭屠殺。[26]

這是歐洲資本家的刻意策略。在英國，歷史檔案充滿地主和商人的評論，他們覺得革命時期農民可以使用公地，是鼓勵農民「懶散」和「無禮」。他們認為圈地是一個加強民眾「勤勞」的工具。

「我們的森林和廣大公地讓依賴它們的窮人太像印度人。」貴格派教徒約翰．貝勒斯（John Bellers）在一六九五年寫道：「（它們）是勤勞的障礙，懶惰和無禮的溫床。」約翰．畢旭頓勳爵（Lord John Bishton）也如此認同，他在一七九四年寫了一篇關於夏洛普郡農業的報導：「使用公地產生類似獨立的心理作用。」圈地之後，他寫道：「勞工會天天工作，全年無休，他們會提早把子女送去做工，而且，目前非常欠缺的社會下層階級的服從，會因此獲得顯著保障。」一七七一年，農學家亞瑟．楊（Arthur Young）表示：「除了白癡，人人知道下層階級必須維持貧窮，否則他們永遠不會勤勞。」一七八六年，約瑟夫．湯森牧師（Reverend Joseph Townsend）強調，「唯有飢餓能鞭策和驅使他們去勞動」。「法律約束，」湯森繼續說：「伴隨太多麻煩、暴力和雜音……反之飢餓不僅是和平、安靜、持續不斷的壓力，而且是最自然的勤勞動機。它激發最強大的努力……飢餓會馴服最凶猛的動物，它會教導最粗野、最頑固和最乖戾的人禮貌和謙恭、服從和克制。」

派崔克．柯爾昆（Patrick Colquhoun）是個有權勢的蘇格蘭商人，他認為貧困是工業化的必要先決條件：

> 貧困是個人在社會的狀況和條件，此人沒有剩餘勞動力儲備，或換言之，沒有財產或維生手段，除了在各行各業不斷勤奮工作。因此貧困是社會最必要和不可缺少的成分。若無貧困，國家和社區不可能存在於文明狀態。它是人的命運、財富的來源，因為沒有貧困，就不可能有工人；就不可能有富人，沒有優雅，沒有舒適，擁有財富也沒有好處。

大衛·休謨（David Hume，一七五二）基於這些情緒闡述一個露骨的「稀缺」理論：「此事從無例外，在稀缺年代，只要不是極端匱乏，更多的窮工人活得更好。」[27]這些句子暴露一個特別弔詭的現象，資本主義的支持者本身相信，為了創造成長，必須**使人貧困**。

在歐洲殖民時代，同樣策略也施展在世界上其他很多地方。在印度，殖民者試圖施壓人民放棄自耕自食，改種鴉片、靛青、棉花、小麥和稻米等經濟作物，以便出口到英國，但印度人不願意改變。為了突破他們的抗拒，英國官員課以重稅，令農民陷入債務，最後別無選擇只能就範。英國東印度公司及後來英國統治印度時期，為了加速這個轉型，拆散人民生活所依的社區共享互助系統。他們拆除糧倉，私有化灌溉系統，封閉人們採集木材、飼料和野味的公地。其理論是這些傳統福利制度使人「懶惰」，習慣於唾手可得的食物和無所事事的生活。藉由拿走這些福利，你可以用飢餓的威脅管束人民，令他們互相競爭，從土地榨取愈來愈高的收益。

從農業生產力的觀點來看，這個策略奏效，但破壞自給自足農業和共享互助系統的結果，使農民易受市場波動和旱災的傷害。在十九世紀最後四分之一時間，大英帝國鼎盛時期，三千萬印度人因飢荒而冤死，歷史學家麥克・戴維斯（Mike Davis）稱之為「維多利亞時代後期大屠殺」。稱為冤死是因為即使在飢荒高峰期，糧食生產仍有淨餘額。事實上，這段時期印度穀物出口量增加三倍以上，從一八七五年的三百萬噸，增加到一九〇〇年的一千萬噸。這是人為稀缺發揮到新的極致，遠比它在歐洲內部造成的任何傷害嚴重。[28]

在非洲，殖民者面對他們公開宣稱的「勞工問題」：如何讓非洲人為了賺取低工資去礦場和種植場工作。非洲人一般而言偏愛自給自足的生活方式，對歐洲產業的血汗工作不感興趣。在大多數例子，工資允諾的前景不足以引誘他們付出在他們看來沒有必要的勞力。歐洲人不能忍受這種反抗，對策是要壓強迫人民離開他們的土地（南非的土著土地法把黑人趕到一小塊地方，僅占該國領土的十三％），或者強迫他們用歐洲貨幣繳稅。不管採取哪一個行動，結果都是讓非洲人別無選擇，只能出賣自己換取工資。

歐洲殖民時期，同樣的圈地程序和強迫無產階級化一再上演，然而不只在英國殖民統治下如此，在西班牙、葡萄牙、法國和荷蘭治下也一樣，例子不勝枚舉。在所有這些例子中，稀缺都是刻意製造，為了資本主義的擴張。

資本主義真奇怪，這個制度創造如此驚人的物質生產力，它的歷史卻布滿不斷製造稀缺的污點，留下毀滅性的飢荒和長達幾世紀貧困化過程的傷痕。一八〇四年詹姆斯．梅特蘭（James Maitland），第八代勞德代爾伯爵，首先注意到這個明顯矛盾。[29]梅特蘭指出，財富分兩種，一種是「私有財富」，另一種是「公共財富」或公地，兩者之間存在反向關係，因此前者的增加必然以後者為代價。

「公共財富，」梅特蘭寫道：「可以精確定義為**包括人渴望的，對他有用或令他愉快的一切**。」換句話說，它與物品具有內在使用價值有關，即使供應充足，包括空氣、水和食物。另一方面，私有財富則包括「**人渴望的，對他有用或令他愉快的一切，而存在某個程度的稀缺性**。」東西愈稀有，你愈能向需要它的人索取更多錢。舉例來說，如果你圈住一個充沛的資源，譬如水，確立你對它的壟斷權，就能向取水的人收費並因此增加自己的私有財富。這也會增加梅特蘭所說的「個人財富總和」——我們今天可能稱之為GDP。但要達到這個目標，唯有限制人們使用曾經充足且免費的東西的權利。私有財富上升，但公共財富下跌。這個理論後來被稱為「勞德代爾悖論」（Lauderdale Paradox）。

梅特蘭承認這個現象發生在殖民化過程中。他注意到殖民者會燒毀生產水果和堅果的果園，好讓曾經靠這塊土地的豐沛天然資源過活的人不得不去打工賺錢，不得不向歐洲人購買食物。曾經豐沛的東西必須被弄成稀缺，最具代表性的例子或許是英國統治時期強加於印度的鹽稅。鹽在整個印度沿海地區免費供應，你只要彎下腰舀起來就有了。但英國人叫人民付錢買舀鹽的權利，目的是替殖民政府創造稅收。公共財富必須為私有財富犧牲，公地為了成長而遭破壞。

大分離

圈地和殖民是歐洲資本主義崛起的必要先決條件。為了侵吞廉價資源，他們開拓邊疆，破壞自給自足經濟，創造大量的廉價勞工，並透過製造人為稀缺，使競爭性生產力源源不絕。然而，不論這些力量有多強大，仍不足以拆除菁英資本積累的障礙。還需要其他東西，某個微妙得多但同樣暴力的東西。早期，資本家不但必須找到方法迫使人們替其工作，而且必須改變人們的信仰。他們必須改變民眾對生命世界的看法。資本主義終究需要一個關於自然的新故事。

◆◆◆

人類在三十萬年歷史中，大部分時間和其餘生命世界維持親密關係。我們知道，早期人類社會中的人多半能夠描述幾百、甚至幾千種植物、昆蟲、動物、河流、山岳和土壤的名字、屬性和個性，跟今天人們知道演員、名流、政客和產品品牌的密聞差不多。早期人類知道他們的生存取決於周遭其他生命系統的福祉，他們密切注意那些系統如何運作。他們認為人類是整個生命共同體密不可分的一部分，因此認為共同體的其他部分具有基本的人性特徵。確實，我們祖先留在世界各地石頭上的隱密壁畫暗示，他們相信人類和非人類存在體之間有某種心靈上的互通性。人類學家稱其有同樣的靈魂或本質的觀念。由於泛靈論者不認為人和自然有根本上的區別，在很多例子甚至堅持兩者基本上相關，甚至是親屬關係，因此他們有強烈道德準則，阻止他們剝削其他生命系統。

我們從今天的泛靈論文化得知，人雖然捕魚、打獵、採集和耕種，但他們懷著不是榨取，而是**互惠**的精神做這些事。如同人與人之間交換禮物，人與非人類存在體的交易也以尊敬和禮貌的儀式加以規範。就像我們小心避免剝削自己的親戚，泛靈論者謹守拿的不可比生態系統能再生的多，並以保護和復原土地回饋之。

近年，人類學家逐漸認為這不只是文化差異。它比文化差異深刻。它是根本不同的概念化人類的方法。它是不同類的**本體論**，一種萬物互依共生（inter-being）的本體論。

隨著帝國崛起，這種本體論遭受攻擊，帝國逐漸把世界看成一分為二，一塊是神的屬靈領域，另一塊是神創造的其他萬物，前者不同且高於後者。在此新秩序中，人被賦予特權地位，因為人是按照神的形象創造出來，所以有權統治其他萬物。

這個概念，即「統治」原則，在軸心世紀（Axial Age）隨著先驗哲學和宗教在歐亞大陸主要文明興起，包括中國的儒學、印度的印度教、波斯的祆教、黎凡特的猶太教和希臘的詭辯術，變得更加穩固。我們可以在三千年前的美索不達米亞古文中看到關於它的描述。最清楚的莫過於聖經創世紀本身：

神說，我們要照著我們的形象、按著我們的樣式造人，使他們管理海裡的魚、空中的鳥、地上的牲畜、全地和地上爬的一切昆蟲。

公元前五世紀，這個新的世界觀獲得柏拉圖的加持。柏拉圖將他整個哲學建立在區分「先驗領域」和「俗世領域」的概念上。先驗領域是抽象真理與現實的來源，是事物的完美本質，物質世界只是拙劣的模仿品，僅僅影子而已。這個概念影響了基督教思想，認為靈性天堂與俗世領域對立，後者是純物質的——罪惡、腐敗和逐漸死亡。實際上，教會及擴張到整個歐洲的基督教羅馬帝國大力支持柏拉圖的觀點，將之正式納入contemptus mundi：「對世界的蔑視」之教義。

不過，儘管出現這些新觀念，大多數人仍堅信關係本體論（relational ontologies）。即使在哲學家當中，相反的論述仍然強大。柏拉圖最著名的弟子亞里斯多德，就公開否定先驗論，堅持事物的本質存在於事物本身，而非其他某個虛無飄渺的地方，而且萬物皆有靈魂，分享同一個靈的不同版本。許多哲學家基於亞里斯多德的理論，認為生命世界本身是一個有智能的有機體，甚至是神祇。西塞羅（Cicero）在公元前二世紀寫道：「世界是一個活生生和睿智的存在體。」它會思考、有感覺，它的每一個部分互相依賴。斯多葛派（Stoics）在一世紀的雅典深具影響力，它主張上帝和物質是同義詞，因此物質本身有聖靈的脈動。羅馬哲學家塞內卡（Seneca）認為地球是一個活的有機體，泉水和河水在她體內流動如血液流過血管，金屬和礦物在她的子宮內慢慢形成，晨露像她皮膚上的汗珠。[30]

這些概念在歐洲各地所謂的異教徒文化仍占有重要地位，這些文化拒絕基督教對神聖和褻瀆的區分。它們認為生命世界——植物和動物、山岳和森林、河流和雨水——是施了魔法的，充滿靈性和神聖能量。當基督教世界向歐洲各地擴張時，只要遇到這些概念，就設法壓制，譬如迫害凱爾特人的德魯伊教教士（Celtic Druids），但它從未成功撲滅這些概念，它們繼續在農民之中流行。事實上，一千兩百年後泛靈論概念東山再起，由於亞里斯多德作品的新譯本在歐洲發行，賦予農民信仰正當性。[31] 隨著農民起義，封建制度在一三五〇年後崩垮，平民從封建領主手中奪得土地控制權，這些概念被公開認可。

我們可以一路追溯泛靈本體論到文藝復興時期，即使那時候的強勢觀點也認為物質世界是活躍的，而且把地球看成一個活生生的、哺育大地的母親。皮科・德拉・米蘭多拉（Pico della Mirandola）在十五世紀寫道：

> 世界這個巨大的軀體處處是靈魂，充滿智力，充滿神性，上帝填滿它裡裡外外，使萬物

生氣勃勃……世界是活的，所有物體充滿生命……物體和軀體或物質……是上帝的能量。萬物無一不是上帝。

◆◆◆

但接著又出現變化。一五〇〇年代，歐洲社會有兩個勢力強大的陣營擔心泛靈論概念顯著復活，於是著手摧毀之。

一個是教會。對神職人員來說，靈魂瀰漫物質世界的概念威脅到他們的地位，因為他們主張自己是通往天神的唯一管道，神聖力量的唯一合法代理。泛靈論不僅對神父構成問題，對國王和貴族也是問題，王室的權力終究仰賴神父認可。萬物有靈的概念必須被打敗，因為它們充滿顛覆的意涵。如果靈魂無所不在，就沒有上帝；如果沒有上帝，就沒有神父，也就沒有國王了。在這樣一個世界，君權神授之說不攻自破。[32]當時情況正是如此。亞里斯多德的思想激勵了許多中世紀農民叛變，企圖推翻封建制度。這些運動被教會斥為異端，異端邪說的罪名被用來合理化對付農民的殘酷暴力。

但除此之外還有一個強大陣營也認為泛靈論概念是問題，那就是資本家。一五〇〇年後開始稱霸的新經濟制度需要一個新關係，一個與土地、土壤和地下礦物的關係，建立在擁有、開採、商品化和不斷提高生產力的原則之上，或用當時的論述來說，建立在「改善」的原則之上。但要擁有和開發某個東西，首先你必須把那個東西看成客體。在一個萬物有生命而且充滿靈魂和原動力的世界，所有存在體都有權被視為主體，這種擁有開發權——換言之，財產——的觀念，在道德上無法想像。

歷史學家卡洛琳．莫琴特（Carolyn Merchant）表示，泛靈論概念限制了人們以為掠奪地球可被允許的程度。「地球是一個活的有機體和哺育之母的形象，曾發揮文化約束力，限制人類行為。」她寫道：「人不會輕易殺害一個母親，挖她的內臟尋找黃金，或肢解她的身體……只要地球被認為是活的和敏感的，破壞地球的行為就可以視為違反人類倫理。」[33]

這不表示人不會開採土地或上山挖礦。他們會，但以恭謹的禮節和崇敬的儀式為之。礦工、工匠和農夫獻祭贖罪。他們相信自己獲准從地球取物，就像人可能收受禮物，但取的太多或太暴力，會招致天譴。羅馬博物學家普林尼（Pliny）在西元一世紀描述地震是地球發怒的表現，氣憤自己被挖掘是出於貪婪而非需求：

> 我們追查地球的每一條血管，但仍……吃驚它為什麼偶爾天崩地裂或顫抖：彷彿這些信

號不是我們神聖的母親感到憤怒的表現！我們刺穿她的內臟，尋找寶藏……彷彿我們踐踏的每個地點對我們還不夠豐富和肥沃！

那些希望推進資本主義的人必須找到方法，不但讓人類脫離土地，還要摧毀享有如此顯赫地位的泛靈論概念，要奪走地球的靈魂，使它成為僅是供人類剝削的「自然資源」庫存。

他們在被譽為「現代科學之父」的英國人法蘭西斯・培根（Francis Bacon，一五六一—一六二六）的著作中找到第一個答案。

培根的遺緒至今仍被學校教科書歌頌，而且出於很好的理由，因為他對科學方法做出重大貢獻。但他的故事有相當邪惡的一面，大部分被公共意識遺忘。培根積極圖謀摧毀生命世界的概念，並用新的倫理取代之，新倫理不但批准而且讚美對自然的剝削。為了達到這個目的，他修改自然是女性的古老理論，把哺育之母改成他所謂的「人盡可夫的妓女」。他描述自然，甚至物質本身，是狡猾、失序、狂野和混亂的，用他的話來說，是一頭必須「抑制」、「綑綁」和「管束」的野獸。

對培根來說，科學和技術應充當宰制的工具。「科學應該像酷刑，逼自然招出她的祕密。」培根寫道。一旦以此方法獲得知識，「人」就不會「僅僅對自然的方向施加溫和的指導」，而是「有力量去征服和制伏，去動搖她的基礎」。自然必須「被約束成僕人」，被改造成「奴隸」，「被迫脫離她的自然狀態，被擠壓和塑造」來達到人類的目的。

培根在這裡用酷刑做比喻，揭露了他的心態，當他在國王詹姆斯一世麾下擔任司法部長時，就是用酷刑伺候農民叛徒和當時的異端份子，並著手立法，使酷刑成為保衛國家的合法手段。培根認為酷刑是對付農民起義的武器，同樣的，他也認為科學是對付自然的武器。自然和農民一樣，抗拒統治太久了。科學要一勞永逸地馴服她。

在培根的著作中，我們也可以看到另一個概念浮出的跡象。自然不僅是必須控制和操縱的東西，它也從一個活的有機體變成無生命的物質。培根說，自然也許看起來是活的並會動，但它的動作應理解為機器的動作，無非一個由幫浦和彈簧和齒輪組成的系統罷了。但短短幾年後，這個自然即機器的想像在另一個人的手上闡述成一個條理分明的哲學。那人是法國思想家勒內．笛卡爾（René Descartes）。

笛卡爾明白，唯有使自然成為無生命，培根呼籲的統治自然才可能合理化。為了達到這個目的，他找回柏拉圖的世界一分為二的概念，加以渲染擴大。他認為思想和物質基本上二元對立。他主張，人類在上帝創造物中獨一無二，因為人有思想（或靈魂），那是人和上帝有特殊聯繫的標記。反之，其他創造物只是沒有思想的物質。植物和動物沒有靈魂或原動力，沒有目的或動機；它們只是自動機，根據可預測的機械定律運作，像時鐘一般滴答滴答轉動（笛卡爾是著名的鐘迷）。

為了證明這個觀點，笛卡爾開始解剖活生生的動物。他把動物四肢釘在木板上，用探針刺牠們的器官和神經，在一次特別怪誕的事件中，包括他妻子的狗。當動物掙扎扭動和哀號時，笛卡爾堅稱那只是痛苦的「表象」，只是反射動作：肌肉和肌腱對生理刺激的自動反應。他敦促人們不要被表面上的知覺或智力騙了。適當的分析對象不是鹿或貓頭鷹本身，他說：「要認清生命的機械本質，你必須挖掘和凝視局部，而非整體。看似生命的東西其實只是無生命的物質。只是物體。」

在笛卡爾手中，人類和其餘生命世界之間的連續體被切成涇渭分明、不可逾越的兩塊。這個觀點後來被稱作二元論，笛卡爾的物質理論則被稱作機械論。它是一個除魅世界的明顯企圖，是對泛靈論哲學殘留原則的直接攻擊。自一六三〇年代起，這些概念逐漸主宰科學。我們常以為教會和科學彼此敵對，但其實科學革命的建築師全都是虔誠的教徒，而且和教士目標一致：剝奪自然的靈魂。

在啟蒙時代，二元論史上第一次成為主流思想。它支持圈地和公地私有化，因為土地只是一個可以擁有的東西。反過來，正因為圈地，二元論才能夠攀升到文化支配地位，因為唯有讓平民疏遠土地，斬斷與森林生態系統的關係，才可能說服他們想像自己與其餘生命世界徹底不同，並把其他存在體當作客體。

當然，機械論的謬誤撐不了多久。不到一個世紀，自然是無生命物質的概念就被揭穿真相，因為科學家清楚看到動物和植物及其他有機體事實上是活的。[34]但傷害已經造成。二元論已在歐洲文化確立地位，根深蒂固，因為它滿足了權勢集團把世界切成兩半的需求。一旦自然成為客體，你就可以對它或多或少為所欲為。禁止占有和開採的道德約束，不論還剩多少，一概解除，令資方大為高興。土地變成財產。生物變成東西。生態系統變成資源。

一七〇〇年代晚期，西方哲學最著名的倫理學家康德（Immanuel Kant）寫道：「就非人類而言，我們沒有直接責任。它們存在僅僅是達到目的的手段。目的是人。」

身體即「原料」

歐洲菁英利用笛卡爾的二元論改變人們對自然的看法。但他們還更進一步，企圖用它來改變人們對勞動的看法。

在革命時期，農民工作依循一定節奏，即依天氣和季節、慶典和宗教節日而定，在工業家看來既不規則又無紀律。生活安排圍繞著充足和願望的原則，需要做多少工作就做多少，其餘時間花在跳舞、吹牛、喝啤酒……找樂子上。社會學家茱麗葉・薛爾（Juliet Schor）描述如下：

> 中世紀日曆充滿假日……不但有聖誕節、復活節和仲夏日的長「假期」，還有眾多聖徒日和安息日。除了正式慶典，通常還有幾星期的啤酒日，以紀念人生大事（婚禮或守靈夜）和比較不重要的場合（蘇格蘭啤酒日、羔羊啤酒日和蹄髈啤酒日）。夯不啷噹加起來，英國的假日閒暇時間大概占一年的三分之一。英國人顯然比他們的鄰居勤勞。據報導，法國舊制度（ancien regime）保證一年五十二個星期天、九十個安息日和三十八個假日。在西班牙，遊客發現每年假日加起來有五個月。[35]

根據英國歷史學家湯普森（E. P. Thompson）所言，這些節慶和嘉年華「在一個重要意義上，男男女女皆為此而活」。[36]

這一切對一五〇〇年代的統治階級構成問題。菁英憤恨地抱怨農民的節慶，撻伐他們的「放蕩行為和自由」。[37]農民生活方式不符合資本積累所需的那種勞動。勞動需要遠超過需求，它需要變成整個生活方式。沒錯，圈地在某個程度上幫忙解決了這個問題，因為它使農民被飢餓控制，強迫他們彼此競爭。但這還不夠。圈地之後，歐洲到處是「貧民」和「遊民」，這些人被逐出土地，有的找不到工作，有的拒絕向新資本主義農場和工廠的殘酷條件屈服。他們靠乞討、叫賣和偷食物活命。

這個問題讓歐洲政府頭痛了差不多三個世紀。為了處理它和減輕菁英的憂慮，菁英擔心愈來愈多下層階級可能構成政治威脅，於是政府開始立法強迫人民工作。一五三一年，英國國王亨利八世頒布第一個遊民法，描述「遊手好閒」是「一切惡習之母和根源」，下令遊民應該被綑綁、鞭打和強迫「獻身於勞動」。一系列其他遊民法接踵而至，一個比一個嚴厲。一五四七年，愛德華六世下令遊民初犯應被烙印「V」字及服兩年強迫勞役，再犯可判處死刑。這些法律釋出排山倒海的國家暴力對付一無所有的人。根據一份報導，英國在亨利八世統治時期，多達七萬兩千名「遊手好閒的人」被問吊。一五七〇年代，每年被處死的「流氓」多達四百人。[38]目標是徹底改變人民對勞動的看法。菁英必須實際上鞭打人民，使之成為溫順、服從、有生產力的工人。這段時期，哲學家和政治理論家發展出一種奇特的對身體著迷的觀念，他們認為身體是隱藏勞動力的儲存庫，替資本家創造剩餘價值的重要引擎。問題是如何最有效率地取出沉睡在體內的價值。

在這裡，笛卡爾又前來救援。二元論已在人類和自然、主體和客體之間畫出一條清晰的分界線。但在這個新制度中，被物化的不只是自然，身體也被物化。身體被重塑為自然的一部分。笛卡爾在《論人》（*Threatise of Man*）中主張，人由兩個不同的部件構成，一個是非物質的思想，另一個是物質的身體。身體，和自然一樣，只是野蠻的物質，其功能類似一台機器。笛卡爾變成解剖迷，在解剖檯上，身體被公開展示和肢解，暴露出只是肉身，玷污的、沒有靈魂的肉身，由一堆相當於繩子、滑輪和車輪的東西組成。「我非我的身體。」笛卡爾堅稱。相反的，無實體的思想，或心靈，或理性，才構成人。於是有了眾所周知，並因此知道笛卡爾大名的名言：「我思故我在。」

笛卡爾不但成功使思想和身體分離，也建立兩者之間的位階關係。恰似統治階級應該主宰自然和為了生產力的目的控制它，思想也應該為了同樣目的主宰身體。

在一六〇〇年代，笛卡爾的觀點被用來管控身體，壓制它的激情和慾望，強加規律、有效能的秩序在其上。任何喜悅、嬉戲、隨興的傾向，身體感受的樂趣，都被視為潛在的不道德。在一七〇〇年代，這些概念合併成一個明確的價值體系：遊手好閒是罪惡，生產力是美德。當時西方基督教流行喀爾文派（Calvinist）神學，在此派教義中，**利潤**變成道德成功的標誌，救贖的證據。為了極大化利潤，民眾被鼓勵圍繞著生產力安排他們的生活。[39]凡是在生產力競賽落後並陷入貧困的人，都被烙上罪惡的污名。貧困被重新定義為不是剝奪的後果，而是個人道德墮落的標誌。

紀律和自我控制的道德規範成為資本主義文化的核心。英國各地教區紛紛成立「濟貧工廠」（workhouses）收容「懶散」的窮人，其功能部分是工廠，部分是文化再教育營，根除任何殘餘的反抗精神，同時灌輸生產力、時間和尊重權威的價值觀。一八〇〇年代，工廠發展出時程表和組裝線，目的是從每一個工人擠出最大產量。一九〇〇年代初期帶來了泰勒制管理（Taylorism），將工人身體的每一個微小動作減至盡可能最有效率的行動。工作逐漸失去意義、樂趣、才能和精湛技術。

生產主義行為被聯想到經濟人，但它一點也不自然或與生俱來。那個動物是五個世紀的文化重編程（re-programming）的產物。

笛卡爾的身體理論促成一個觀念，將人類勞動力看成某個可以跟自我分離、提煉和在市場上交易的東西——恰似自然。如同土地和自然，工人也轉變成僅是商品，這個概念在一個世紀前還不可思議。圈地造成的難民不被視為有人權的主體，而是一群為了資本主義的成長，有待管教和控制的工人。

廉價自然

一六〇〇年代興起一種看待自然的新興方法，把自然看成「他者」，某個與社會分離的東西，不只土地、土壤、森林和山岳如此，連人類自己的身體也作如是觀。這個新的世界觀允許資本家物化自然，把自然拖進資本積累循環。但它還做了別的事情。它允許資本家認為自然「外在」於經濟體。因為它是外部，所以能便宜取得。

為了產生成長所需的利潤，資方尋求以盡可能便宜的方式侵吞自然——最好免費。[40]一五〇〇年後菁英奪取歐洲的公地，可視為一種大規模、無償的侵吞自然。殖民化也一樣，當歐洲人搶奪大片南方世界，他們侵吞了比歐洲本身包含的大得多的土地和資源。他們奪走南美洲的金和銀，侵占加勒比海的土地生產棉花和蔗糖，砍伐印度的森林做燃料和造船，並在一八八五年後展開的爭奪非洲時期，攫取鑽石、橡膠、可可、咖啡和其他無數原物料。所有這些物資幾乎都是免費取得。我說「免費」的意思不只是他們沒有付錢，也因為他們沒有回饋任何東西。毫無與土地禮尚往來的表示。純粹是盜用，純粹是偷竊。當一個系統把自然看成「外部」，掠奪自然的成本就可以外部化。

圈地和殖民化也使侵吞廉價勞力成為可能。不管多微薄，雖然資方付工資給歐洲的無產階級工人（大部分是男性），但它並未付費給再生產這些工人的勞動力（大部分是女性）：煮飯給他們吃，當他們生病時照顧他們，以及養育下一代工人的婦女。事實上，至今仍存在於我們社會的家庭主婦角色，最早就是圈地造成的，不但阻斷婦女自力更生的手段，也阻止她們從事僱傭工作，侷限她們於再生產的角色。在新的資本主義制度下，大量的隱性女性勞動力幾乎被菁英免費占用。笛卡爾的二元論也被徵召來完成這個任務。在二元論架構內，身體被擺在光譜上衡量。女性被視為比男性接近「自然」，對待她們的方式也根據這個位置——從屬、控制和剝削[41]，無需補償。如同所有被歸到「自然」類的東西，榨取的成本被外部化。

類似心態也表現於殖民地，但甚至更惡劣。在殖民時期，南方世界的人慣常被描述為「自然」：「蠻夷」、「野性」、低於人類。西班牙人稱美洲原住民為 naturales（未開化之民），即暴露這種心態。二元論不但被徵召來合理化侵吞殖民地的土地，還占用被殖民者的身體。這個觀點清楚展現在歐洲的奴隸貿易上。畢竟，為了奴役某人，你首先必須否定他的人性。在歐洲人的想像中，非洲人和美洲原住民被歸類為物體，並當作物體來剝削。誠如法國殖民地馬丁尼克島出身的作家艾梅・塞澤爾（Aimé Césaire）所言，殖民化基本上是一個**物化**（thingification）過程。[42]

但其他事情也正在進行。殖民地的人被形容為「原始」，恰恰因為他們拒絕接受人類和自然二元對立的原則。[43]我們在歐洲殖民者和傳教士的著作中看到他們的沮喪，因為這麼多他們遇到的人都堅持世界是活的，山、河、動物、植物，甚至土地都是有原動力和靈魂的有情眾生。

歐洲菁英認為泛靈論思想是資本主義的障礙，在殖民地和歐洲本土一樣都是障礙，於是著手根除。這個行動以「文明化」之名進行。要變成文明化，變成充分人類（以及變成願意參加資本主義世界經濟體），原住民必須被迫放棄泛靈論原則，被改造成視自然為物體。

我們都知道殖民暴行如何被加害者合理化為「文明化使命」的一部分，但我們往往不了解這個使命的主要目標之一是剷除泛靈論思想。目的是**把被殖民者變成二元論者**，不但殖民土地和身體，還要殖民思想。如肯亞作家恩古吉・瓦・提昂戈（Ngugi wa Thiong'o）所述：

「殖民主義透過軍事征服和隨後的政治獨裁，控制社會的財富生產。但它最重要的統治範圍是被殖民者的精神世界。透過文化，控制人們如何看待自己及他們和世界的關係。」44

轉推笛卡爾

我們都是二元本體論的繼承人。它在我們今天談論自然的語言中處處可見。我們慣常描述生命世界是「自然資源」、「原料」，甚至稱之為「生態系統服務」，似乎強調它的從屬地位和奴隸身分。我們談廢棄物和污染和氣候變遷之「外部性」，因為我們相信自然界的遭遇基本上在人道關懷之外。這些詞彙我們脫口而出，甚至不假思索。二元論如此根深蒂固，即使我們試圖更謹慎，仍不知不覺鑽入我們的語言。「環境」照理說是我們關心的事情，但環境一詞本身已預先假定生命世界只不過是一個被動容器，是人類故事演出的背景。

「環境」，當我們把這個看似無辜的詞翻譯成西班牙文：ambiente（氣氛）時，它的奇異性就更加明顯了。在征服者的語言中，生命世界只不過是製造氣氛的照明燈而已。從泛靈本體論的觀點來看，這等於把你的母親和手足當作只是裝飾牆面的肖像，難以想像。

這些概念並未隨著培根和笛卡爾走入歷史。它們被一長列哲學家轉推和改良。二元論假設甚至出現在後現代主義思想中。後現代主義自豪於批判心智和自我和真相之狂妄自大，以及質疑人類進步的宏大後設敘事。但到頭來，它所做的只是把二元論發揮到新的極致。世界、現實，其實不存在；或確實存在但它本身是什麼不重要，因為人類構想它是什麼就是什麼。事物不真正存在，直到它被人類**意識到**，被編入人類語言，被命名和定義，並嵌入我們的符號世界。我們自身經驗以外的現實，實際上被縮小到微不足道。後現代主義者也許批判現代主義，但只在接受它的基本條件之後。[45]

難怪我們對愈來愈多關於大滅絕危機的統計反應如此淡定。我們習慣以出奇冷靜的態度看待這個資訊。我們不哭泣，不激動，為什麼？因為我們認為人類和其餘生命共同體毫無關係。那些物種**在外面**，在**環境中**。它們不在這裡；**它們不是我們的一部分**。[46]我們有此表現不令人意外。畢竟，這是資本主義的核心原則：世界其實不是活的，它當然不是我們的親人，反而只是等待我們開採和拋棄的東西，包括大部分住在裡面的人類。資本主義從它的第一個原則開始，就決心跟生命本身為敵。

笛卡爾聲稱科學的目的是「使我們成為自然的主人和擁有者」。四百年後，這個倫理仍根深蒂固確立在我們的文化中。我們不但認為生命世界是他者，還把它看成敵人，某個需要用科學和理性的力量攻打和制伏的東西。二〇一五年，谷歌高層成立一家生命科學公司，他們命名新公司為「Verity」（真正的）。問起 Verity 執行長安迪．康瑞德（Andy Conrad）為什麼取這個怪名字，他回答，因為「唯有透過真相，我們才能打敗大自然」。

第二章／

無敵破壞王崛起

資本主義被「說服」限制成長的可能性，
跟一個人可能被「說服」停止呼吸的機會差不多。
——默瑞．布克欽（Murray Bookchin）

我還記得第一次在學校讀資本主義歷史，那是一個快樂的故事，始於十八世紀蒸汽引擎的發明，經過一系列科技創新，從紡織機的飛梭一路進展到個人電腦。我記得對教科書上的照片感到驚奇。這個故事似乎告訴我們，經濟成長像一座噴錢池，泉源是科技本身。那是個美妙的傳說，留給我們前途光明的印象，只要有正確科技，我們幾乎能憑空變出成長。

但當我們思考至更長遠的資本主義歷史時，這個故事再明顯不過地缺了點什麼。圈地、殖民化、強占財產、奴隸貿易……歷史上，成長一直是個侵吞過程：侵吞自然和（某種）人類的能量和工作。沒錯，資本主義驅動一些非凡的科技創新，這些科技又驅動非常快速的成長。但科技對成長的主要貢獻不是憑空變出錢來，反而是允許資本擴張和強化侵吞過程。[1]

早在蒸汽引擎發明以前就是如此。即使在一五〇〇年代初期，製糖技術的創新已允許農園主人挪用更多土地來生產製糖原料，超過他們原本可能加工的量。同樣的，軋棉機的發明允許棉花業者擴大單一耕作面積。新的風力抽水機被用來抽乾歐洲的原始溼地，開放大片土地供農業使用。更大的高爐能夠更快的煉鐵，繼而促成更多鐵礦砂的開採。高爐需要更多燃料，於是伐更多木，導致大片歐洲森林為了生產鐵而被砍光。科技的力量在於提高資本和勞工的效能，生產得更多、更快，但也加快自然被侵吞的速度。

這個過程在十九和二十世紀加快腳步，因為發現了大規模化石燃料儲量，首先是煤，然後是石油，開採和使用這些燃料的技術（如蒸汽引擎）也出現了。一桶原油能做一千七百瓦小時的工作，相當於四年半的人類勞動力。從資本的角度來看，開採海底石油就像再一次殖民美洲，或第二次大西洋奴隸貿易，是大發橫財的機會。但它也給侵吞過程本身快速充電。化石燃料提供的動力，使巨大鑽頭能挖更深的礦，拖網漁船能捕深海魚，拖拉機和聯合收割機能進行更密集的農耕，鏈鋸伐木更快，輪船、卡車和飛機能以驚人的速度運送這些材料到世界各地。拜科技所賜，侵吞過程呈指數增長，速度愈來愈快，範圍也愈來愈廣。

我們可以看到這個加速現象反映在上個世紀GDP令人屏息的竄升速度。但如果認為這個成長是化石燃料和科技所驅動的，那就錯了。化石燃料和科技確實**助長**了它，但我們必須捫心自問：是否有更深層的動機，推動資本主義的成長？

資本的鐵律

幾個月前，我參加一場關於資本主義未來的電視轉播辯論會。我坐在台上，面對現場觀眾，對手站起來說資本主義本身毫無過失，問題出在資本主義被貪婪的CEO和貪腐的政客敗壞了，我們唯一需要做的是處理爛蘋果，然後一切就沒事了。畢竟，歸根究柢，資本主義只是提供市場讓人們買賣東西，就像你家附近的農夫市集或摩洛哥的露天市場。這些無辜的人靠自己的本事討生活，何錯之有？

故事動聽，似乎也夠合理。但事實上，它描繪的農夫市集和露天市場裡的小商家，跟資本主義毫無關係，拿兩者相提並論是錯誤的類比。而且它完全不能讓我們更瞭解為什麼資本主義驅動生態崩潰。如果我們真的想瞭解資本主義如何運作，需要挖掘得更深一些。

第一步是瞭解在大部分的人類歷史中，經濟是圍繞著「使用價值」的原則而組織。農夫種一棵梨樹，可能因為他喜歡梨子香甜多汁的風味，或因為午後吃顆梨子可以解飢。工匠造一把椅子，可能因為椅子有用，可以坐在露台上休息或圍桌吃頓飯。他們也可能選擇賣這些東西，換點錢來買其他有用的東西，例如給他們的菜園買一根鋤頭，或幫女兒買一把袖珍折刀。事實上，這是今天我們大多數人參與經濟的方式。我們前往商店，通常是購買對我們有用的東西，譬如晚餐的食材或冬天禦寒的夾克。我們可以概述這種經濟形態如下，其中C代表商品（如椅子或梨），M代表金錢：

C1
↓
M
↓
C2

表面看來這似乎是對資本主義的適當描述：人與人之間自由交換有用的東西，就像在農夫市集或露天市場。但實際上這裡沒有一件事是資本主義特有的。它可以是任何經濟制度，存在於人類歷史上幾乎任何時間或任何地方。資本主義之所以與眾不同，在於資本家有非常不同的價值考量。資本家也許承認椅子和梨之類的東西有用，但生產它們的目的不是為了有個舒服的坐處或美味的下午點心，甚或賣掉來換取其他有用的東西。生產和銷售它們是為了達到一個最重要的目的：賺取利潤。在這個制度下，重要的是商品的「交換價值」，而非「使用價值」[2]。我們可以用下列公式來說明，其中角分符號（'）代表數量增加：

$$M \rightarrow C \rightarrow M'$$

這個公式跟使用價值取向的經濟完全相反，但有趣的地方就在這裡。在資本主義下，產生穩定利潤還不夠，目標是那筆利潤再投資去擴大生產程序，以後產生比前一年更多的利潤。我們可以圖解如下：

$$M \rightarrow C \rightarrow M' \rightarrow C' \rightarrow M'' \rightarrow C'' \rightarrow M'''$$

要瞭解這是怎麼回事，我們需要區分兩種類型的公司。以本地餐館為例，年底結算賺了一筆利潤，但老闆對年年賺大致相同的利潤心滿意足，這筆錢夠付店租，讓家人三餐無虞，也許夏天還能去度個假。雖然這種企業可能參與了資本主義邏輯的要素（付工資、賺利潤），但它**不是真正的資本家**，因為利潤終究圍繞著某種使用價值的概念組成。這是絕大多數小企業的運作方式。這類商店在資本主義出現前已存在了幾千年。

現在看看大公司如埃克森石油或臉書和亞馬遜。大公司的運作並非根據本地餐館偏愛的穩態經營方法。亞馬遜的利潤不是只讓貝佐斯的飯桌上有食物就夠了，它還要用來擴張公司：買下競爭者，逼本地商店停業，闖入新的國家，建立更多配送中心，不斷推出行銷活動讓消費者購買他們不需要的東西。這一切都是為了賺取一年比一年多的利潤。

它是一個自我強化的循環，一個不斷加速的跑步機：錢變成利潤、變成更多錢，再變成更多利潤。從這裡我們開始看到究竟是什麼使資本主義與眾不同。對資本家來說，利潤並非只是最後賺到的錢、用來滿足一些特定需求，利潤變成**資本**。資本的整個重點是必須再投資以產生更多資本。這個流程永不結束，只是繼續擴張。不像本地餐館關注於滿足特定具體需求，積累交換價值的流程沒有可辨識的終點。它根本脫離任何人類需求的概念。

上述公式清楚顯示，資本表現得有點像病毒。病毒是一組基因碼被編程來複製自己，但它不能靠自己複製，它必須感染宿主的細胞，強迫那個細胞複製它的DNA，然後每一個拷貝再去感染其他細胞，以便製造更多拷貝，如此這般繼續下去。病毒的唯一目的是自我複製。資本也建立在自我複製的密碼上，和病毒一樣，企圖把它接觸的每一樣東西變成它自己的自我複製的拷貝，變成更多資本。這個系統變成一個無敵破壞王，一台無法阻擋的機器，被設計來無窮擴張。

◆◆◆

我們常評論大公司如亞馬遜或臉書的擴張攻勢是出於貪婪；我們可能說，CEO如祖克柏之流只是沉溺於積聚金錢和權力。但事情沒那麼簡單。實情是這些公司和經營它們的CEO受制於必須成長的**結構性義務**。這個世界的祖克柏們只是一台更大機器的自願齒輪。

且看這台機器如何運作。想像你是一名投資者，你想獲得比如每年五%的投資報酬率，所以你決定投資臉書。記住，報酬率是指數函數。因此如果臉書年年產生相同的利潤（亦即零成長），它能償還你的初始投資，但不能付你任何利息。唯一能產生足夠盈餘來給付投資者報酬的方法是，每一年產生比前一年多的利潤。這是為什麼當投資者評估一家公司是否「健康」時，他們不看淨利，而是看**利潤率**，換言之，看該公司的利潤每年成長多少。從資本的角度來看，僅僅獲利不算數，它毫無意義。唯一算數的是成長。

投資者，那些手上有積累資本的人，搜遍全球迫不及待尋找任何嗅起來像成長的東西。

如果臉書露出成長趨緩的跡象，他們會掉頭而去，把錢投入埃克森石油，或菸草公司，或學生貸款——任何成長所在之處。資本這種不停移動的特性，使公司承受巨大壓力去做任何能促進成長的事，在臉書的例子中是更積極打廣告、創造愈來愈使人上癮的演算法、出售用戶資料、違反個資法、製造政治兩極化、甚至破壞民主制度。因為如果不成長，投資人會撤出，公司會崩垮。選擇是嚴酷的：不成長即死亡。這個擴張攻勢也置其他公司於壓力之下。突然間，沒有一家公司能滿足於穩健經營方法，如果你不努力擴張，你會被競爭者吞噬。成長變成鐵律，人人是它的俘虜。

為什麼投資者加入這場焦躁不安的成長追逐賽？因為當資本靜止不動，它會損失價值（由於通貨膨脹、貶值等等）。因此當手上積攢的資本愈堆愈高，便產生巨大的成長壓力。資本積累愈多，壓力愈大。

追逐下一個解癮方法

因為成長是複合函數，便構成問題。全球經濟通常一年成長約三％，經濟學家說三％是必要的，因為這樣才能確保大部分資本家實現正報酬。三%聽起來好像不多，但那是因為我們通常用線性思考成長。複合成長是資本再投資的基本架構，這個概念讓我們的腦子轉不過來。確實，它用一種不可思議的方式襲來使我們措手不及。

有一個古老寓言抓到超現實的成長本質。話說古印度有一位數學家，為了表揚他的成就，國王召他進宮，賜他一份禮物：「不管你要什麼，」國王說：「那東西就是你的。」數學家恭謹回答：「皇上，我是樸實的人，我只求您賞我一點米。」他拿出一個棋盤，接著說：「請在第一格擱一粒米，第二格擱兩粒，第三格擱四粒，以此類推，每一格加倍，直到棋盤最後一格。這樣我就滿足了。」

國王認為這個要求很古怪但同意了，慶幸此人沒要求更奢侈的東西。擱到第一行最後一格時，棋盤上的米還不到兩百粒，甚至不夠煮一頓飯。但接下來，怪事發生了。到了第三十二格，棋盤的正中央，國王必須擱二十億粒米，會讓他的王國破產。如果他有能力繼續下去，必須擱九百萬兆粒米在第六十四格，也就是足夠把整個印度鋪滿三公尺厚的米。

談到經濟擴張，同樣不可思議的機制也發生了。數學家李察・普萊斯（Richard Price）在一七七二年注意到這個趨勢。他指出，複合成長「起初緩慢增加……但增速不斷加快，到了某個時間點它會快到再大的想像力都追不上」。

以公元二〇〇〇年的全球經濟為例，假設它以尋常的三%年增率成長。即使以這個看似溫和的增速，經濟產出仍會每二十三年增加一倍，這表示不到廿一世紀中間，在一個人半輩子的時間內，它會擴大四倍。如果我們繼續以同樣速率成長下去，到了本世紀末，全球經濟規模會擴大二十倍——比我們在喧囂的二十世紀已經做的還多二十倍。再過一百年，它會擴大三百七十倍。之後再過一百年，它再擴大七千倍，以此類推。它超乎一切想像。

有些人將這股氣勢洶洶的能量歸功於快速創新——資本主義的特性。這當然是事實，但它也有變成極端暴力的傾向。每一次資本碰到積累障礙（比如說，飽和市場、最低工資法或環境保護），它就像一隻巨大的吸血八爪魚，拚命纏繞扭動，企圖掃除障礙，並把它的爪子伸入新的成長來源。[3]這個反應被稱作「解癮」（fix）。[4]圈地運動是解癮，殖民化是解癮，大西洋奴隸貿易是解癮，攻打中國的鴉片戰爭是解癮，美國的西部擴張是解癮。這些解癮方法個個兇暴，個個開疆闢土以供侵吞和積累，個個服從資本的成長義務。

十九世紀的全球經濟規模，以今天的幣值計算，比一兆美元略多一點。這表示資本每年需要找到約值三百億美元的新投資，乃是一筆龐大的金額。這需要資本做出巨大努力，包括殖民擴張，那是十九世紀的特徵。目前全球經濟總值超過八十兆美元，因此為了維持可接受的成長率，資本需要為下個年度另外尋找價值二．五兆美元的新投資出路。這個數目等於整個英國經濟規模，世界最大的經濟體之一。不管用什麼方法，明年我們必須在已經做的投資之上，再增加相當於另一個英國經濟體，後年甚至再增加更多，以此類推。

去哪裡找這個數量的成長？壓力大的不得了。正是這個壓力驅使製藥公司製造美國的鴉片危機，牛肉公司焚燬亞馬遜森林，軍火公司遊說反槍枝管制，石油公司金援氣候危機否定論，零售商用愈來愈高明的廣告技術侵入我們的生活，讓我們買下我們其實不需要的東西。這些廠商不是「壞蘋果」，它們只是服從資本的鐵律。

過去五百年已建立一整個基礎架構來促進資本擴張，包括有限責任制、公司法人、股票市場、股東價值法則、銀行部分準備金制度、信用評等，我們生活在一個愈來愈圍繞著勢在必行的積累而組織的世界。

從私部門的勢在必行到公部門的執迷不悟

瞭解資本的內在動能只能局部解釋成長義務，要真正理解這些壓力產生的作用，我們也必須注意政府在做什麼。當然，政府一向和促進資本擴張的利益有關，畢竟圈地和殖民化最終都是靠國家力量支持。但從一九三〇年代初開始，在大蕭條（Great Depression）時期，發生了某件事，使這些壓力變本加厲。

大蕭條嚴重破壞美國和西歐的經濟，各國政府手忙腳亂地尋找因應之道。在美國，官員找到西門．庫茲涅茨（Simon Kuznets），一位來自白俄羅斯的年輕經濟學家，請他設計一套會計制度，可以揭露美國每年生產的一切商品和服務的金錢價值。其概念是，如果你能更清楚看到經濟體在做什麼，就能推斷哪裡出了差錯且更有效地干預。庫茲涅茨設計了一個衡量標準，叫做國民生產毛額（Gross National Product，縮寫為GNP），GNP提供基礎給我們現在使用的量度：國內生產毛額（Gross Domestic Product，縮寫為GDP）。

但庫茲涅茨很謹慎，他強調GDP有瑕疵。它總計貨幣化的經濟活動，但不在乎該活動是否有用或有害。如果你為了木材砍掉一座森林，GDP上升。如果你延長每日工時和延後退休年齡，GDP上升。如果污染造成就醫次數增加，GDP上升，但GDP不包括成本會計，它完全不提失去森林做為野生動物棲息地或碳匯的損失，也不提太多工作和污染對人民身心造成的傷害。它不只遺漏壞事，也忽略很多好事，因為它不計算非貨幣化的經濟活動，即使那些活動對人類生活和福祉不可缺少。如果你種植自己的食物，打掃自己的房子或照顧年邁的父母，GDP一句不提。如果你付錢給公司替你做這些事，它才會計算。

庫茲涅茨警告，我們絕對不應該把GDP當作一個衡量經濟進步的正常量度。他認為我們應該改良它，將成長的社會成本納入計算，唯有如此政府才會重視人類福祉及追求更均衡的目標。但接著，二次世界大戰爆發了。隨著納粹威脅升高，庫茲涅茨關於福祉的顧慮逐漸被淡忘。政府需要計算一切經濟活動，甚至負面活動，以辨認可以投入戰事的每一分錢和產能。最後這個更積極的GDP版本取得優勢。在一九四四年的布列敦森林會議（Bretton Woods Conference），當世界領袖坐下來決定治理戰後世界經濟的規則時，這個版本被奉為經濟進步的主要指標，恰恰和庫茲涅茨的警告背道而馳。

當然，衡量某些活動而非其他，本來不是問題。不論衡量什麼，GDP本身對真實世界毫無影響。不過，GDP**成長**，就有影響了。我們一開始關注GDP成長，就不只促進GDP衡量的活動，也促進那些活動的無限增加，不管代價多少。

起初經濟學家用GDP來衡量經濟產出的「水準」。水準是否太高，造成過度生產和供應過剩？或是否太低，導致人民無法獲得他們需要的商品？在大蕭條時期，產出水準顯然太低，因此為了走出衰退，西方政府重金投資於基建計畫並創造大量高薪工作，把錢放進人民的口袋來刺激需求，使經濟再度活絡起來。這個辦法生效，GDP升上來了。但成長本身不是目標。別忘了，這是羅斯福總統主政的進步時代。史上第一次，目標是提高產出水準，為了改善人民生計和獲致進步社會成果的特定目的，和過去四百年大相逕庭。換言之，早期進步政府把成長當作一個使用價值。

但好景不常。當經濟合作暨發展組織（OECD）於一九六〇年成立時，它的章程列出的首要目標是（至今仍然是）「推動政策來達到最高可持續的經濟成長率」。突然間，目標不是追求更高產出水準以達到某個特定目的，而是**最高**成長率，無限期地為成長而成長。英國政府跟進，設定未來十年經濟成長五十%的目標。這是極不尋常的擴張速度，也是成長第一次因其本身緣故而被奉為國家政策目標。[5]

這個概念如野火般蔓延。在冷戰時期，西方國家與蘇聯兩大陣營之間的競爭變成主要用成長率來裁決。哪一個體制能最快增長GDP？當然，在這場競賽中，成長不只象徵強大，就它允許國家投資更多於軍事能力而言，它也轉化為真正的地緣政治優勢。

這個為了GDP成長而關注GDP成長的新焦點，即成長主義（growthism），永遠改變了西方政府管理經濟的方法。曾經用來改善大蕭條後社會成果的進步政策，諸如提高工資、組織工會和投資公共衛生和教育，突然變成可疑。這些政策曾導致高水準的人民福祉，但執行結果使勞工太「貴」，令資方無法維持高利潤率。這段時期推出的環境法規也遭受質疑，因這些法規限制開發自然（美國環保署成立於一九七〇年）。一九七〇年代後期，西方經濟體的成長開始放緩，資本報酬率也開始下降。政府承受壓力，必須採取行動，替資方創造一個「解癮方法」。於是它們攻擊工會，修惡勞動法，以便降低薪資成本；它們刪除重要的環保法規，民營化過去禁止資方插足的公共資產，如礦場、鐵路、能源、水、醫療保健、電信等等，替私人投資者創造有利可圖的機會。一九八〇年代，美國總統雷根和英國首相柴契爾尤其狂熱地追求這個策略，開啟了我們今天稱作新自由主義的路線。[6]

有些人傾向於認為新自由主義是一個錯誤，是過度極端的資本主義版本，我們應該拒絕它，迎回前幾十年盛行的比較人性化的版本。但當初轉移到新自由主義不是錯誤，它是受到成長義務的驅使。為了恢復利潤率和挽救資本主義，政府必須將焦點從社會目標（使用價值）轉移到改善資本積累（交換價值）的條件。資本的利益被國家內化，到了今天，成長和資本積累之間的區別已幾乎完全消失。如今，目標是拆除利潤的障礙，把人類和自然變得更便宜，只為了成長。

西方政府也把這個目標推到南方世界，同樣是為了解癮：替資方開拓新疆域。一九五〇年代殖民主義結束後，許多新獨立的政府發展一條新的經濟路線。它們推出進步政策以重建國家，用關稅和補貼保護本土產業，改善勞動標準及提高工人薪資，投資公共醫療保健和教育。這一切都是為了扭轉殖民主義的榨取政策及改善人民福祉，而且確實有效。一九六〇和一九七〇年代，南方世界的平均所得以每年三．二%的速度成長。至關重要的是，在大多數例子中，成長本身不是目標，它是追求復原、獨立和人類發展的手段，和西方國家在大蕭條後那些年的作為並無二致。

但西方強權不樂見這個轉變，因為它代表它們失去在殖民主義下享有的取得廉價勞力、原料和獨占市場的權利，於是出手干預。在一九八〇年代債務危機期間，它們利用身為債權國的權力，運用它們對世界銀行和國際貨幣基金（IMF）的掌控，施加「結構調整計畫」於拉丁美洲、非洲和部分亞洲（除了中國和其他幾個東亞國家）。

結構調整強迫自由化南方經濟體，撤除保護性關稅和資本管控，降低工資和環保法規，削減社會支出，民營化公共財，一切皆是為了替外國資本撬開有利可圖的新疆域，以及恢復廉價勞工和資源的使用權。[7]

結構調整徹底重塑了南方經濟體。政府被迫放棄追求人類福祉和經濟獨立，改為聚焦於替資本積累創造最佳可能條件。轉變以成長之名完成，但帶給南方世界災難性的後果。施加新自由主義政策造成二十年的危機，導致貧窮、不平等和失業率節節升高。一九八〇和一九九〇年代，整個南方世界的所得成長率崩跌，跌到二十年平均只增加〇．七%的地步。[8]但對資本來說，它有立竿見影之效，使跨國公司能夠公佈創紀錄的利潤，讓最有錢的一％人的所得暴增。[9]西方世界的成長率恢復了，那是結構調整的真正目的（解癮了！），但整個南方付出慘痛的人命代價，這個干預的遺緒是全球貧富差距在過去幾十年巨幅拉大。今日，實質人均所得的南北差距，比殖民主義結束時大了四倍。[10]

緊束衣

如今全世界幾乎每一個政府，不論貧富，都一門心思放在GDP成長上。這不再是一個選擇題。在全球化的世界，只要按一下滑鼠，資本就可以自由跨境移動，國家被迫彼此競爭以吸引外國投資。政府承受壓力，必須限縮工人權利，削減環境保護，開放公有地給開發商，民營化公共服務，在自我施加結構調整已形成全球熱潮的趨勢中，不惜任何代價取悅國際資本大亨。[11]這一切皆以成長之名為之。

世界各國政府都遵從一條新規則：目標不是達到一個適足以改善工資和建立社會服務的產出水準，而是追求成長，**為成長而成長**。經濟生產的具體使用價值（滿足人類需求）淪為次要，首要目標是追求抽象的交換價值（GDP成長）。政府合理化這個目標的說法是，GDP成長是減少貧窮、創造工作和改善人民生活的唯一途徑。確實，成長已取代人類福祉，甚至進步本身。此事異於常理，因為GDP只衡量經濟活動中狹小的一片。歸根究柢，GDP的成長只是資本主義福祉的一個指標。而我們全都認為它是人類福祉的代理，這代表一個異常的意識形態政變。

當然，在某些方面，它是事實。在資本主義經濟體，人民的生計與GDP成長綁在一起。為了活下去，人人需要工作和薪水，問題就是從這裡開始的。在資本主義下，公司不斷尋找方法增加勞動生產力，以便降低生產成本。隨著勞動生產力提高，廠商不需要那麼多工人。人們被裁員，失業率上升，貧窮和無家可歸者增加。政府必須有所回應，於是倉促刺激更多成長，只為了創造新工作。但危機從未消失，它不斷復發，年復一年。這個現象叫做「生產力陷阱」。[12]我們陷入荒謬的處境，需要不斷成長，只為了避免社會崩垮。

政府發現自己還陷入其他陷阱。如果政府想投資公共醫療保健和教育，必須先找到（或創造）錢。一個選項是提高富人稅和公司稅，但在有錢人的利益具有政治影響力的國家，這個做法得冒著引起反撲的風險。面對這個風險，即使進步政黨也左右兩難。你如何取得資源來改善一般老百姓的生活，但不會讓有錢有勢的人反對你？答案是成長。

此外還有債務陷阱，也是成長義務最強大的陷阱之一。政府運作需要經費，經費大部分來自出售債券，那是一種借錢的方法。但債券附帶利息，利息以複利計算。為了付債券利息，政府必須創造財政收入，這通常代表追求成長。當經濟放緩，政府無力償債便會引發危機，危機可以快速惡化到失控地步，導致債券貶值；為了出售債券，政府必須承諾更高利率，使自己陷入更深的債務。唯一從這種危機脫身的辦法是開始砍除任何妨礙成長的「障礙」，如勞動法規、環境保護、資本控管，不管什麼，只要能提供投資者繼續買公債所需的「信心」。政府和公司一樣，面對嚴酷的選擇：不增長經濟即垮台。

最重要的是，政府追求成長在於GDP是國際政治力的通用貨幣。這一點最清楚展現在軍事上：當你的GDP愈大，你能買愈多的坦克、飛彈、航空母艦和核子武器。在經濟上也是事實，舉例來說，一個國家在世貿組織的談判力量取決於它的GDP規模。最大的經濟體能夠推動對自己有利的貿易協議，能夠把制裁當作武器來強迫較小的經濟體乖乖就範。政府在弱肉強食的殊死競爭中拚命爬到頂端，只為了避免任人擺佈。地緣政治壓力變成成長義務的強大驅力。

「成長」深嵌在我們的經濟和政治中，以致沒有它，系統將無法存活。萬一成長停止，公司倒閉，政府沒錢提供社會服務，人民失業，貧窮率上升，國家政治上不堪一擊。在資本主義下，成長並非只是人類社會組織一個可有可無的特性，它是**必須服從的命令**，綁架一切的命令。如果經濟不成長，一切崩垮。我們穿了緊束衣。難怪世界各國政府都傾全國之力挺資本，不停歇地永遠積累下去。

這一切促成自一九四五年以來GDP的飛速成長。從生態觀點來看，這也是事情開始出差錯的起點。

吞噬世界

不過這不表示成長本身是壞事，那不是我的論點。成長不是問題，問題是**成長主義**：為了成長本身而追求成長，或為了資本積累，而非為了滿足具體的人類需求和社會目標。

當我們檢視自一九八〇年代以來成長主義對地球的衝擊，這讓圈地和殖民化時期顯得微不足道。殖民者在幾大洲掠奪並送進資本魔王肚裡的土地和資源，相形之下遜色了好幾倍。

我們可以從原物料消耗的統計數字看到這個衝擊。這個測度計算人類每年開採和消耗的材料總重量，包括生物質、金屬、礦物、化石燃料和建築材料。這些數字訴說一個令人震驚的故事。它們顯示材料使用在一九〇〇年代前半段穩定成長，從一年七十億噸增加到一百四十億噸。但在一九四五年後的數十年，真正不可思議的情形出現了。當GDP成長確立為世界各國的核心政治目標，當經濟擴張開始加速，材料使用呈爆炸式成長。一九八〇年達到三百五十億噸，二〇〇〇年達到五百億噸，然後在二〇一七年「咻」地衝上令人怵目驚心的九百二十億噸。[13]

左頁的圖看了幾乎讓人膽顫心驚。當然，其中一些增長代表人民取得必要商品（換言之，使用價值）的機會顯著改善，尤其在較貧窮國家，我們應該慶賀。但大部分增長並非如此。科學家估計，地球一年能承受最多五百億噸的材料足跡（material footprint）。[14]這個數字被視為最大安全界限（safe boundary）。如今我們已超越那條界限兩倍了。而且，我們將看到，這些超量幾乎全部是高所得國家過度消費造成的，那些消費不是圍繞著使用價值組成，而是圍繞著交換價值。

要知道，從地球開採的每一噸材料都對地球上的生命系統造成衝擊。增加生物質的開採代表夷平森林和抽乾溼地，它代表破壞棲息地和碳匯，代表土壤退化、海洋死區和過度捕魚。增加化石燃料的開採代表更多碳排，更多氣候崩壞，更多海洋酸化。它代表更多山頂被鏟平，更多海上鑽探，更多水力壓裂，更多焦油砂。增加礦石和建築材料的開採代表更多

全球材料足跡（單位：十億噸，一九〇〇～二〇一七年）

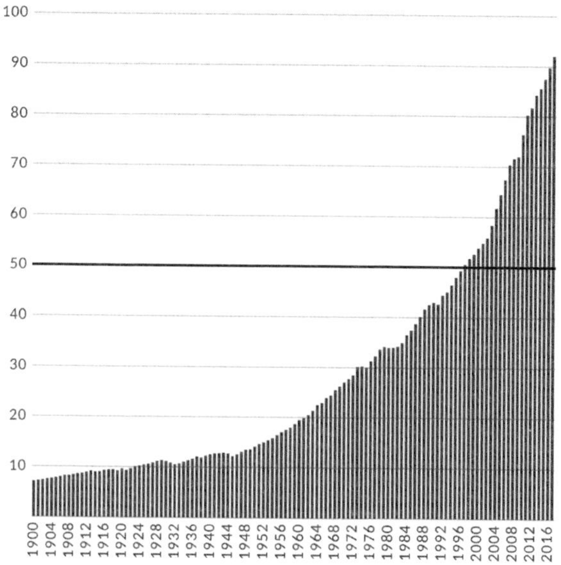

水平黑線表示科學家認為可持續的最大臨界值（Bringezu, 2015）。
資料來源：Krausmann et al. (2009), materialflows.net

露天採礦，加上所有隨之而來的下游污染，以及更多車、船和建築，進而需要更多能源。而且這一切必然產生更多廢棄物，於是鄉下有更多垃圾掩埋場，河裡有更多毒素，海裡有更多塑膠。根據聯合國報告，光是原物料的開採就造成全球生物多樣性減少八十％。[15] 事實上，科學家時常用材料足跡代表生態衝擊。[16]

一九四五年後材料使用的增加，反映了科學家所說的大加速（Great Acceleration），資本世最具侵略性和破壞性的時期。結果幾乎每一個生態衝擊指標都破表。

這段時期材料使用增加的軌跡和全球GDP上升軌跡幾乎完全吻合。兩者亦步亦趨成長。每增加一個單位的GDP，大致等於增加一個單位的原物料開採。有時候，譬如在一九九〇年代，GDP成長的速度比材料使用稍快一些，使某些人燃起希望，以為我們趨向GDP和材料使用完全脫鉤。但那些希望在接下來數十年破滅了。實際情況完全相反。自二〇〇〇年起，材料使用的成長比GDP的成長**跑得更快**。全球經濟不但沒有逐漸非物質化（dematerializing），反而**再**物質化（rematerializing）。

也許最令人不安的是，這個趨勢毫無減緩的跡象。以我們目前的運行軌道，如果一切照舊，什麼都不改，到了本世紀中，我們每年會用掉超過兩千億噸物資，是目前使用量的兩倍多，超過安全界限四倍。難以預料過程中我們會遇到什麼樣的生態轉折點。

◆◆◆

談到氣候變遷，我們可以看到一模一樣的事情正在發生。我們常認為氣候變遷是化石燃料的排放驅動的。這當然是事實，但我們太常忽略一個更深層的機制所起的作用。首先我們

全球 GDP 與材料足跡

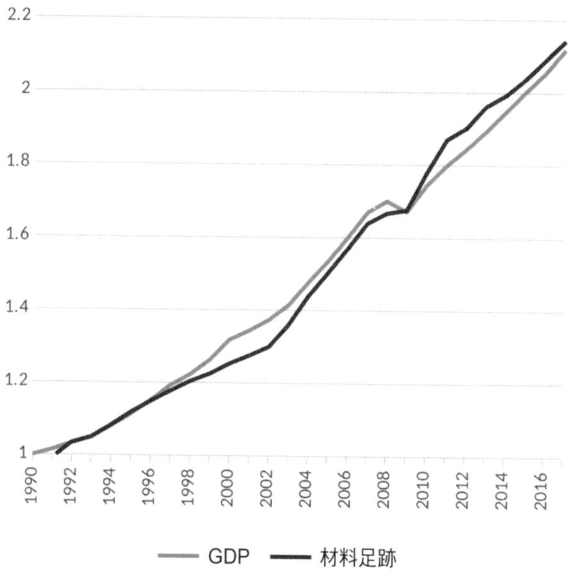

資料來源：materialflows.net，世界銀行

為什麼要燒這麼多化石燃料？因為經濟成長需要能源。在整個資本主義歷史中，成長總是造成能源使用上升。[17]

這不令人意外。畢竟，開採、加工及運輸全球經濟每年消耗的物資，需要非常大量的能源。自一九四五年起，化石燃料使用急遽加速，隨著GDP和材料使用一起上升，碳排放量也跟著一起增加。年排放量在一九〇〇年代前半段增加一倍以上，從一年二十億噸增加到五十億噸。在該世紀後半段，排放量增加五倍，在二〇〇〇年達到兩百五十億噸。之後繼續攀升，儘管召開了一連串國際氣候高峰會，二〇一九年仍達到三百七十億噸。

當然，能源使用和 CO2 排放之間沒有內在關係。碳排取決於我們使用什麼能源。煤顯然是化石燃料中碳強度（carbon-intensive）最高的一個。自一九四五年以來，石油增長的速度比煤快得多，但它每單位排放的 CO2 比煤少。天然氣的碳強度更低。[18]既然全球經濟已變成更依賴這些比較不污染的燃料，你可能以為碳排會開始下降。這個情形已在幾個高所得國家發生，但未出現於全球規模。為什麼？因為 GDP 成長驅動總能源需求上升，上升速度快到讓這些新的燃料來不及取代舊的，它們被增在舊燃料之上。改用石油和天然氣不是能源轉型，而是能源**增加**。

再生能源目前也出現同樣情況。過去二十年，再生能源產能已顯著成長，這是值得慶賀的事。在一些國家，再生能源已開始取代化石燃料。但在全球規模上，能源需求量的增加，淹沒了再生能源產能的成長。所有那些新的乾淨能源並未取代髒能源，它們被補在髒能源之上。[19]這個動態應該促使我們停下來思考。是的，我們需要盡可能取得更多的再生能源，但如果全球經濟繼續以現有的速度成長，再生能源不會造成夠大的差別。我們愈成長，全球經濟需要愈多能源，愈難用比較乾淨的能源來滿足需求。

這一切改變了我們對 GDP 成長的看法，我們已被訓練成將 GDP 的指數增長視為人類進步的指標，但改變沒那麼簡單，我們需要重新訓練我們的眼睛。好比那些看似普通二維圖案的照片，但當你改變焦點，看得更深入時，突然間，一幅新的三維圖像出現在眼前。

更全方位思考成長的方法是，認清它和我們的經濟體代謝生命世界的速度大致相等。它本身不是問題，但一旦超過某一點，就變成極具破壞性，如我們將看到的，富裕國家早就超過那一點了。在資本主義下，成長率是自然和人類生命被商品化和誘騙到積累循環的速率。我們依賴成長率做為主要的進步指標，透露了我們變成從資本的觀點而非生命觀點看世界的程度。我們被說服用「成長」一詞描述一個現已成為主要是崩壞過程的現象，確實是個苦澀的反諷。

殖民主義2.0

這狀況有點不對勁，我在這裡使用的詞語——「我們」——不大精確，即使當我們承認資本主義正驅動生態崩壞時，仍傾向於用集合詞來描述它，好像全體人類同樣該負責似的。人類世的意識形態常不知不覺鑽回我們的論述，但這個假設使我們看不到事實真相。「人類世」一詞錯了，不僅因為以前的經濟制度並不像資本主義現在這樣對全球生態構成威脅，也因為即使現在也不是所有人同樣該為生態崩壞負責。

一旦瞭解GDP成長與生態衝擊之間的關係，就不難猜到人均GDP較高的國家有較大的生態衝擊，反之亦然。實際情況正是如此。我們可以在幾乎每一個我們有數據的消費類別看到這個落差。以肉類為例，我們知道它有重大生態足跡。在印度，平均每人每年消耗四公斤肉，肯亞是十七公斤，美國是驚人的一百二十公斤。普通美國人一年吃掉的肉是印度人的三十倍。[20]或看看塑膠的例子，另一個主要生態危害物。在中東和非洲，平均每人每年用掉十六公斤塑膠，很多對吧，但在西歐，這個數字要乘九倍：每人每年一百三十六公斤。[21]我們可以看到同樣模式出現在材料足跡上。在低所得國家，每人每年只消耗大約二噸物資。中低所得國家約消耗四噸，中高所得國家約消耗十二噸。至於高所得國家，它們的消耗量是其他國家的好幾倍：平均每人每年約二十八噸。美國是三十五噸。整體來看，生態學家說地球可承受的材料足跡水準，以全球人口計算，大約是每人八噸。高所得國家高出那條界限將近四倍。[22]

不是數學家也算得出來誰該為我們面對的爛攤子負責。想想看，如果高所得國家的消耗量是其餘世界的平均水準，我們根本不會超出安全界限。我們會大致維持在地球生態承載力（biocapacity）的範圍內運作，而不是眼睜睜看著生態

不同國家的材料足跡（人均噸數）

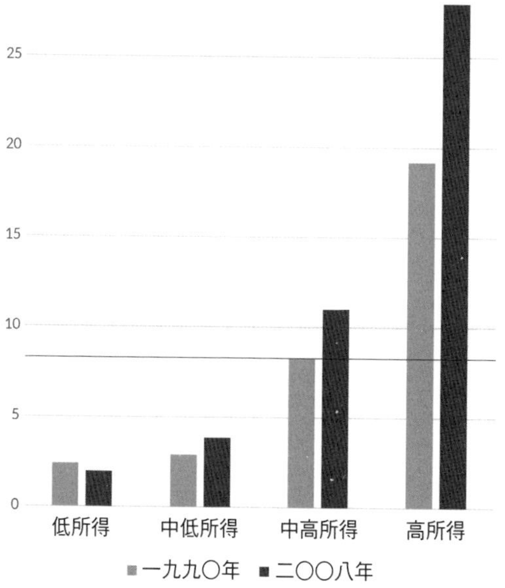

水平黑線表示可持續的臨界值，以人均計算（參閱 Bringezu 2015）。[23]

資料來源：materialflows.net

緊急狀態逼近。反之，如果全世界每個人的消費水準都跟高所得國家一樣，我們需要相當於四個地球來支撐我們。至關重要的是，這不只因為高所得國家的人消耗更多物資，也因為他們的供應系統更材料密集。如果你買一罐在遙遠的工廠生產，用飛機和卡車運送到世界各地，儲存在巨大倉庫，用大量塑膠和硬紙板包裝的品客牌薯片，肯定比你在本地農夫市集攤子上買的薯片更材料密集。一個經濟體愈依賴大公司供應鏈，它的材料使用多半愈密集。

這些不平等與時俱進，愈來愈嚴重。自一九九〇年以來，南北消費差距急遽擴大。以人均計算，這段時期材料使用量的成長，有整整八十一%來自富國消費增加。如果我們想建立一個更人道、生態的經濟體，就需要反其道而行，縮小南北差距。我們將在本書第二篇看到，大部分南方國家需要增加資源使用以滿足人類需求，高所得國家則需巨幅減少資源使用以回到可持續的水準。

當然，我們也必須考慮未來人口的角色。全球人口愈成長，這個挑戰愈困難。當我們處理這個問題時，一如既往，重要的是聚焦在問題背後的結構性因素。世界各地很多婦女對自己的身體和生幾個孩子沒有自主權。即使在自由國家，女性仍承受生兒育女的沉重社會壓力，嚴重到選擇少生或不生孩子的人會被詰問和污名化的地步。貧窮使問題更加惡化。當然，資本主義本身製造人口成長的壓力，因為愈多人口代表愈多工人、愈廉價的勞動力和愈多消費者。這些壓力滲入我們的文化，甚至國家政策，有些國家如法國和日本提供誘因鼓勵婦女生育，好讓經濟繼續成長。

我們必須讓人類種群的規模穩定下來，好消息是我們知道怎麼做，如經濟學家凱特・拉沃斯（Kate Raworth）告訴我的：「世界知道如何真正弄平一個成長曲線，因此它不會讓我焦慮到失眠。」什麼政策能讓一個國家的出生率下降？投資於兒童健康，使父母有信心他們的孩子會平安長大；投資於婦女的健康和生育權，使女性對自己的身體和家庭規模有更大自主權；投資於女孩子的教育，以擴大她們的選擇和機會。只要施行這些政策，人口成長率甚至在一個世代內就會快速下降。[24]任何更重生態的經濟願景的重心必須是性別正義。

但僅僅穩定化全球人口，不會讓生態破壞自動平穩。在缺乏更多消費者的情形下，資本會想辦法讓**既有**的消費者消費得更多。事實上，這的確是過去幾百年的寫照，材料使用成長率總是顯著超越人口成長率；即使人口趨於穩定和減少，材料使用仍繼續增加。在資本主義下，每一個人口穩定的歷史例子皆如此。

有關材料消耗的數據顯示，高所得國家是生態崩壞的最大驅動者。但這個等式的另一邊有個我們必須問的問題：崩壞發生在世界何方？高所得國家很大程度地依賴開採南方資源。事實上，它們消耗的材料有整整一半採自較貧窮國家，而且通常在不平等和剝削的條件下。

你的智慧型手機用的鈳鉭鐵礦來自剛果的礦場，電動車電池裡的鋰來自玻利維亞的高山，床單用的棉花來自埃及的種植園。而且這個依賴性是單向的。南方世界消耗的物資絕大部分來自南方本身，即使它們經過跨國公司的價值鏈兜一圈回來。[25]

換句話說，每年有龐大的資源淨流量從窮國流到富國，包括一百億噸左右的原物料。殖民時代的榨取模式至今屹立不搖。不過這一回，那些資源不是用武力搶奪，而是由政府開採和廉價出售，這些政府已被養成依賴外資和服從資本主義的成長義務。

◆◆◆

我們可以在氣候崩壞上看到類似的不平等模式。你不會從主流論述中得知此事。媒體通常聚焦在各國目前的境內排放量。以這個標準來衡量，中國是到目前為止最大的罪魁禍首，中國每年排放一百零三億噸 CO_2，幾乎是美國的兩倍；美國則是第二號罪犯，歐盟排名第三，但印度緊追在後，排放量比主要工業國如俄國和日本還多。

從這個角度去看數據，我們可能很想下結論：氣候危機的責任大致由北方國家和南方國家平均分攤，但這個取徑有幾個問題。首先，它沒有按人口規模校正。當我們從**人均**的角度

氣候崩壞責任歸屬

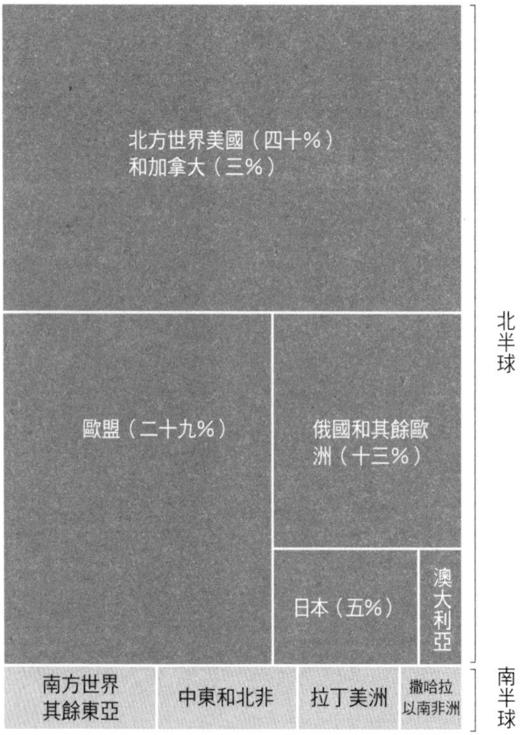

這張圖顯示超過三百五十 ppm 界限的國家公平份額的歷史碳排（一八五〇至一九六九年的境內碳排，一九七〇至二〇一五年的消費導向碳排）。
資料來源：Hickel 2020。數據彙整來自 Huzaifa Zoomkawala。[26]

去看時，故事完全改觀。印度每人只排放一・九噸CO_2。中國每人排放八噸。相反的，美國每人排放超過十六噸，是中國的兩倍，印度的八倍多。此外，我們也必須考慮一個事實，那就是自一九八〇年代起，高所得國家將它們大部分的工業生產外包給南方世界的較貧窮國家，利用當地的廉價勞力和資源，從而將一大塊自己的碳排從帳上轉移出去。如果我們想要一幅更精確的國家責任分攤圖，就需要看到國境以外的碳排，將基於消費的排放也計算在內。

但一般媒體敘事最大的問題是談到氣候崩壞，重要的是大氣中的**二氧化碳含量**，不是每年流量。因此我們需要看各國的**歷史碳排**。當我們採取這個方法時，北方高度工業化國家，尤其美國和西歐是絕大部分問題的源頭，就一目瞭然了。

有一個方法能夠將這些因素全部計算在內，從「大氣公地」（atmospheric commons）的原則開始，承認大氣是一個有限的資源，在安全地球界限內，人人有權享有一份相等份額。至於那個界限，科學家已界定為大氣 CO_2 濃度三百五十 ppm。我們可以用這個架構來衡量各國超過或「衝出」它們的安全公平份額的程度，由此算出它們對氣候崩壞「貢獻」了多少。前頁圖顯示計算結果，納入自一八五〇年以來的歷史排放，並盡可能採用消費導向的排放。

這些數字令人震驚。美國一手造成至少四十％的全球超額碳排。歐盟造成二十九％。加上其餘歐洲，以及加拿大、日本和澳大利亞，北方國家（僅占全球人口十九％）貢獻了九十二％的超額碳排。這表示它們應該為氣候崩壞造成的損害負起九十二％的責任。相反的，整個拉丁美洲、非洲和中東加起來只占了八%超額碳排，而且來自區域內少數幾個國家。[27]

事實上，絕大多數南方國家的歷史碳排都很少，以致至今仍低於它們在地球界限內的公平份額。印度仍比它的公平份額少九百億噸，奈及利亞少一百一十億噸，印尼少一百四十億噸。甚至連中國都低於它的公平份額，少了整整兩百九十億噸，雖然以中國目前碳排規模，它將在不久的未來超出預算。換言之，高所得國家不但吃光自己的公平份額，還吞掉其他每個人的份額，它們欠其餘世界氣候債。

上述現象應理解為大氣殖民化過程。少數高所得國家擅自將絕大部分的安全大氣公地據為己有，並貢獻絕大部分超出地球界限的碳排。

大氣殖民化過程跟之前嚴格意義上的殖民化過程並非無關。我們知道北方的工業崛起，是靠殖民侵占南方的土地、資源和人體。現有的歷史排放數據顯示，北方的工業化也是一個侵占大氣的過程，我們不妨稱之為大氣竊盜。如同第一階段的殖民化造成南方各地的生態和人類災難，現在的大氣殖民化也一樣。反諷的是，儘管南方世界幾乎沒做任何事造成氣候危機，卻承受了絕大部分氣候崩壞的衝擊。

我們都知道北方世界遭受的氣候破壞，包括襲擊美國的颶風，每年冬季淹沒英國的洪水，烤焦歐洲的熱浪，以及摧殘澳洲的野火。這些災難故事占據我們的媒體頭條，記者報導它們理所當然。但相較於氣候崩壞帶給南方的災難，這些故事微不足道。南方的災難新聞，如摧毀大片加勒比海和東南亞的暴風，以及發生在中美洲、東非和中東，導致人民陷入飢荒和被迫逃離家園的旱災，未必會出現在我們的電視螢幕上，即使出現也只是一閃而過。相對而言，北美、歐洲和澳洲是最不易受氣候變遷影響的地區。真正的破壞發生在非洲、亞洲和拉丁美洲，而且以真正反烏托邦（dystopian）的規模在發生。

說明這些不平等的方法之一是看金錢成本的分佈。根據氣候脆弱性監測機構（Climate Vulnerability Monitor）的估算，南方承擔氣候崩壞全部成本的八十二％，二〇一〇年因旱災、水災、坍方、暴風和野火總共損失了五千七百一十億美元。[28]研究人員預測這些成本會繼續上升。到了二〇三〇年，南方將承擔九十二％的全球成本，達到九千五百四十億美元。

氣候變遷相關的死亡分佈甚至更向南方傾斜。二〇一〇年的數據顯示，那一年全球約四十萬人死於氣候崩壞相關的危機，主要是饑饉和傳染病。這些死亡事件至少九十八％發生在南方。而絕大多數，八十三％，發生在全世界碳排最低的國家。到了二〇三〇年，氣候相關的死亡人數預計將達到一年五十三萬人。這些死亡事件幾乎全部發生在南方，富國境內只會遭受一％氣候相關的死亡。

為什麼氣候變遷的衝擊分佈如此不均？一個原因是氣候變遷造成雨型北移。結果是南方易乾旱地區的雨量會比現在還少。這會對該區的農業造成災難性後果，作物產量下跌速度預計快過於世界平均值。疾病是另一個重要因素。氣溫上升正在擴大熱帶疾病如瘧疾、腦膜炎、登革熱和茲卡病毒滋生範圍。但也因為南方社群經過殖民化和結構調整的漫長歷史，最沒有能力適應氣候崩壞。最貧困的社群尤其如此，他們可能生活在易受乾旱和洪水侵襲的邊緣地，缺乏應急資金協助度過難關，不易搬遷或尋找新的生計，或捍衛他們的人權。少數富國的過度碳排卻傷害幾十億窮國的人，我們應明白稱之為危害人類罪。聯合國極端貧窮和人權問題特別報告員菲利普．奧斯通（Philip Alston）表示：「氣候變遷，除了其他問題外，是對窮人的恣意攻擊。」[29]

攻擊已經發生了。例如索馬利蘭，一個位於非洲東北角的小國。過去幾年，接二連三的旱災殺死該國七十％的牲畜，摧毀鄉村社區，成千上萬家庭被迫逃難。「從前我們也有旱災，」環境部長蘇格麗．伊絲梅．班黛爾（Shukri Ismail Bandare）接受《金融時報》訪問時表示。「我們給旱災取名字。它們相隔十或十五年，現在卻發生得如此頻繁，人民根本無法應付。在索馬利蘭，你可以摸到氣候變遷，它真的存在，它在這裡。」[30]

要知道，這只是氣溫上升攝氏一度的情形。上升兩度等於宣判大部分南方世界死刑。人們接受攝氏二度為一個合理目標，唯一理由是美國和其他強國的談判代表強推它，不顧南方代表，尤其是非洲的大聲反對。當二〇〇九年哥本哈根高峰會宣布攝氏二度目標時，七十七國集團（G77）首席談判代表，印尼巽他族人拉姆巴．迪亞平（Lumumba Di-Aping）表示：「我們被要求簽署一份自殺協議。不幸的是，」他繼續說：「經過五百多年與西方互動，我們仍然被當作『用完即棄的東西』。」他大可補充一句，被當作廉價自然。

在南方，氣候崩壞的創傷直接複製殖民化的創傷。南方受到二度傷害，第一次是資源和勞力被盜用，為了助長北方工業的崛起，現在是大氣公地被北方的工業排放侵占。如果我們的氣候危機分析不關注這些殖民面向，那我們就沒有抓到要領。

如何在廿一世紀思考「極限」

成長有個特點，它聽起來如此**美好**，它也是一個強大的隱喻，深植在我們對自然過程的認知中：孩子成長、作物成長……所以經濟也應該成長。但這個框架使用了一個錯誤的類比，自然成長過程總有盡頭。我們希望我們的孩子成長，但不是長到兩百七十五公分高，我們當然不希望他們沿著一條無止境的指數曲線成長下去；相反的，我們希望他們長到一個成熟點，然後維持健康的平衡狀態。我們希望作物成長，但只長到成熟為止，到了那一點便收割它們和重新栽種。這是生命世界的成長方式。它趨於平穩。

資本主義經濟完全不是這回事。在資本的成長義務下，沒有地平線，沒有到了未來某一點，經濟學家和政治人物會說我們的錢夠了或東西夠多了。它沒有**終點**（end），就這個英文字的雙重意義而言，不會到期也沒有目的。它毫無疑問地假設，成長可以且應該永遠繼續下去，為成長而成長。想起來令人吃驚，經濟學的主要信念居然認為不論一個國家變得多富裕，它的 GDP 應該繼續上升，年復一年，沒有可辨認的終點，這是何其荒謬的假設。有時候，我們的確會看到這個模式出現在自然界，但只伴隨災難性的後果，例如癌細胞，它會自我複製，為複製而複製，但對生命系統造成致命的結果。

想像我們可以無限擴張全球經濟，是否認關於地球生態極限最明顯的事實。這個覺悟最早出現在一九七二年，當麻省理工學院的科學家團隊發表一份開創性的報告，叫做《成長的極限》（*Limits to Growth*）。報告概述該團隊的尖端研究，他們運用一個叫做 World3 的強大電腦模型，分析從一九〇〇到一九七〇年綜合生態、社會和經濟三方面的數據，並預測到了廿一世紀末的世界會發生什麼的十二個不同情境。

結果引人注目。在一切如常的情境中，經濟繼續以它的正常速度成長，到了二〇三〇和二〇四〇年之間某時，我們會陷入危機。在複合成長率的驅動下，可再生的資源開始達到其再生能力的極限，非再生資源開始枯竭，污染開始超過地球的吸收能力。國家必須花愈來愈多錢試圖解決這些問題，因此花更少的錢於必要的再投資，以致無法繼續創造成長。經濟產出開始下滑，糧食供應停滯，生活水準下降，人口開始減少。「最可能的結果，」他們略帶不詳地寫道：「是人口和工業產能兩者相當突然和不可控制地同時衰退。」

它碰觸到一條敏感的神經。《成長的極限》一夕爆紅，成為史上最暢銷的環保類書籍，汲取一九六八年青年反抗運動後盛行的反文化精神。

但反撲接踵而至，且挾著雷霆萬鈞之力。報告被《經濟學人》、《外交事務》、《富比士》和《紐約時報》等重量級報刊痛批，大名鼎鼎的經濟學家也紛紛跳出來指責說那個模型太簡化。它沒有考慮到資本主義擅長的、似乎無限的創新。當然，現有的非再生資源存量可能會耗盡，但新科技會讓我們找到新的儲量，或找到使用替代物的方法。沒錯，可供生產再生資源如糧食的土地面積有限，但我們總能研發更好的肥料和更多產的作物品種，或在倉庫裡種植糧食。

牛津大學教授威弗瑞德．貝克曼（Wilfred Beckerman）甚至說：「由於科技進步的奇蹟，沒有理由假設經濟成長不能再持續兩千五百年。」雷根做了一支競選廣告挑戰現任總統、環保人士卡特，廣告攻擊極限的概念，頌揚無限，並將它連結到美國夢的精神。「沒有成長極限這回事。」他說：「因為人類想像力沒有極限。」那是一個打動人心的訊息，美國人相信了。雷根以壓倒性票數打敗卡特。

接下來十年，隨著一九八九年蘇聯解體，以及圍繞著美式消費主義全球化的亢奮情緒，《成長的極限》差不多被忘光了。它的警告被丟在一旁，法蘭西斯・福山（Francis Fukuyama）在他一九九二年著作《歷史之終結》（*The End of History*）中宣揚的理念反而成為共識：自由市場資本主義是唯一道路，而且看來它將在全世界永久延續下去。

◆◆◆

但接著，形勢丕變。二〇〇八年全球金融危機爆發，樂觀情緒戛然而止。人們對自由市場魔法無邊及美國夢普世承諾的信心徹底動搖。大銀行破產，世界各地幾百萬人失去房子和工作。在不顧一切恢復成長的企圖下，許多政府給銀行紓困，幫富人減稅，刪修勞動法，並以嚴厲的撙節措施砍社會支出。這激起一波又一波的庶民社會運動，包括占領華爾街、西班牙反撙節運動以及阿拉伯之春，人們對一個優先考慮資本而輕忽人民的制度感到憤怒。隨著這些運動展開，加上暴風、野火、旱災、水災經常占據媒體頭條，世界開始意識到氣候變遷真實存在。

在系統性危機的背景下，人們開始質問盛行的經濟共識，生態極限的問題再度衝到前端。但這一回，舊的《成長的極限》心態已被全新的極限思維取代。

《成長的極限》的問題在於，它只聚焦在資源有限的本質，而我們需要那些資源來維持經濟運轉。這種思考極限的方法很容易被駁倒，當其他人指出，如果我們能找到新的儲量或用新的資源取代舊的，如果我們發展提高再生資源產量的方法，就不必擔心那些極限了。當然，這個替代和強化的過程只能撐一段時間，到了某一點，我們會碰到絕對極限，但據我們所知，那一點距離現在還很遙遠。

但這不是生態真正的運作方式。經濟成長的問題不只是我們遲早會耗盡資源，問題是它逐步降低生態系統的完整性。當陸上石油儲量枯竭，我們可以轉移到離岸儲量，但這兩個來源都促成氣候崩壞。我們也許能用一種金屬代替另一種，但增加任何金屬的開採都會污染河川和摧毀棲息地。我們也許能用化肥灌滿農田來強化收成，但不可能不造成土壤貧化和授粉昆蟲銳減。替代和強化的做法也許讓我們迴避資源極限一陣子，但它仍然驅動生態崩潰。問題是這個。

近年來，生態學者已發展一個新的、更具科學力的思考極限的方法。二〇〇九年，一個團隊在斯德哥爾摩復原力中心的約翰．洛克斯崇（Johan Rockström）、美國氣候學家詹姆斯．漢生（James Hensen）及「人類世」一詞發明者保羅．克魯岑（Paul Crutzen）領導下，發表一篇開創性的論文，提出一個新概念，他們稱之為「地球界限論」（planetary boundaries）。[31]地球生物圈（biosphere）是一個整合系統，可以承受重大壓力，但超過某一點就開始崩壞。他們引用來自地球系統科學的數據，辨別九個潛在去穩定化過程，包括氣候變遷、生物多樣性減少、海洋酸化、土地用途變更、氮磷負荷、淡水使用、大氣懸浮微粒負荷、化學污染和臭氧耗損。但我們必須管控這些過程以維持系統完整。

科學家估計每一個過程的「界限」。例如，若要維持氣候穩定，大氣二氧化碳濃度不應超過三百五十ppm（我們在一九九〇年跨過那條界限，在二〇二〇年達到四百一十五ppm）；物種滅絕速度不應超過每年百萬分之十物種；林地變更不應超過地球土地面積的二十五％等等。嚴格來說，這些界限不是「硬性」極限，跨過它們不表示地球系統會立刻當機。但它的確表示我們進入一個危險地帶，冒著觸發轉折點的風險，最終可能導致不可逆轉的崩潰。

就生態而言，這是一個更條理清晰地思考極限的方法。地球是一個豐饒之處，每年產生大量森林和魚類和農作物。它也有非凡的復原力，不僅再生產我們用掉的資源，而且吸收和處理我們的垃圾，包括我們的碳排、農藥逕流（chemical run-off）等等。但為了讓地球維持這些能力，我們只能取生態系統能夠再生的量，污染不超過大氣和河川和土壤能夠安全吸收的量。如果衝出這些界限，生態系統開始故障，生命網開始崩解。這是目前正發生的情形。根據最新數據，我們已經超出四個地球界限：「氣候變遷」、「生物多樣性減少」、「人為毀林」和「生物地質化學循環」（biogeochemical flows）。海洋酸化也逼近界限了。

這一切對經濟成長的意義是什麼？達到或跨越地球界限不表示經濟成長會突然停止。我們已逐漸滑入危險的轉折點，成長尚未有結束的跡象。事實上，即使社會和生態系統開始崩潰，可以想像GDP仍會繼續增長。資本會轉戰新的成長領域，如防波堤、邊境軍事化、北極採礦、海水淡化廠……許多世界最強大的政府和公司已經卡好位去發潛在的災難財。它們非常清楚，如果我們一切照舊繼續下去，前景是什麼。

當然，做為一個維持GDP總成長率的策略，這個辦法只會有效一陣子。當生態崩壞觸發轉折點，當農業產出下跌，當大規模人口遷移破壞政治穩定，當城市被上升的海水淹沒，環境、社會和物質基礎結構會崩垮，靠這些基礎結構支撐的成長的可能性，甚至有組織的文明的可能性，就蕩然無存了。

試圖預測我們何時會撞到成長極限，恰恰是錯誤的思考。我們會發現自己尚未碰到成長極限，早已陷入生態崩潰。一旦認清這一點，就會完全改變我們思考極限問題的方法。誠如政治生態學者喬爾格斯·卡利斯（Giorgos Kallis）所言，問題不在於成長有近期極限，而是它**根本沒有**極限。如果我們希望有任何機會存活於人類世，就不能坐以待斃，等待成長衝到某種外部限制。我們必須選擇自己去限制成長。我們需要重組經濟，使它能夠在地球界限內運作，以維護我們賴以生存的地球維生系統。[32]

第三章／科技救得了我們嗎？

氣候變遷是工程問題，工程問題用工程辦法解決。

——雷克斯．提勒森（Rex Tillerson），埃克森美孚前 CEO

即使經濟成長和生態崩壞息息相關的證據不斷累積，成長主義仍牢不可拔，擁有宗教般的持久力和意識形態激情。當然，這不令人意外，因為我們的經濟制度在結構上依賴成長，「成長」替我們社會中最強大集團的利益服務，而且源自已有五百年歷史，根深蒂固的主宰和二元論世界觀。這座殿堂不會輕易屈服，甚至連科學也撼動不了它。

當我思索科學和成長主義之間的衝突時，不禁想到達爾文。我在導言中提到，達爾文的演化論對當時的主流世界觀構成激進的挑戰，以致幾乎不可能被世人接受。將人類看成非人類的後裔，而非按上帝的形象創造出來，需要全面典範轉移（paradigm shift）。目前情況類似當年。生態科學要求我們學習看待人類經濟並非和生態分離，而是嵌在生態裡面。這對主流世界觀，對資本主義本身，構成激進的挑戰。但那些試圖保存現行制度的人，不僅不接受這個證據和改變他們的世界觀，反而精心設計另類理論來解釋我們不需要改變路線，可以繼續無限增長全球經濟，一切都會安然無恙。

這個論述高度依賴「科技無論如何會拯救我們」的主張。對某些人來說，這只是把全球經濟轉換到再生能源和電動車的簡單事情，一旦我們這麼做了，就沒有理由不能永遠繼續成長。畢竟太陽能和風電愈來愈便宜，何況馬斯克已證明快速量產蓄電池是可能的。對其他人來說，只要用「負排放技術」移除大氣中的碳就行了。此外還有一些人指望龐大的地球工程計畫，從遮住太陽到改變海洋的化學成分，不一而足。當然，就算這些辦法能成功阻止氣候變遷，持續成長仍會推動持續的材料使用，以及持續的生態崩壞。但有些人仍堅持這不是問題，效率改善和資源回收技術會允許我們把成長變「綠」。

兜售這些希望的都是一些世界上最有錢和最有權力的人，包括總統和億萬富翁。他們說，生態危機不是開始質疑經濟制度的理由。這是令人寬心的說法，我自己也曾一度深信不疑。但我愈探究這些主張，愈明白採取這個立場必需接受極大風險。我們可以選擇繼續衝高指數成長曲線，使我們愈來愈接近不可逆轉的生態崩潰轉折點，同時期待科技會拯救我們。但萬一科技失敗，我們就糟了。就像一邊從懸崖跳下去，一邊指望有人在谷底會想出辦法建造某種設備，在你摔得粉身碎骨之前接住你，但毫無概念他們是否真的能辦到。也許辦得到……但萬一不能，遊戲結束。一旦你跳了，就不能反悔。如果我們決定採取這條路徑，它最好有堅若磐石的證據。我們最好有十足把握它會成功。

巴黎豪賭

那一夜，當世界各國政府終於就氣候變遷達成協議，人們集體鬆了一口氣。二〇一五年十二月的巴黎夜晚，儘管寒冷黑暗，城市卻感覺光明和充滿希望。艾菲爾鐵塔打出「一・五度」幾個發光的大字。那是振奮人心的一刻，一個久候的好消息，經過幾十年的失敗，我們的領袖終於願意採取困難但必要的步驟以避免氣候浩劫。自從那個激動的十二月冬夜以來，這些年來我們很容易認為計畫一定或多或少如期進行。

巴黎氣候協定運作如下：每個國家提交一份誓約，承諾自己每年將減少多少碳排。這項承諾叫做國家自定貢獻（Nationally Determined Contributions），照理說應該與維持暖化在攝氏一．五度的目標一致。但如果你把簽約國截至二〇二〇年所做的承諾全部加起來，會注意到一件相當奇怪的事：它們距離維持暖化不超過攝氏一．五度的目標甚遠。事實上，它們甚至不能維持在攝氏二度以下。即使全世界每一個國家都實踐諾言，全球碳排將**繼續上升**，何況那些承諾是自願的，不具法律約束力，因此當然沒保證。我們仍然朝著本世紀末全球暖化攝氏三．三度飛奔而去。換言之，儘管有了巴黎協定，我們仍在邁向浩劫。

究竟怎麼回事？碳排怎麼可能繼續增加，甚至在一個為了減少它而制定的計畫下？而且，為什麼似乎沒有人擔心這件事？

此事有個背景故事。二〇〇〇年代初，IPCC氣候模型設計師意識到，控制氣候變遷所需的減排幅度太陡急，很可能和持續經濟成長不相容。增長全球經濟代表增加能源需求，增加能源需求使轉型到乾淨能源的任務更困難。只要能源需求繼續增加，我們多半不能在所餘無多的時間內推出足夠的乾淨能源來彌補供應缺口。任何人都可以看出，唯一切實可行的辦法是積極減緩工業生產。縮小全球能源使用規模會更容易快速轉型到再生能源。

但政策制定者知道這個結論不受歡迎，擔心在國際談判中很難推銷。在經濟成長和氣候行動之間權衡取捨，不可能獲得主要國家如美國的認同，最後可能扼殺任何達成國際氣候變遷協議的機會。風險實在太高了。此外各國也團結在終結全球貧窮的目標之下，世界領袖不斷表示，唯一能有效終結貧窮的方法是提高全球經濟成長率。減緩氣候變化可能需要放棄成長的概念，不可能讓他們嚥得下去。成長像電氣化鐵路的第三條軌道：誰碰它，誰死。成長必須繼續。

所幸他們找到一個解決辦法，或看似如此。

◆◆◆

二〇〇一年，一位名叫麥可．歐布斯坦納（Michael Obersteiner）的奧地利學者發表論文，描述一個聰明絕頂的新技術，一個不但碳中和，還會主動移除大氣中二氧化碳的能源系統。[1] 這個建議之優雅令人驚嘆。首先，你在世界各地建巨大的植樹園，樹一邊生長一邊吸收大氣中的 CO_2。然後你砍了樹，把木材剁成顆粒，送到發電廠去燃燒以產生能源，同時捕捉煙囪排放的碳，密封儲存在地下使之永遠不能脫逃。瞧！一個產生「負排放」的全球能源系統橫空出世。

這個技術簡稱BECCS，全名是「生物能源與碳捕獲和封存」（bio-energy with carbon capture and storage）。歐布斯坦納發表他的論文之際，並無證據顯示這個計畫真的有效，只是推測。但僅僅它的可能性就吸引了那些正在尋找既合政治口味又能維持暖化在攝氏二度以下的辦法的人。其概念是只要我們能讓BECCS啟動和運作，就能靠相對少量的CO_2減排過關，少到不會對經濟成長構成任何顯著威脅。我們會超出碳預算，但沒問題，因為日後BECCS會在本世紀內把大氣中過量的碳抓回來，使我們回到安全區。現在排放，未來清除。

人人知道這是瘋狂的賭博。但這個點子如野火般蔓延。它提供令人垂涎的可能性，既符合我們的氣候目標，又維持資本主義完整無缺，同時允許在氣候協商中大權在握的富國維持它們的高消費水準。它極度誘人，類似大富翁遊戲裡的免罪卡，提供給綠色成長樂觀派真正的希望。

歐布斯坦納的論文發表後幾年，IPCC開始將BECCS納入它的正式模型，雖然其可行性仍欠缺證據。二〇一四年BECCS站上舞台中央，出現在IPCC第五次評估報告（AR5）中。這不是餘興節目，而是重頭戲，在一百一十六個維持攝氏二度以下的情境中，多達一百零一個將之當作主要假設。AR5是巴黎氣候協定依據的藍圖。各國政府把AR5情境當作指南，引導它們做出多快減排的決策。這協助解釋了為什麼國家計畫顯著超過攝氏二度的碳預算，因為大家都依賴BECCS會拯救我們的假設情境。

換言之，BECCS居於我們拯救世界大計畫的正中央，雖然大多數人甚至從來沒聽過它。新聞記者從未報導它，政治人物從未談論它，不是因為他們想隱瞞什麼或BECCS複雜到難以解釋，而是因為他們大多數甚至不知道它的存在。他們只是追隨情境，按表操課。地球生物圈的未來，乃至於人類文明的未來，繫於一個很少人知道，而且沒有人同意過的計畫。

跳下懸崖

但有一個障礙，氣候學家打從第一天起就拉起BECCS警報，而且反對聲音一年比一年響亮。這個概念有四大問題，每一個都潛在致命。

首先，BECCS從未證明可以擴展。為了讓它有效，我們需要建立一個有能力一年吸收約一百五十億噸CO_2的全球碳捕獲和封存（CCS）系統。目前我們有能力處理約〇．二八億噸，而且其中只有一小部分驗證屬實。由於一個典型的ＣＣＳ設施可以處理約一百萬噸，我們需要在世界各地建一萬五千座新設施。[2]這個建設的規模極大，將是人類歷史上曾經嘗試的最大基建壯舉之一，而且我們毫無概念它是否可能及時完工。我們也毫無概念它是否具有商業上的可行性，目前並不是。它唯一變成可行的途徑，是世界各國政府同意制定一個碳價，至少比目前歐盟定的碳價高十倍。[3]

這不是無法克服的障礙，但它的確使「現在過量排放，未來打掃乾淨」的策略存在高風險。如果我們押注在ＢＥＣＣＳ，選擇近期內不減碳，就沒有回頭路。如果ＢＥＣＣＳ失敗，就注定了極端全球暖化的未來。當你賭的是人類文明的命運，甚至生命網本身，這個賭注實在太高了。

二〇一四年，巴黎氣候峰會前一年，十五位科學家聯名寫了一封信對ＢＥＣＣＳ提出警告，登在聲譽卓著的學術期刊《自然氣候變化》（*Nature Climate Change*）上。他們認為，在氣候模型中廣泛採用ＢＥＣＣＳ「可能變成危險的轉移焦點」，使我們忽略減碳的迫切性。[4]他們並不孤單，第二年，另外四十位科學家也同聲主張，依賴ＢＥＣＣＳ之類的負排放技術是「極度冒險」。[5]曼徹斯特大學教授凱文．安德森（Kevin Anderson）是世界最重要的氣候學家之一，對ＢＥＣＣＳ的批評尤其直言不諱。他在二〇一六年登在《科學》

期刊的文章中表示，巴黎協定依賴BECCS是「不正義和高風險的賭博」。[6]數十位其他科學家也站出來表達相同結論。

即使我們有辦法克服技術上和經濟上的障礙，仍會一頭栽進另一個危機。為了讓BECCS移除的碳跟IPCC情境假設的量一樣多，我們需要建造的生物燃料種植園面積是印度的兩到三倍大，吃掉地球上約三分之二的可耕地。這必然需要變更原本種植糧食作物的土地用途，當我們試圖餵飽預期在本世紀中增加到至少九十億的世界人口之際，這是個問題。換言之，依賴這種規模的BECCS，很可能造成嚴重的糧食短缺，甚至可能引起飢荒，也不難想像它會催化的衝突。我們別假裝強國會自願讓出自己的土地給生物燃料，更可能的情形是它們會企圖強占其他地方的土地，啟動一種氣候殖民主義。從前它們為了搶奪石油而戰，未來會為了生物燃料的土地而戰。

除此之外，BECCS本身是一場生態災難。德國科學家維若・海克（Vera Heck）領導的研究團隊估計，推出這種規模的生物燃料種植園會造成幾個災難性的衝擊。它必須破壞大片森林，使全球森林覆蓋率從已經岌岌可危的水準再砍十%。這會促使生物多樣性再減少七%，進一步加劇大規模滅絕。[7]在這種前所未見的規模上為了單一耕作使用化肥，會消滅大批昆蟲種群，污染水系統，加劇土壤貧化和惡化沿海死區。[8]此外，BECCS種植園需要的水是我們農業使用的兩倍，置世界各地社群和生態系統於嚴重壓力之下。[9]

換言之，BECCS也許能幫我們對抗氣候變遷，但僅在於把我們猛然推入其他幾個致命問題的條件下。如果全球暖化是我們唯一面對的問題，冒這個險也許合理。但既然暖化只是更廣大的生態危機的一部分，冒此險就毫無道理了。它是個自殺策略。

最後一個致命打擊是，即使奇蹟出現，我們避開所有這些併發症，BECCS也順利運作了，我們仍然陷入困境，因為超出碳預算代表可能觸發轉折點和反饋迴路，可能將氣溫推到完全失控的地步。如果這個情形發生，整個功夫都白費了。我們也許能在未來某時移除大氣中的碳，但不能逆轉氣候轉折點。[10]

◆◆◆

大部分的世界圍繞一個這麼危險且不確定的技術設計氣候策略，實在令人擔心。事實上，歐布斯坦納本人、BECCS概念的原創者，已表達對這個概念的用途的顧慮。他說自己構想的BECCS純粹是一個「風險管理策略」，或萬一氣候反饋迴路比我們預期的還糟時，可做為一個「後盾技術」（backstop technology）。他認為BECCS是在緊急狀況下可以幫我們達到排放目標的方法，而模型設計師將它納入維持暖化在攝氏一．五度或二度以下的正常情境，是「誤用」這個概念。政策制定者擔心更陡急的減排要求，遂用BECCS做為維持現狀的藉口。其他一些早期幫忙闡述BECCS概念的要角也提出質疑，指出該技術從來只打算使用於小規模上。他們從一開始就警告大規模推出這個計畫會是一個社會和生態災難，但模型設計師不管怎樣還是拿去用了。[11]

科學界反對BECCS的共識現已堅若磐石。歐洲科學院科學政策顧問委員會（EASAC）是一個結合歐盟所有成員國的國家科學院的組織，它在二〇一八年初發表一篇報告，譴責對BECCS及其他負排放技術的依賴。在科學界，很難獲得比這更強烈的結論。報告敦促我們停止對科幻的臆測，認真看待深入和積極的減排。

這不表示BECCS在我們阻止氣候崩壞的努力中沒有扮演任何角色，只是它必須混合其他方案一起使用，我們應該投資於研究和測試。但我們需要正視它不能以任何接近模型設計師建議的規模推出的事實。最新評估顯示，以尊重地球界限和人類糧食系統的方式安全使用BECCS，最多能讓我們減少一%全球碳排。這當然是一個重要貢獻，但和人們一度期盼於它的科技能成為救世主相去甚遠。[12]

一．五度之爭

IPCC一直在注意這些批評。遂於二〇一八年十月發表了一份特別報告，概述如果我們同意負排放技術靠不住的話，該怎麼做以維持地球暖化低於攝氏一．五度。報告像一顆炸彈在世界各地媒體炸了開來。很難找到一個媒體不把它的結論放在頭條：「如果我們想要一個不錯的機會維持暖化不超過攝氏一．五度，則須在二〇三〇年減少一半全球碳排，並在二〇五〇年以前達到零排放。」

這個走勢之戲劇化，再怎麼強調都不為過。它不啻是快速和劇烈逆轉人類文明的現今方向。我們花了兩百五十年建立起全球化石燃料基礎設施，現在必須在短短三十年內全面翻修它。一切都必須在幾十年內改變。而且記住，這是就世界整體而言。鑑於富國對氣候崩壞的歷史貢獻，它們的減碳速度必須比這快得多，窮國則可以慢一些。根據斯德哥爾摩環境研究所的科學家計算，富國需要在二〇三〇年以前達到零排放。[13]

IPCC報告有刺激作用，激起公民起而行動。學生在歐洲和北美各地發動氣候示威抗議。在倫敦，反滅絕運動封鎖橫跨泰晤士河的五座橋，要求英國政府立即行動以達到快速減碳。民意調查顯示絕大多數英國民眾支持該運動的訴求。接下來幾個月，政治論述出現沒有人料到的變化。國會宣布氣候緊急狀態，並同意在二〇五〇年達到零排放、具有法律約束力的目標。雖然這個目標不符合要求於富國的提前脫碳日期，但仍標示了一項重大轉變。

在此同時，類似運動逐漸擴散到美國各地。二〇一九年二月，眾議員寇蒂茲（Alexandria Ocasio-Cortez）和參議員馬基（Edward Markey）提出綠色新政（Green New Deal）決議案，呼籲訂定十年國家動員計畫，目標是將美國轉移到百分之百乾淨能源。這個概念挑起戰火，民主黨內的進步派一致表態支持，民意調查也顯示美國民眾支持的比例高於反對者。共和黨領袖憤怒反擊，保守派媒體發動毫不留情的攻擊。但這是美國第一次公開討論嚴肅的氣候政策，對一個氣候否認論早已根深蒂固的國家而言，似乎不可思議。

綠色成長？

這一切把我們帶到新的政治場域。新的共識已浮現，幾十年來我們一直依賴市場機制會以某種方式神奇地解決氣候危機，但現在這條路顯然走不下去了，唯一有效的辦法是協調大規模的政府行動。綠色新政支持者的想法是對的，我們需要以史無前例的速度和公共投資的方式興建再生能源基礎設施，讓人聯想到幫同盟國打贏二次大戰的工廠改裝成兵工廠。

但這個概念被一些媒體名嘴撿起來重新包裝的方式令人擔憂。他們宣稱轉型到乾淨能源會解除資本主義對生態的任何顧慮。他們說，它「會替綠色成長鋪路」，從此我們可以永久不停地擴張經濟。這是一個引人入勝的說法，似乎顯而易見和直截了當。不出所料，它擄獲正統經濟學家和政治人物的想像力。但這個故事有幾個嚴重漏洞。事實上，科學家對綠色成長不抱任何希望，甚至斥之為無稽之談。

須知重點在於，雖然轉型到百分百再生能源是可能的，但如果全球經濟繼續以現行速度增長，轉型就不可能快到足以維持暖化低於攝氏一．五度或二度。再重複一次，愈多成長代表愈多能源需求，愈多能源需求愈難（多半不可能）在我們所餘無多的時間內產生足夠的再生產能來滿足需求。

別誤會我的意思，過去二十年我們已在再生能源產能方面取得極大進步，這是好消息。現今全世界一年生產的乾淨能源比二〇〇〇年多了八十億 MWh（百萬瓦時），這是很多能源，足以供電給整個俄國。但在同一時期，經濟成長使能源需求增加四百八十億 MWh。換言之，所有我們推出的乾淨能源只滿足一小部分新需求，好比鏟沙填洞，但洞不斷擴大。即使我們增加乾淨能源產量兩倍或三倍，仍然對全球碳排毫無影響，經濟成長不斷超越我們最佳的脫碳努力。

換個方式思考。如果全球經濟繼續以預計的速度增長，到了本世紀中，全球經濟規模將增大兩倍以上，這表示開採和生產和消費是目前的兩倍，所有這些活動耗掉的最終用途能源幾乎是目前的兩倍。[14]在我們剩餘的短時間內脫碳**既有的**全球經濟已經難到無法想像；脫碳幾乎兩倍大的全球經濟根本不可能。它需要我們以每年七％的速度脫碳，才能維持暖化在攝氏二度以下（危險的升幅），或每年脫碳十四％，才能維持在攝氏一．五度以下。這比科學家估計在最佳情境下可能做到的速度快了兩到三倍。[15]如一個研究團隊所言，它「遠超出目前認為可實現的範圍」。[16]

我們對永續成長的堅持，使我們的任務沒有必要的難上加難。我們似乎選擇矇住雙眼，雙手綁在背後，去打這場艱困的生死存亡戰爭。我們故意讓自己沒有勝算。

科學家普遍同意這個結論，包括最高層級的科學家。甚至連ＩＰＣＣ自己都承認，若無ＢＥＣＣＳ及其他推測性的科技，只要能源需求繼續成長，就沒有切實可行的辦法能以夠快的速度推出乾淨能源且在二〇五〇年達到零排放。[17]如果我們想要成功，就必須做完全相反的事：減少能源使用。

即使這不是問題，我們仍須面對另一個與乾淨能源本身有關的議題。當我們聽到「乾淨能源」一詞，通常腦中浮現陽光溫煦清風襲來的快樂、純真形象。但雖然陽光和風顯然是乾淨的，捕捉它們的基礎設施卻不是。轉型到再生能源必然需要大幅增加金屬和稀土礦物的開採，伴隨實質的生態和社會成本。

二〇一七年世界銀行發表一篇報告，首度全面檢視這個問題。[18]研究員模擬如要建造足夠的太陽能和風電設施，在二〇五〇年達到每年約七兆瓦（terawatts）的發電量，需要增加多少材料開採。七兆瓦足以滿足全球經濟略少於一半的電力需求。將世銀的數字加倍，我們可以估算達到零排放所需的材料（不包括一點點水力、地熱和核能），結果令人驚駭：三千四百萬公噸的銅，四千萬噸的鉛，五千萬噸的鋅，一萬六千兩百萬噸的鋁，至少四十八億噸的鐵。

一些例子顯示，轉型到再生能源需要大幅提高目前的材料開採水準。譬如鈫，風力渦輪機的必要元素，開採量需要比目前水準提高將近三十五％。世銀報告做的高端估計則認為可能需要加倍。銀的情形相同，它是太陽能板的關鍵成分。銀的開採量將增加三十八％，也許高達一百〇五%。銦也是太陽能科技的必要成分，它的需求量將增加不只三倍，也可能飆升九百二十%。

然後還有那些我們需要用來蓄電的電池。在太陽不露臉和風不吹的時候，如要維持電力供應不間斷，就需要在電網層建置巨型電池。這代表四千萬噸的鋰，比目前開採水準增加不忍卒睹的兩千七百%。

這只是電力。我們也需要考慮車輛。二〇一九年，一群頂尖的英國科學家去函英國氣候變化委員會，陳述他們對於電動車的生態衝擊的顧慮。[19]當然，他們同意我們需要盡快停止銷售和使用內燃引擎，轉換到電動車。但他們指出，如要更換全世界預計二十億輛車，採礦量勢必爆增：鈷和鏑的全球年開採量需要再增加七十%，銅需要增加一倍以上，鈷需要增加幾乎四倍，從現在到二〇五〇年整個時期年年如此。是的，我們需要轉換成電動車，但歸根究柢，我們需要極端減少使用的車輛數目。

此處問題不是我們將會耗盡重要礦物，雖然那的確是一個隱憂。真正議題是它將加劇已經存在的過度開採危機。礦業已經成為世界各地濫伐森林、生態系統崩壞和生物多樣性減少的一大肇因。如果我們不小心，增加再生能源需求會使這個危機嚴重惡化。

以銀為例，墨西哥的 Peñasquito 礦場是世界最大的銀礦之一，占地將近四十平方英里，運作規模大得驚人。雜亂蔓生的露天採礦區穿越了幾座山，兩側各有一個一英里長的廢土場，還有一座充滿有毒污泥的尾礦庫，並用周長七英里、五十層樓高的牆圍起來。這個礦場在未來的十年將生產一萬一千噸銀，直到它的儲量——全世界最大的蘊藏量——全部耗盡。[20] 為了將全球經濟轉移到再生能源，我們需要再開挖一百三十座跟 Peñasquito 一樣大的礦場，只為了銀。

鋰是另一個生態災難。生產一噸鋰需要五十萬加侖的水。即使目前的開採水準已造成真正問題。在安地斯山脈，世界上大部分鋰的蘊藏地，礦業公司猛抽地下水，導致農民無水灌溉作物。很多人別無選擇，只好完全放棄耕作。同時，鋰礦滲出的有毒化學品污染了從智利到阿根廷，從內華達到西藏的河川，殺死整個淡水生態系統。鋰的榮景才剛開始，卻已經是一場浩劫。[21]

一切只為了供電給全球經濟到二〇五〇年。當我們開始計算未來成長，問題變得更加嚴重。隨著能源需求持續增加，為再生能源開採原物料的活動會變得更加積極，經濟愈成長，情況愈惡劣。即使達到完全能源轉型後，如果全球經濟繼續以預計的速度成長，全球太陽能板、風力渦輪機和電池的總儲量每三、四十年會增加一倍，如此這般永遠增長下去。

莫忘能源轉型需要的重要材料大部分在南方世界。部分拉丁美洲、非洲和亞洲很可能成為新的資源爭奪目標，有些國家可能淪為新形式殖民化的被害者。十六、十七和十八世紀的殖民化是為了獵取南美洲的金和銀，十九世紀的殖民化是為了奪取加勒比海的土地來種植棉花和甘蔗。在二十世紀，殖民化的目標是南非的鑽石、剛果民主共和國的鈷，以及中東的石油。不難想像再生能源爭奪戰可能變成同樣暴力。

如果我們不預先防範，乾淨能源廠商可能變成跟化石能源公司一樣無惡不作，賄賂政客，糟蹋生態系統，遊說反環保法規，甚至暗殺擋住財路的社區領袖，這樣的悲劇已經發生了。[22]此事很重要。鼓吹綠色新政概念或其他快速能源轉型計畫的進步人士，往往也提倡社會和生態正義的價值觀。如果我們希望轉型是正義的，就需要認清我們不能無止境地增加再生能源使用。

有些人希望核能會幫助我們避開這些問題。核能肯定需要成為能源組合的一部分，但核能有它自身的局限性。主要問題是興建和啟動新的核電廠需要很長時間，因此它們只能幫我們在本世紀中達到零排放中扮演小角色。即使更長期來看，有些科學家擔心核電廠的產能不能擴大到超過一兆瓦。[23]而且，如果不管什麼原因，我們無法讓氣候穩定下來——這是真實的可能性——核電廠不易抵擋嚴重風暴、海平面上升和其他天災的襲擊，到時候可能變成輻射炸彈。當氣候崩壞逼近，太依賴核能可能變成危險的賭博。

至於核融合，流傳已久的笑話是工程師年年說再十年就大功告成，至今已說了六十年。雖然我們已能產生成功的核融合反應，問題是過程中耗掉的能源比它產生的多。目前正在法國進行的大型核融合實驗，「也許」接近解決這個問題，但即使最樂觀的預測也顯示還要再等十年，之後再花十年才能把核融合發的電併入電網，再花更多個十年才能擴大規模。因此，儘管核融合前景看好，但到目前為止它的紀錄令人洩氣，無論如何，時間軸太長了。我們也許會在本世紀某時有核融合電廠，但我們肯定不能靠它維持在安全的碳預算內。在缺乏神奇的科技突破下，能源轉型勢必需要將重點放在太陽能和風電。

這不表示我們不應該追求快速轉型到再生能源。我們絕對必須且急迫需要。但如果我們希望這個轉型在技術上可行，與生態緊密結合並符合社會正義，就需要拋棄我們能以目前速度增加總能源需求的幻想。我們必須另闢蹊徑。

改造地球

面對以上證據，那些堅持繼續成長的人轉向愈來愈異想天開的主意，不只BECCS，還有各式各樣基於大規模地球工程的科幻奇技。大部分的計畫太難實行且太貴，還不如乾脆吞下實際減碳的代價。但其中一個脫穎而出，吸引大量注意，叫做太陽輻射管理。

其概念是用噴射機隊把氣溶膠噴到大氣平流層（stratosphere），形成一片圍繞地球的巨大帷幕，將陽光反射回去，從而冷卻地球。它相對便宜和容易做。事實上，它容易到令科學家擔心某些胡作非為的傢伙可以一手搞定，譬如說某個好管閒事的億萬富翁或快被海水淹沒的絕望島國。有幾個國家正在請人研究太陽輻射管理，化石燃料公司高層也讚美這個概念，認為是一個保存他們的商業模式的辦法。

但它不是沒有風險。現有模型顯示它最後可能扯破臭氧層，減緩光合作用，導致農作物產量下跌，並不可逆轉地改變地球雨型和氣候系統，大部分後果不利於南方世界。喬納森．普羅克托（Jonathan Proctor）是一位研究太陽輻射管理的科學家，他說：「這帖藥的副作用跟它要治療的病一樣糟。」另一位該領域的專家賈諾斯．帕茲托（Janos Pasztor）指出，後果可能比我們所能預測的還要糟：「地球大氣層難以置信地複雜……我們用超級電腦做了先進的電腦模擬，但我們仍然不真正知道如何模仿它。」[24]

不過，也許最大問題是氣溶膠不會在平流層停留很久，因此為了讓計畫有效，噴射機隊必須不停噴灑。萬一它們停止，不管什麼原因，我們就陷入真正的麻煩：地球溫度會再度快速上升，十年內上升好幾度。這個突然加熱現象叫做「終端震波」（termination shock），會讓國家來不及適應，生態系統會承受極大壓力，大量物種會被消滅。[25]科學家認為實施這個方法太冒險，而且和所有地球工程方案一樣，是危險地轉移注意力，使我們忽略快速減碳的目標。

此處值得暫停一下，思考愈來愈多人對地球工程著迷的現象。有意思的是，它包含的邏輯正是當初讓我們惹出麻煩的同一套邏輯，即把生命地球看成僅僅是「自然」，只不過一組可以制伏、征服和控制的被動物質的概念。地球工程代表二元論被推到令人吃驚的新極端，極端到培根和笛卡爾無法想像的地步，在那裡，地球本身必須向人類意志屈服，以致資本主義可以繼續無限成長。地球工程的致命缺點在於，企圖用同樣的思維，同樣的傲慢，去解決當初就是這種思維製造的生態危機。但也許更立即的問題是，地球工程缺乏與生態的連貫性。太陽輻射管理只局部回應我們面對的危機，對於減緩海洋酸化，或人為毀林，或土壤弱化，或大規模滅絕，它毫無作為。這引出了下一個論點。

出了油鍋又掉進火坑

為了辯論起見，讓我們假裝這些都不是問題。暫且拋開證據，想像我們能以某種方法達到乾淨能源的快速轉型，同時繼續增長全球經濟；想像我們能繼續無限增加能源需求，而不必擔心它牽涉的材料開採，或給世界上已經被剝削的地區帶來的壓力。假設我們明天就發明核融合電力，並在十年內擴大它的規模。這樣的情境肯定符合綠色成長的條件，對不對？

這個願景的問題是，它錯失一個關鍵性、無可迴避的重點：碳排只是危機的一部分。除了氣候崩壞，在不斷增加榨取地球的驅動下，我們已經超出其他幾個地球界限。問題不只是我們用哪一種能源，問題是我們用它來做什麼。

即使我們有百分百乾淨的能源系統，我們會用它來做什麼？跟使用化石燃料做的事情一模一樣：砍更多森林，捕更多魚，挖更多山上的礦，築更多條道路，擴大工業化農業，送更多垃圾到掩埋場，這一切都造成地球再也無法承受的生態後果。我們做這些事，因為我們的經濟體制要求我們以指數速率增加生產和消費。事實上，整個支持用乾淨能源提供動力給「綠色成長」系統的概念在於，這樣一來我們就可以繼續增加物質生產和消費。否則我們何需不斷增加能源需求？

轉移到乾淨能源完全無助於減緩所有其他形式的生態崩壞。逃出氣候災難的油鍋幫不了多少忙，如果我們的下場是跳進生態崩潰的火坑。

◆◆◆

不過，綠色成長支持者反應很快，他們堅稱，我們只要和GDP成長和資源使用「脫鉤」就行了。沒有理由我們不能只靠非物質化經濟活動，繼續增長GDP，即使資源使用回落到可持續的水準。他們承認，固然歷史上資源使用總是和GDP同步成長，但那是在全球水準上。如果我們觀察某些高所得國家的現狀，它們的科技正變得日益精密並快速從製造業轉移到服務業，也許我們會發現未來是什麼樣子的線索。

這個概念首次被提出來時，似乎真的有一些有趣的證據支持它。綠色成長支持者指出，英國、日本和其他幾個富裕國家的「國內材料消耗」（domestic material consumption，縮寫為DMC）至少自一九九〇年起一直在減少，儘管GDP繼續成長。即使在美國，DMC在過去二十年或多或少也扁平化。這個數據被記者拿去大作文章，迅速宣布富國已達到「物質高峰」，目前正「非物質化」，證明我們可以永遠不斷增長GDP而不必擔心生態衝擊。

但生態學者早就否定這些主張了。DMC的問題是它忽視整個拼圖中最關鍵的一塊：它雖然包括一國消費的進口商品，但不包括生產那些商品涉及的資源。由於富國將很多生產外包給其他國家，且大部分是南方國家，因此它們的資產負債表上資源使用那一邊也順便轉移出去。為了計算這一塊，科學家寧可使用一個叫做「材料足跡」的量度，納入一國進口商品中包含的全部資源。

一旦使用這個更整體的量度，即迅速顯示富國的材料消耗根本沒有減少。事實上，近幾十年來它急遽增加，甚至跑得比GDP成長率還快。哪來的脫鉤？只不過是會計上的錯覺罷了。[26]

事實證明，經濟重心轉移到服務業雖然被大力吹捧，卻完全沒有改善富國的資源強度。服務業占高所得國家GDP的七十四％，從一九九〇年代開始去工業化以來快速成長，但高所得國家的材料使用仍然比GDP成長得快。事實上，雖然就對GDP的貢獻而言，高所得國家有最高的服務業占比，但它們也有最高的人均材料足跡。到目前為止。這在全球規模上也是事實。根據世界銀行數據，服務業占GDP的比例從一九九七年的六十三％，成長到二〇一五年的六十九％。但同一時期的全球材料使用也加速成長。換言之，我們看到全球經濟的**再物質化**，儘管我們已將重心轉移到服務業。

要如何解釋這個奇怪的結果？部分原因是，人們將在服務業賺取的收入最後花在購買實體商品上。人們可能在YouTube上賺錢，但花錢買家具和汽車之類的東西。這也因為服務業本身是資源密集。舉例來說，旅遊業被歸類為服務業，但它的運作依賴大量物質基礎設施，包括機場、飛機、巴士、遊輪、度假村、旅館、游泳池和主題公園（所有這些本身都是服務業）。

從我們至今掌握的數據來看，沒有理由相信轉移到服務業會神奇地減少我們的資源使用，是時候拋開那個迷思了。

此外還有別的因素。隨著時間一年一年過去，愈來愈難從地球開採同樣數量的材料。所有接近地表、容易取得的東西已被搶光。當容易取得的礦物和金屬儲量枯竭時，我們必須挖得更深和更粗暴才能取得更多。我們知道石油公司正被迫轉向水力壓裂、深海鑽探和其他「手緊玩法」（tight plays）去取剩餘的石油蘊藏，用更多能源和材料去取同樣數量的燃料。礦業也一樣。根據聯合國環境署（UNEP），今天每單位金屬必須開採的材料比一個世紀前多三倍。[27]部分原因是金屬礦的質量下降，僅僅過去十年已降了二十五％，這表示我們必須挖掘和提煉更多礦石才能獲得同樣數量的成品。[28]換言之，儘管採礦技術顯著改進，礦業的材料密集性變得**更差**，而非更好。聯合國的科學家表示這個令人憂心的趨勢只會繼續。

面對這個數據，綠色成長支持者變本加厲。他們說，那些都是過去。只因為從前沒做過，不表示不可能。我們仍然可以改變未來方向。我們只需要推出正確的技術和正確的政策。政府可以課徵資源開採稅，同時投資於效率改善。這難道不會改變消費模式，轉向資源密度較低的商品嗎？人們會把錢花在譬如電影和戲劇，或瑜伽和餐館和新的電腦軟體。因此在資源使用減少的同時，GDP會永遠不斷成長。

這是令人安心的想法，聽起來也夠合理。所幸我們現在有證據去測試它是否站得住腳。過去幾年科學家已發展出幾個模型，用來判斷政策改變和科技創新對材料使用的影響。結果相當出乎意料。

◆◆◆

第一項研究是德國研究員夢妮卡・迪翠琪（Monika Dittrich）率領一組科學家做的，發表於二〇一二年。[29]該團隊運行一個精密的電腦模型，測試如果經濟成長趨勢不變，即每年成長二至三%，全球資源使用會發生什麼。科學家發現，人類的材料消耗上升速度和GDP成長速度完全相同。用目前數據來推算，這表示到了二〇五〇年消耗量會超過兩千億噸，超出安全界限四倍。真是災難。

然後該團隊重新運行模型，看看在極端樂觀的假設下，全世界每一個國家立即採取最佳措施改善資源使用效率，會發生什麼事。結果進步了：資源消耗增加的速度減緩，但還是增加。當資源使用增加速度比 GDP 緩慢，叫做**相對**脫鉤。但和我們需要的充分**絕對**脫鉤相去甚遠。所以，沒有綠色成長這回事。

二〇一六年，第二個科學家團隊測試一個不同的情境：全世界每一個國家都同意採取比現行最佳措施更多更好的做法。[30]在此最佳情境中，他們假設某個稅率會讓碳價提高到每噸二百三十六美元（從而增加材料開採和運輸的成本），並想像科技創新會讓我們使用資源的效率增加一倍。結果幾乎和迪翠琪的研究完全相同。即使在這些嚴格條件下，資源使用繼續上升。沒有絕對脫鉤，也沒有綠色成長。

最後，在二〇一七年後期，曾經熱切鼓吹綠色成長理論的 UNEP 也加入辯論。[31]它測試一個情境：碳價暴漲至五百七十三美元一噸，加上資源開採稅，並假設在政府大力支持下，科技創新突飛猛進。結果如何？資源使用**依然上升**，到了本世紀中幾乎增加一倍。隨著這些結果逐漸傳出，UNEP 別無選擇只能改變立場，承認綠色成長是白日夢，在全球規模上絕對脫鉤 GDP 與材料使用根本不可能。

到底怎麼回事？如何解釋這些怪異的結果？

科技的問題

回到一八六五年，工業革命期間，英國經濟學家威廉・史丹利・傑文斯（William Stanley Jevons）注意到一個相當奇怪的現象。瓦特剛推出蒸汽引擎，效率比之前的版本顯著提高，每單位產出使用較少的煤，人人認為這會減少煤炭的總消耗量。但怪事發生了，英國的煤炭消耗反而大增。傑文斯發現，原因是效率改善節省成本，資本家把省下來的錢拿去再投資以擴大產能。這導致經濟成長，而經濟成長，便用掉更多煤。

這個奇怪的結果被稱作傑文斯悖論（Jevons Paradox）。在現代經濟學，這個現象叫做卡松—布魯克斯假設（Khazzoom-Brookes Postulate），用一九八〇年代提出它的兩位經濟學家姓氏命名。它不只適用於能源，也適用於物質資源。當我們發明更有效率的方法使用能源和資源時，總消耗量可能短暫下降，但很快反彈到比之前還高的水準。為什麼？因為公司用結餘去再投資以擴大生產。到頭來，成長的規模效應抵銷了甚至最驚人的效率改善。

傑文斯描述這個現象為「弔詭」，但仔細想想，它並不特別奇怪。在資本主義下，成長導向的公司運用新的、更有效率的技術不是為了好玩。它們運用新技術是**為了促進成長**。這在整個經濟體層次也是事實。詢問任何經濟學家，他們會告訴你：效率改善是好事，因為刺激了經濟成長。這是為什麼我們看到整個資本主義歷史上，儘管效率不斷改善，總能源和資源使用量一直上升。它一點也不矛盾，完全符合經濟學家的預期。吞吐量增加，並不牴觸效率改善，反而是因為效率改善。此處的重要啟示是，認為持續效率改善會神奇地導致絕對脫鉤的想法，不論在實證上和理論上都毫無根據。

但另外還有一個因素。科技創新對成長貢獻最大，不是因為它們允許我們使用**較少**自然，而是因為允許我們用得**更多**。

例如鏈鋸。鏈鋸是了不起的發明，使伐木工人可以更快地鋸樹，比如，比手工鋸快十倍。但配置鏈鋸的伐木公司並沒有讓工人提早收工休息，而讓工人比過去多鋸十倍的樹。在成長義務的鞭策下，科技的用途不是在較短時間內做同樣數量的工作，而是**在同樣時數內做更多工作**。

蒸汽機、軋棉機、拖網漁船等科技對成長做出輝煌的貢獻，不是因為它們自動噴出錢來，而是因為它們允許資本將愈來愈大片的自然納入生產。貨櫃和空運之類的創新對成長做出貢獻，因為它們允許商品從開採或生產端更快運送到消費端。這個道理甚至適用於看似非物質的創新，例如臉書的演算法，允許廣告主誘使人們消費原本不會消費的東西而促進成長。臉書成為幾十億美元的公司不是因為它讓我們跟臉友分享照片，而是它擴大生產和消費過程。

一旦我們瞭解科技的作用，應該就不會對幾個世紀的傑出創新、能源和資源使用繼續增加感到意外。當整個系統利用科技創新來擴大開採和生產，期待更多科技創新會神奇地做相反的事毫無道理。

還有最後一個問題。科學家開始明白，我們能多有效率地使用資源是有物理極限的。當然，我們也許能更有效率地製造汽車、iPhone和摩天大樓，但不能憑空造出它們。我們也許能把經濟重心轉移到瑜伽和電影之類的服務業，但即使健身房和電影院也需要物料投入。一個產品能「輕量」到什麼程度總有極限，一旦達到那個極限，繼續成長就會導致資源使用開始再度上升。

科學家詹姆斯・沃德（James Ward）最近領導一個澳大利亞團隊詳細研究這個問題。他們運行一系列模型，假設極度樂觀的科技創新速度，樂觀到超過科學家認為切實可行的程度，比綠色成長支持者曾經建議過的任何速度還快。他們發現，雖然他們能夠在短期內減少一些資源使用，但長期而言，資源使用開始再度上升，與成長率**再度掛鉤**。

沃德的團隊表示，他們的發現構成「對絕對脫鉤主張的強力反駁」。他們的結論值得整段引述如下，因為在生態經濟學界相當出名：

我們得出結論，GDP成長和資源使用脫鉤，不論相對或絕對，充其量只是暫時的。永久脫鉤（絕對或相對），對於必要、無可替代的資源而言是不可能的，因為效率改善終究受制於物理極限。GDP成長終歸不能可信地與材料和能源使用的成長脫鉤，斬釘截鐵地證明GDP成長不可能無限持續。因此圍繞著脫鉤是可能的期待而設計成長導向的政策是引入歧途。

◆◆◆

讓我說明清楚，科技創新對於眼前的奮鬥絕對重要。事實上是必不可少。我們需要所有我們能取得的創新和效率改善，去劇烈降低經濟體的資源和碳強度。但我們面對的問題未必與科技有關。問題與「**成長**」有關。我們一而再、再而三看到，成長義務抹煞最好的科技提供的一切利益。

我們傾向於認為資本主義是一個獎勵創新的制度。它的確是，但弔詭的是，創新的潛在生態利益被資本自己的邏輯限制住了。它不必如此。如果我們生活在一個不同類型的經濟體，一個不是圍繞著成長組織起來的經濟體，科技創新就有機會發揮我們期待它發揮的作用。在後成長經濟體，效率改善會真正減少我們對地球的衝擊。一旦從成長義務解放出來，我們就會不受拘束地聚焦在不同性質的創新，為了改善人類及生態福祉而設計的創新，而非為了加快開採和生產的速度。

資源回收怎麼樣？

另一個我們必須正視的常見謬論是關於資源回收。「循環經濟」的概念最近在政策圈紅了起來，被當作因應生態危機的辦法，這些時日似乎人人熱中於它。其主張是如果我們能擴大回收率，就可以無限期地繼續增長GDP，不必擔心消費對生態的衝擊。歐盟認為這是一個拯救資本主義的計畫，冀望循環經濟會「促進永續經濟成長」。

是的，我們絕對應該追求更循環的經濟。但資源回收會拯救資本主義的想法脫離現實。首先，大部分我們使用的物資不能回收再利用。其中四十四%是食物和能源投入，一旦用過即不可逆轉的品質下降。[33]二十七%是建築物和基礎設施儲量的**淨添加**。另外一大塊是採礦產生的廢棄物。[34]到頭來，所有我們使用的物資當中，只有一小部分有潛在循環價值。即使我們完全回收這部分，經濟成長仍會繼續推高資源使用總量。無論如何，我們走錯方向，因為回收率已逐漸下降，而非上升。二〇一八年全球經濟的資源回收率達到九・一%。兩年後它降到八・六%。不是因為我們的回收系統愈來愈差，而是因為總物資需求的成長超過我們從回收獲得的利益。又一次，問題不是科技，是成長。[35]

但「綠色成長」循環經濟的概念還有一個甚至更基本的問題。即使我們能夠回收百分之百的物資，它會對GDP成長的前景構成問題。成長傾向於需要一個「外部」：一個可以免費或盡可能接近免費獲取價值的外部資源。

在循環經濟中，物料成本是內部化的。從生態觀點來看，這是好事，但從資本積累的觀點來看是壞事。回收需要花錢，花在回收物料上的成本使資本更難產生不斷上升的盈餘。隨著時間過去，結餘愈來愈少，因為物料每回收一次，品質就下降一次，因此為了維持它們的品質，你需要不斷增加能源投入及不斷增加成本。

對於那些宣稱只要給自然訂個「價」就可以解決生態危機，也就可以維持資本主義完整無缺的人，這個議題也構成問題。他們說，如果我們可以收取「生態系統服務」費，例如蚯蚓、蜜蜂和紅樹林的附加價值，市場會相應做出反應，我們就脫困了。這是美妙的想法，承認自然的價值當然是朝正確方向跨出一步。但別忘了，成長需要一個「外部」。給自然訂價會內部化生產成本，就此而言，它會掐掉成長的可能性。這是為什麼至今沒有一個資本主義政府同意實施這個計畫。事實上，這也是我們這麼久以來始終無法訂出一個適當碳價的原因。內部化成本很重要，但它和資本主義的邏輯不相容。

底線是，我們絕對應該追求建立一個盡可能循環的經濟體！但成長義務使這個夢非必要地難以實現。在後成長經濟體，改善循環性會容易得多。

綠色成長之反烏托邦

如今，鐵證如山。面對證據，綠色成長支持者終於開始轉向童話故事。他們說，誠然綠色成長無法憑經驗證實，但沒有理由不能發生在理論上。唯一限制我們的是我們的想像力！

沒有理由我們不能一邊永遠不斷增加所得，同時仍然一年比一年更少消費物質東西。他們講的沒錯。沒有先驗的理由這種事情不能在理論上、在一個充滿魔法的另類世界發生。但是當我們開始販賣童話故事，告訴人們不用擔心，因為最後GDP總有辦法跟資源使用脫鉤，我們會安全過關，這樣做肯定有道德風險。在氣候緊急狀態和大規模滅絕的時代，我們沒有時間去推測想像的可能性。當所有證據都說它不可能發生，我們沒有時間去等這頭破壞生態的巨獸突然大發善心地停止破壞。這是不科學的，而且非常不負責任，拿人類生命，拿一切生命去賭博。

這個問題有個容易的解決方案。生態經濟學家已提議了幾十年，我們可以用一個簡單而優雅的干預，一勞永逸結束這場辯論，那就是設定每年資源使用和浪費的上限，並逐年緊縮上限，直到我們回到地球界限之內。[36] 如果綠色成長派真正相信儘管資源使用快速下降，GDP仍會繼續成長，永遠不斷成長，這個辦法就不應讓他們有絲毫疑慮。事實上，他們應該歡迎這樣的措施才對。它會給他們一個機會一勞永逸地向世界證明自己是正確的。硬性限制資源使用和浪費，甚至有助於激勵轉型，刺激GDP轉向非物質化的成長。

但每一次我們向綠色成長派提議這個政策，他們都支吾其詞避而不答。事實上，據我所知，沒有一個綠色成長支持者曾同意採行。為什麼不？我猜在內心深處，不管童話故事怎麼說，他們知道這不是資本主義真正的運作方式。五百年來，資本主義依賴自然並予取予求。它總是需要一個「外部」，外在於它本身，任它免費掠奪價值，毋需做出對等回報。那是成長的動力來源。對物料開採和浪費施加限制，實際上等於殺死下金蛋的鵝。

◆◆◆

讓我們暫且假裝他們同意了。想像我們限定資源使用上限，逐步將它縮小到一年五百億噸的可持續水準，然後維持不變。讓我們想像綠色成長派是正確的，ＧＤＰ繼續以每年三％的速度成長，永遠如此。別忘了，這是指數增長，因此在兩百年內，全球ＧＤＰ會比今天大一千倍左右。這個假設情境會是什麼模樣？我們必須捫心自問，當資本不再被允許為了促進勢在必行的成長而掠奪自然，它會想出哪些新的剝削形式？

第一個遭殃是人力。如果資本被限制不能剝削自然，不難想像它會加倍地剝削人類。成長義務已經讓世界各國政治人物承受巨大壓力，必須砍工資和勞動法規。在資源穩定不變的情境中，可以合理期待這個壓力會顯著增強。他們會爭先恐後尋找愈來愈便宜的勞力來源。

但讓我們姑且相信綠色成長派，假定他們夠進步，不但希望保留勞動法規，還想改善法規。假設我們同意某種國際最低工資，訂定勞力剝削的硬性下限，匹配物資剝削的硬性上限。在此情境中，資本會有巨大壓力去尋找新的疆域，以便積累盈餘。它需要在某處找方法「解癮」，可供侵吞的新資源，可供投資的新出路，可供銷售的新市場。如果盈餘不能免費從自然取得（因為資源使用上限），也不能免費從人類取得（因為工資下限），那它會來自何方？[37]

有些經濟學家說，它會來自更好的產品，壽命更長、品質更高的產品。產品「更好」想必因為包含更多工時或更多技術，或更先進的科技，因此雖然用較少物料製造，卻值更多錢。問題來了。是的，我們絕對應該爭取重質不重量的經濟，但為了讓這個機制獨力撐每年成長三％的大樑，所有產品必須平均每年「更好」三％，或在二二〇〇年比現在好一千倍，而且所有這些更好的素質必須相應反映在更高的成本上。有幾個原因使這個構想很奇怪。

首先，如果我們思索為了過上美好生活而需要的絕大多數東西，很難看出我們會從它們變好一千倍得到多大好處。癌症療效好一千倍，當然。但一張桌子好一千倍？一件連帽衫好一千倍？說真的，愈想愈荒唐。其次，如果產品「更好」是因為壽命更長或更有效，很可能**牴觸**成長，它不利於成長，因為周轉率降低。如果我們的桌子和連帽衫耐用一千倍，我們會少買一千倍。第三，如果更好是來自更多勞力投入（譬如手工織的連帽衫，而非量產貨），我們會碰到讓人們工作時間比以前長一千倍的問題，這不合乎改善人類生活的目標。

最後，為了讓「更好」轉化成更高成本，更好必須商品化（或圈地化）。在某些例子也許不是問題，但在其他例子中，我們可能希望相反的情形。例如，如果我們開發更好的癌症療法或其他救命藥物，可能不希望向需要它們的人多收一千倍費用。

我們也不必假裝資本需要不斷擴張只是為了製造更好的產品。我們沒那麼天真。以往當資本碰到利潤成長極限時，它用各種手段找到解癮辦法，譬如殖民化、結構調整計畫、戰爭、限制性專利法、邪惡的債務工具、強占土地、民營化、圈圍水和種籽之類的公共資源。為什麼這一次它會改變作風？事實上，生態經濟學者貝絲·史特拉福特（Beth Stratford）的研究顯示，當資本面對資源限制，它的反應一向是轉向侵略性的尋租（rent-seeking）行為。[38]在任何它能動手的地方攫取既有價值，用狡猾的機制將所得和財富從公領域移轉到私人手中，從窮人移轉到富人，加劇貧富不均。

不過，有些人可能會說，資本主義理論上可以在完全非物質的商品中找到成長機會。乍聽之下似乎有理。但非物質的商品有個特點，它們通常已經充足和免費供應，要不然就是很容易共享。在所有新的價值必須非物質的脈絡中，為了確保利潤成長，資方很可能設法圈圍非物質的公地，把原本充足和免費的資源變成人為稀缺，強迫人們花錢購買。你可以想像在這個經濟體中，不僅水和種籽被私有化、商品化和賣回給人民來賺錢，而且知識、歌曲和綠色空間也如此，也許甚至親職和肢體接觸，甚至空氣本身都要錢。至於其餘的我們，則必須做愈來愈多的工，生產（想必是）非物質的東西來賣，僅僅為了賺取足夠工資來買非物質商品的使用權——我們過去不花一文就可取得那些東西。

重點是，關閉通常慣用的解癮方式（開採自然）會產生壓力，逼資本尋找其他解癮辦法。這是成長義務暴力的一面。假裝其他解癮辦法是神奇無害的未免天真，因為我們有五百年的數據顯示現實恐怕與幻想相反。

不曾質疑的假設

這一切凸顯的是，人們願意大費周章地合理化持續追求經濟成長。每當「生態」和「成長」之間似乎存在衝突，經濟學家和政治人物總是選擇後者，並嘗試愈來愈有創意的手法讓現實符合後者。政治人物願意把一切賭在投機性的科技上，以免面對極端減碳的迫切性。綠色成長支持者訴諸異想天開的情境和狡猾的會計花招，以維護我們可以維持現狀的幻覺。他們願意冒一切險，真正的一切，只為了讓GDP不斷上升。

然而，不可思議地，這些人從來沒有一個肯花時間去合理化他們的核心前提，即我們需要不斷擴張經濟，年復一年，永遠如此的假設。它只是被當作信條。大多數人不會停下來質疑它，在某些圈子這麼做甚至是異端邪說。但如果這個假設錯了呢？如果高所得國家不需要成長呢？如果我們根本不必擴張經濟就能增進人類福祉呢？如果我們不必增加GDP一塊錢，就能夠產生所有需要的創新來達到再生能源的快速轉型呢？如果我們不這麼絕望地試圖脫鉤GDP與資源和能源使用，反而脫鉤人類進步與GDP呢？如果我們能找到方法，讓我們的文明和地球擺脫成長義務的束縛呢？

如果我們願意想像投機性的科幻童話，只為了維持既有的經濟體拖著沉重的腳步蹣跚前進，何不乾脆想像一個截然不同的經濟制度呢？

/ Part 2 /

少即是多

Less is More

第四章／

美好生活的祕訣

雁高高出現在我們上空，
經過，天空關閉。放棄，
如在愛情或睡眠中，堅持
走自己的路，清楚
在古老的信仰中：我們需要的
就在這裡。

——溫德爾·貝里

如何解釋成長主義牢牢掌控我們的政治想像？我們被告知，不論一個國家變得多富裕，它的經濟必須不斷成長，永無止境，不計代價。即使面對堆積如山關於生態崩壞的證據，經濟學家和政策制定者仍堅持這個立場。被逼問時，他們提出一個簡單的解釋：成長是過去幾個世紀我們目睹福利和平均壽命顯著改善的原因，我們需要持續成長，才能持續改善人民生活。放棄成長是放棄人類進步本身。

這是強有力的敘事，而且聽起來明顯正確。如今人民生活顯然比過去好，因此我們應該感謝成長的說法似乎言之成理。但科學家和歷史學家現在質疑這個說法。我們發現，這個主張如此根深蒂固確立於我們社會，固然了不起，但支撐它的經驗基礎卻很薄弱。事實證明，成長和人類進步的關係並不像我們一度以為的顯而易見。成長**本身**不重要，重要的是所得如何分配，以及它投資於公共服務的程度。一旦超過某一點，更多 GDP 對於改善人類福祉毫無必要。

進步來自何方？

一九七〇年代初期，英國學者湯瑪士・馬基翁（Thomas Mckeown）提出一個理論，結果形塑了有關成長的公共敘事長達數十年。馬基翁對平均壽命的歷史趨勢感興趣，他檢視英國的紀錄，注意到平均壽命在一八七〇年代以後顯著增加，這個改善跟歷史記載的其他任何變化都不同。和當時其他學者一樣，他好奇究竟什麼因素造成這個看似奇蹟的趨勢，它似乎神祕難解。大多數人認為一定和現代醫學創新有關，這個推論似乎也合理，但馬基翁找不到多少這方面的證據。當他搜尋其他的理論時，他找到一個似乎合理的解釋：一定是因為平均所得增加。畢竟，當時工業革命正在進行，GDP正在攀升，經濟成長正在使社會更富裕。這肯定是改善健康背後的驅動力量。

馬基翁的主張顛覆了傳統觀點，立刻引起轟動。他不是唯一持此論者，在此同時，美國人口統計學家山繆爾・普雷斯敦（Samuel Preston）指出另一項證據，似乎支持馬基翁的論點。人均GDP較高的國家也傾向於有較長的平均壽命，窮國人民一般比較短命，富國人民通常比較長壽。所以不可能避免的明顯結論是，GDP成長必然是促成這個人類福祉主要指標進步的關鍵因素。

他們的主張，被稱作馬基翁理論和普雷斯敦曲線，吸引了經濟學家和政策制定者的注意。當時成長主義意識形態剛開始生根。正值冷戰高潮，美國政府在傳播一個概念，美式資本主義是世界通往「發展」和進步的門票。馬基翁和普雷斯敦的主張為這個概念提供了恰到好處的證據，於是這個概念起飛了。世界銀行和國際貨幣基金奔走南方世界，力勸各國政府若想改善嬰兒死亡率和平均壽命之類的社會指標，不必浪費時間建立公共衛生系統（很多這些國家在殖民主義結束後嘗試做的事）。相反的，它們應該集中力量為成長鋪路，採取一切必要手段，包括拋棄環保、刪勞動法、砍醫療和教育支出、減富人稅，這樣做也許感覺像退步，也許短期內造成一點傷害，但終極來看它是改善人民生活的唯一真理。

❖

那是意氣風發的時代。一九八〇和一九九〇年代，新自由主義時代的頭二十年，這個說法一統天下。它成為合理化結構調整計畫的核心理由，在債務危機後積極強加於南方各國。但之後數十年的研究，卻嚴重質疑「成長等於人類進步」的謬誤。

問題出在，當馬基翁和普雷斯敦發表他們的主張時，兩人都沒有看長期數據。倘若他們能更深入一點挖掘歷史，他們會得出相當不同的結論。我們在第一章看到，在資本主義崛起的漫長過程中，從一五〇〇年一直到工業革命，所到之處無不造成劇烈的社會錯位（social dislocation）。歐洲的圈地運動，原住民的種族滅絕，大西洋奴隸貿易，歐洲殖民主義的擴散，印度的飢荒，在在對世界各地人類福祉造成重大傷害，留下的傷痕在公共衛生檔案中斑斑可考。在資本主義絕大部分的歷史中，成長並未給尋常百姓的生活帶來福利改善，事實上，它做了完全相反的事。[1]回想前面談過的，資本主義靠製造人為稀缺來擴張。資本家圈圍公地，包括土地、森林、牧場和人們賴以維生的其他資源，撕毀自給自足經濟，為了逼人民進入勞動市場。飢餓的威脅被當作武器，用來加強競爭性生產力。儘管GDP成長，人為稀缺卻經常造成民不聊生。

直到將近四百年後，英國的平均壽命終於開始增加，啟動馬基翁注意到的上升趨勢。它發生的時間比其餘歐洲稍晚一些，但在被殖民世界，平均壽命並未開始改善，直到一九〇〇年代初期。既然成長本身與平均壽命和人類福祉並無自動關聯，那究竟什麼原因能解釋這個趨勢？

如今歷史學家指出，它始於一個簡單到令人吃驚，卻被馬基翁忽略的干預：公共衛生設施。[2]一八〇〇年代中葉，公衛研究員發現，施行簡單的衛生措施，例如隔開污水和飲用水，就可以改善健康結果，這只需要一點公共管道。但公共管道系統需要公共工程，以及公共資金，必須徵收私人土地來蓋公共抽水站和公共澡堂，必須開挖私人地產，才能連接住宅樓和工廠到管道系統。麻煩從這裡開始。幾十年來，公衛目標的進展一直遭到資產階級的反對，而非促進。自由意志論的地主拒絕讓官方使用他們的地產，也拒絕繳納完成這個工程所需的稅。

直到平民贏得投票權以及工人組成工會，才瓦解了菁英們的抗拒。接下來的幾十年，群眾運動利用國家干預對抗資產階級，在英國，改革始於憲章運動和市政社會主義。他們爭取一個新的願景：城市管理應該為每一個市民謀福利，而非只照顧少數人。這些運動不但促成公共衛生系統，接下來數年又陸續完成公共醫療保健、疫苗保障、國民教育、國民住宅、更好的薪資和更安全的工作環境。根據歷史學者賽門．史瑞特的研究，取得這些公共財——在某個意義上可謂新的公地——對人類健康有重大的正面影響，並刺激平均壽命在整個二十世紀飆升。[3]

這個解釋目前獲得公衛研究者的支持，形成強烈共識。最新數據顯示，僅僅水衛生措施一項，就解釋了美國何以在一九〇〇和一九三六年之間嬰兒死亡率降低了七十五%，整個人口死亡率減半。最近一項由國際醫學家團隊領導的研究發現，繼衛生設施之後，促成平均壽命增加的最大因素是全民醫療保健服務，包括兒童疫苗接種。[4]一旦有了這些基本干預，驅動平均壽命持續增加的單一最大因素是教育，尤其是女性的教育，學得愈多，活得愈久。[5]別誤會，所得較高的國家通常比所得較低的國家擁有更高的平均壽命，這是事實，但這兩個變數之間沒有因果關係。「歷史檔案清楚顯示，經濟成長本身對於人口健康沒有直接、必要的正向影響。」史瑞特指出。「充其量可以說，它為人口健康改善創造了較長期的**潛能**。」[6]至於那個潛能是否實現，取決於決定所得如何分配的政治力量。過去人類福祉的進步是進步派政治運動和政府推動的，它們能掌控資源提供健全的公共財和公平工資。事實上，歷史檔案顯示，在缺乏進步力量的時候，經濟成長往往**不利於**社會進步，而非支持社會進步。

收復公地

當然，全民醫療保健、衛生、教育和適當工資之類的政策需要財源。經濟成長絕對有助於籌措經費，在窮國甚至是必要的。但重點是，談到改善人類福祉，真正重要的干預不需要高水準的GDP。GDP與人類福祉之間的關係沿著一條飽和曲線發展，達到某一點之後，報酬急遽下降，而高所得國家早就超過那一點了，此時再多GDP對於人類繁榮（human flourishing）也幾乎毫無貢獻。[7] 兩者關係完全斷裂。

事實上，很多國家能夠以相對少的人均GDP達到非常高水準的人類福祉。我們傾向於認為這些國家是「異數」，但它們恰恰證明了史瑞特及其他公衛研究者試圖強調的重點：一切和分配有關。最重要的因素是投資於全民公共財，有趣的地方就在這裡。

以平均壽命而言，美國的人均GDP是五萬九千五百美元，使它成為全世界最富有的國家。美國人可以預期活到七十八・七歲，勉強擠進全球前二十%。但在這個重要指標上打敗美國的幾十個國家，人均所得只有美國的一小部分。日本的所得比美國少三十五%，但平均壽命八十四歲，全世界最高。南韓的所得是美國的一半，平均壽命八十二歲。然後是葡萄牙，所得比美國少六十五%，平均壽命八十一・一歲。這不是少數幾個特例而已。歐盟整體的人均所得比美國少三十六%，但不僅在平均壽命上打敗美國，而且在幾乎每一個其他人類福祉指標上都超越美國。

還有哥斯大黎加，它或許是最讓人驚奇的例子。這個有豐富雨林的中美洲國家，儘管所得比美國少八十%，平均壽命卻勝過美國。事實上，哥斯大黎加以它對環境最小壓力提供高標準福利的能力而言，是全球生態效率排名最高的經濟體之一。當我們觀察它的長期趨勢，故事變得甚至更精彩。哥斯大黎加在一九八〇年代獲致一些最令人欽佩的平均壽命改善，追上並超越美國，當時它的人均GDP不僅低（只有美國的七分之一），而且**完全沒有成長**。

不只平均壽命表現如此。我們可以看到同樣模式出現在教育上。眾所周知，芬蘭有全世界最好的教育系統之一，儘管人均GDP比美國少二十五%。愛沙尼亞也在世界教育排行榜名列前茅，但所得比美國少六十六%。[8]波蘭以比美國少七十七%的所得超越美國的教育績效。在聯合國的教育指數上，白俄羅斯打敗高績效國家如奧地利、西班牙、義大利和香港，而它的人均GDP比美國少了整整九十%。

如何解釋這些國家獲得的傑出成果？答案很簡單：它們全都投資於建立高品質的全民醫療保健和教育系統。[9]論及提供所有國民長壽、健康、欣欣向榮的生活，關鍵就在這裡。

好消息是做這件事一點也不昂貴。事實上，全民公共服務的成本效益顯著高於民營服務。舉例來說，在西班牙，醫療保健被視為基本人權，只花平均每人兩千三百美元提供高水準的全民醫療保健服務，達到世界最高的平均壽命之一：八十三．五歲，比美國人多了整整五年。相形之下，美國的私立、營利性質的醫療系統，花掉令人瞠目結舌的九千五百美元人均成本，卻提供較低的平均壽命和較差的健康結果。

類似令人鼓舞的例子成群出現在南方世界。凡是政府投資於全民公共醫療保健和教育的國家，在平均壽命和其他人類福祉指標上，都出現一些世界最快速的改善。[10] 斯里蘭卡、盧安達、泰國、中國、古巴、孟加拉和印度的喀拉拉邦，個個獲致驚人的成果，儘管皆有相對低的人均GDP。

經驗證據一再顯示，**沒有**高水準的GDP仍可能達到高水準的人類發展。根據聯合國的數據，國家能夠以低至八千美元的人均所得（以購買力平價計算，縮寫為PPP）達到最高類別的平均壽命指數，以低至八千七百美元的人均所得達到非常高水準的教育指數。事實上，國家能夠以不到一萬美元的人均所得，在各種重要的社會指標上獲致成功，不只健康和教育，還有就業、營養、社會支持、民主和生活滿意度，同時維持在地球界限之內或接近之處。[11] 這些數目不尋常的地方在於，它們遠低於人均所得一萬七千六百美元PPP的世界平均值。換句話說，理論上，我們只要投資於公共財，並且更公平地分配所得和機會，就可以用**低於**我們目前擁有的GDP，替全世界每一個人達到所有的社會目標。

因此證據很清楚，GDP與人類福祉之間的關係在某一點之後斷裂。但這個關係還有其他令人感興趣的地方。一旦跨過某個門檻，實際上更多成長開始有**負面**影響。當我們觀察其他測量進步的方法，例如「真實發展指標」（Genuine Progress Indicator，縮寫為

GPI），就可以看到這個效應。GPI從個人消費支出開始計算（這也是GDP的起始點），然後按所得差距以及經濟活動的社會和環境成本予以調整。由於計算成長的成本和利益兩者，這個測度提供我們一個更均衡的觀點去觀看經濟體的現狀。當我們繪製這個數據的長期趨勢圖，會看到全球GPI隨著GDP一起成長，直到一九七〇年代中，但之後趨平，甚至下降，因為成長的社會和環境成本已大到足以抵銷消費相關的增幅。[12]

生態學者赫曼·達利（Herman Daly）表示，過了某一點之後，成長開始變成「不經濟」，它開始產生的「弊病」（illth）多過於財富。我們可以看到弊病出現在幾個面向：在高所得國家，持續追求成長加重不平等和政治不穩定，[13]並引起各種毛病，譬如因過勞和睡眠不足而緊張和憂鬱、因污染而不健康，以及糖尿病和心臟病等等。

◆◆◆

我第一次得知這個指標時，大為震撼。它強而有力，因為它讓我們從稍微不同的角度去思考成長。從人類福祉的觀點來看，高水準GDP，做為美國、英國及其他高所得國家的特徵，原來遠超出它們的實際需求。

試試這個思想實驗：如果葡萄牙的人類福祉水準比美國高，人均GDP比美國少三萬八千美元，則我們可以推論美國人均所得中的三萬八千元實際上是「浪費」掉了，加起來等於整個美國經濟體一年浪費了十三兆美元。那是每年開採和生產和消費了價值十三兆美元的物料，造成價值十三兆美元的生態壓力，但它本身對人類福祉的基本面毫無貢獻。它有害無利。這表示理論上美國經濟體可以縮小它目前的規模高達六十五％，同時**改善**一般美國人的生活，如果所得分配更公平且投資於公共財的話。

當然，我們可能認為富國的超額所得和消費有部分產生生活品質上的改善，但沒有反映在平均壽命和教育數據上。快樂和幸福感之類的事情怎麼說？當GDP成長，這些比較主觀的指標肯定也會一起上升吧？這似乎是合理的假設，畢竟，美國夢承諾所得和消費是通往幸福的入場券。但十分奇怪，當我們觀察整體快樂和幸福感時，卻發現甚至連這些指標跟GDP的關係都很薄弱。這個頗令人困惑的結果叫做伊斯特林悖論（Easterlin Paradox），以最早提出它的經濟學家命名。

在美國，快樂度在一九五〇年代達到最高點，當時人均GDP只有一萬五千美元（以今天的幣值計算）。此後美國人的平均實質收入漲了四倍，但快樂度持平，在過去半個世紀甚至下滑。同樣情形出現在英國，快樂度自一九五〇年代以來已下滑，儘管所得漲了三倍。[14]類似趨勢一國接一國地上演。

如何解釋這個弔詭現象？研究者再度發現，所得本身不重要，重要的是所得如何分配。[15]所得分配不均的社會傾向於比較不快樂。原因有幾個，分配不均產生不公平感，它侵蝕社會信任、凝聚力和團結，也連結到較差的健康、較高的犯罪率和較低的社會流動性。生活在不平等社會的人傾向於比較沮喪、焦慮、缺乏安全感，而且對人生不滿、罹患憂鬱症和成癮症的比例較高。

不難想像這個情形如何在現實生活中發生。如果你獲得加薪，一定會更快樂。但是當你發現同事的加薪幅度是你的兩倍，會發生什麼事？突然間，你一點也不快樂，你沮喪，感覺被輕視。你對老闆的信任感驟降，你和同事的團結感瓦解。

類似情形也發生在消費上，不平等使人感覺自己擁有的東西不足。我們不斷地渴望更多，不是因為我們需要，而是因為想跟別人攀比。朋友和鄰居擁有的東西愈多，我們愈覺得需要向他們看齊，只為了感覺自己也不差。這方面的數據很清楚：生活在高度不平等社會的人，相較於生活在更平等社會的人，更可能購買奢侈品。[16]我們不斷地購買更多東西，為了讓自我感覺更好，但它從來無效，因為我們衡量美好生活的標竿不斷被富人（近年來也被社交媒體網紅）抬到我們搆不到的高度。我們發現自己在非必要過度消費的跑步機上精疲力竭地原地踏步。

既然不是收入，那究竟什麼才能**真正**提升幸福感？二〇一四年，政治學者亞當・奧庫里奇－科扎林（Adam Okulicz-Kozaryn）檢查所有與這個問題相關的現存資料。他發現一個特別現象：排除了其他因素，福利制度健全的國家有最高程度的幸福感，福利制度愈慷慨和普及，人人愈快樂。[17]這表示提供全民醫療保健、失業保險、年金、有薪假期和病假、負擔得起的住宅、日托和適當最低工資之類的社會福利。當人民生活在一個公平、關懷的社會，人人享有平等使用社會財的權利，不必花時間擔心如何滿足基本生活需求，他們就能夠享受生活的藝術。當他們不覺得自己在和鄰居不斷競爭，反而能夠建立社會團結。

這解釋了為什麼這麼多國家的幸福度高於美國，儘管人均GDP顯著低於美國。這些國家名單很長，包括德國、奧地利、瑞典、荷蘭、澳大利亞、芬蘭、加拿大和丹麥，典型的社會民主國家。但也包括哥斯大黎加，該國的幸福指標和美國相等，但所得只有美國的五分之一。[18]在所有這些例子，它們的成功都歸因於強健的社會福利。

關於快樂的數據引人注目。但有些研究者指出，我們不應該滿足於只關注快樂，應該看人民的**意義感**，那是一個更深刻的心理狀態，存在於日常情緒波動底下。談到意義，真正重要的事情甚至和GDP更無關。當人們有機會表達同情、合作、社群意識和人際連結，他們感覺自己的生命有意義，心理學家稱之為「內在價值」。這些價值不必和你有多少錢，或你的房子多大之類的外在指標有關，它們比那些東西深刻多了。內在價值比我們可能從收入增加或物質消費得到的短暫興奮強烈得多，而且更持久。[19]人類為了分享、合作和群體而演化。我們在允許我們表達這些價值的環境中蓬勃發展，在壓制它們的環境中受苦受難。

意義對於人民的生活有真正、實質的影響。二〇一二年，一組來自史丹佛大學醫學院的研究員造訪哥斯大黎加的尼科亞半島，試圖瞭解從該區傳出的一些令人著迷的數據。我們知道哥斯大黎加人長壽，平均八十歲左右。但研究員注意到尼科亞人更長壽，平均壽命高達八十五歲，是世界最高者之一。說來奇怪，因為尼科亞是哥斯大黎加最窮的地區之一，就金錢而言，它是一個自給自足的經濟體，人們過著傳統農業生活方式。那如何解釋這些結果呢？哥斯大黎加有傑出的公醫制度，所以醫療貢獻了一大塊。但研究員發現尼科亞人的額外長壽還有其他原因。不是飲食，不是基因，而是某個完全意想不到的因素：社區。年紀最大的尼科亞人個個和家人、朋友及鄰居有深厚關係，即使到了老年，他們仍感覺與社區連結。他們感覺被重視。事實上，最窮的家戶有最長的平均壽命，因為他們多半住在一起，互相依賴彼此照顧。[20]

想想看，住在哥斯大黎加偏鄉過著自給自足生活方式的人，居然比住在地球上最富裕經濟體的人享有更長壽、更健康的人生。北美和歐洲也許有高速公路和摩天大樓和購物中心，有豪宅和汽車和富麗堂皇的機構，擁有一切「發達」的標記。但談到人類進步的核心量度，這些標記沒有一樣給予它們一絲超越尼科亞漁民和農人的優勢。數據不斷累積，我們一而再、再而三看到，超額GDP是最富裕國家的特徵，但它沒有替這些國家贏得任何真正重要的東西。

繁榮不需要成長

這一切構成極好的消息。它代表中上所得和高所得國家不需要成長，就能夠提供欣欣向榮的生活給每一個人，在人類發展上達到真正的進步。我們完全知道怎麼做：縮小貧富差距，投資全民公共財，更公平分配所得和機會。

這個取徑令人興奮的是，它也對生命世界有直接正向影響。當社會變成更平等主義，人民毋需用力去追求愈來愈高的收入和更奢華的炫耀性商品，人民將從永遠不停追趕的消費主義解放出來。以丹麥為例，消費者研究顯示，由於丹麥較大部分其他高所得國家平等，丹麥人比那些國家的人少買衣服，而且穿得更久，廠商花較少錢做廣告，因為人們對不必要的奢侈採購實在沒興趣。[21]這是為什麼校正其他因素後，更平等主義的社會有較低的人均碳排水準的原因之一。[22]

但縮小貧富差距也以更直接的方式降低生態衝擊。富人的生態足跡遠高於其他每個人。自一九九〇年起，世界人口中最富有的十%人造成一半以上的世界總碳排量。換言之，全球氣候危機大部分是全球富人促成的；所得愈高，問題愈嚴重。最有錢的一%人排放量比世界人口中最窮的一半人多一百倍。[23]為什麼？不僅因為他們比其他人消費更多東西，也因為他們消費的東西更能源密集，包括豪宅、名車、私人飛機、頻繁飛行、長途度假、奢侈的進口貨等等。[24]而且，如果富人的錢多到花不完，幾乎毫無例外，則他們將多餘的錢投資於擴張性產業，這些產業通常具有生態破壞性。

這導出一個簡單但激進的結論：任何減少極富階級所得的政策，肯定都對生態有利。而且，由於富人的過多所得沒有帶給他們任何福利，實施這個政策不會對社會成果造成任何損失。研究這個議題的人普遍持此立場。法國經濟學家湯瑪斯．皮凱提（Thomas Piketty）是研究貧富不均的世界權威之一，他毫不含糊地表示：「因此劇烈減少最有錢之人的購買力，具有對全球層次減碳的重大影響力。」[25]

投資公共服務也可獲得生態利益。公共服務的資源密集度幾乎總是低於同性質的民營服務。例如，英國的國家健保局排放的CO_2只有美國醫療系統的三分之一，而且過程中提供更好的健康結果。就能源和物料兩者的密集度而言，大眾交通工具比私人汽車低。自來水比瓶裝水低。公園、公共游泳池和公共休閒設施，比人人買更大的院子、私人游泳池和個人健身器材低，而且公共設施更好玩。如果你拜訪芬蘭，你會發現整個社會在公共桑拿的歡樂中茁壯成長，這項全民消遣活動扮演重要角色，使芬蘭成為全世界最快樂的國家之一。[26]

分享公共財也減少人民需要個人收入的壓力。以美國為例，美國人在巨大壓力下的工作時間愈來愈長，追逐愈來愈高的收入，因為取得醫療和教育之類基本商品的費用不僅貴得離譜，而且不斷漲價。適當的醫療保險可以貴到買不起，自付額和共付額往往高到足以讓人背一輩子的債。自二〇〇〇年以來，醫療保險費已漲了將近四倍。[27]至於教育，有兩名子女的家庭可以預期，僅僅讓孩子讀完大學就要花五十萬美元，比一九八〇年代多了幾乎五百%。[28]這些價格與醫療和教育的「實質」成本無關，它們是一個圍繞著利潤組織起來的系統的人工製品。

想想看，倘若美國能轉型到公共醫療和教育制度，人民只要負擔一小部分成本，就可以享用美好生活所需的公共財。突然間，他們的壓力能大為減輕，不必僅僅為了勉強維持生活再追逐高收入。

◆◆◆

這引出一個重要觀點。談到人類福祉，收入本身不重要，重要的是收入能買到什麼。就取得美好生活所需的東西而言，重要的是收入的「福利購買力」。在美國，靠三萬美元年薪維持一個家戶是很吃力的事。你別想送你的孩子去念一所好大學。但在芬蘭，那個全民享有公共醫療和教育及租金管制的國家，同樣的收入會感覺很寬裕。藉由擴大人民使用公共服務及其他公共財的權利，我們可以改善個人所得的福利購買力，不需要任何額外成長，就能讓人人享受欣欣向榮的生活。公平是緩解成長義務的辦法，也是解決氣候危機的關鍵。

這代表徹底反轉主宰過去四十年的新自由主義政策。過去由於不顧一切追求成長，政府已民營化公共服務，大砍社會支出，降低工資和勞工保護，替最有錢的人減稅，巨幅拉大貧富差距。在氣候崩壞的時代，我們需要反其道而行。

證據確鑿，我們不需要更多成長就能達到社會目標。但成長主義敘事仍舊歷久不衰，為什麼？因為成長符合我們社會中最有錢和最有權勢集團的利益。舉例來說，美國的實質人均

GDP自一九七〇年代以來已增加一倍。你可能以為這麼傑出的成長一定帶來人類生活的明確改善，但實際結果相反。相較於四十年前，今日貧窮人口比例更高，實質薪資更低。[29]經歷半世紀的成長，國家反而在這些核心指標上**倒退**，成長的好處幾乎全給了已經富有的人。最有錢一％人的年收入在這段時期漲了三倍多，暴增到平均每人一百四十萬美元。[30]

當這類數據攤在檯面上，真相就大白了，原來成長主義不只是意識形態，它是一個以我們集體未來為代價，圖利少數人的意識形態。人人被迫腳踩油門加速成長，對地球造成致命的後果，只為了讓有錢的菁英更有錢。從人類生命的觀點來看，這是明顯的不公不義。確實，我們知道這個問題已有一段時間了。但從生態觀點來看，它甚至更糟，更為瘋狂。

正義在南方

富國不需要成長就能改善人民生活。但窮國呢？以菲律賓為例，這些西太平洋島嶼在幾個主要社會指標上不及格，包括平均壽命、衛生、營養和所得，但它們的土地、水、能源、物料等等的使用量，也維持在安全地球界限之內。[31]如果這麼做才能滿足人民需求的話，沒有理由菲律賓不應增加這些資源的使用。同樣道理適用於南方世界大部分國家。

這方面有好消息。我和同仁分析了一百五十多個國家的數據，結果顯示南方國家有可能在每一項人類發展指標（包括平均壽命、健康、衛生、所得、教育、電力、就業和民主）上獲致強勁結果，同時維持在地球界限之內或接近之處。前面談過的哥斯大黎加再度提供一個絕佳例子，說明這個發展模式像什麼模樣，[32]不過它要求完全不同的思考發展方法。它不是一味追求成長，為成長而成長，並期待成長會神奇地改善人民生活，而是聚焦在改善人民生活的首要目標，如果達到這個目標需要或包含經濟成長，那就成長吧！換言之，以人類和生態需求為中心組織經濟，而非以成長為中心。

這個發展取徑在南方世界有漫長歷史。反殖民運動領導者提倡它，包括印度聖雄甘地、剛果民主共和國締造者盧蒙巴、智利總統阿葉德、坦尚尼亞總統尼雷爾、布吉納法索總統桑卡拉及幾十位其他人物，他們堅持以人為本的經濟制度，強調公平正義、人民福祉和自給自足的原則。但那個時代最簡明扼要地闡述這些理念的人莫過於法蘭茲・法農（Frantz Fanon），這位來自法屬馬丁尼克島的革命知識份子在一九六〇年代寫下這些話，我認為至今仍引起共鳴：

> 來吧，同志們，歐洲遊戲終於結束了，我們必須尋找不同的路徑。我們現在可以做任何

事，只要不是模仿歐洲，只要不是被追上歐洲的欲望迷住心竅。歐洲現在過著瘋狂、魯莽的生活步調，她已甩掉一切指引和一切理性，正一頭栽進無底深淵，我們愈快避開那個深淵愈好。如今第三世界如一個龐然大物面對歐洲，其目標應該是試圖解決歐洲至今無法解決的問題。但讓我們搞清楚：重要的是停止討論產出、強化和工作節奏。不，我們不想追上任何人。我們想做的是前進，時時刻刻，日日夜夜，在人的陪伴下，在所有人的陪伴下不斷進步。因此，同志們，我們不要向歐洲致敬，不要建立以歐洲為師的國家、制度和社會。人性期待於我們不是這種模仿，是其他東西。[33]

法農在這裡呼籲的是一種去殖民化，我們應該去殖民化虛幻的經濟發展，容許不同的繁榮途徑。[34]這在實際上是什麼模樣？它代表，追隨哥斯大黎加、斯里蘭卡、古巴和喀拉拉邦的例子，投資於強健的社會政策，確保全民享有醫療保健、教育、水、居住、社會安全。它代表土地改革，使小農可以取得蓬勃發展所需的資源。它代表利用關稅和補貼去保護和鼓勵本土產業。它代表充足的工資、勞動法和進步的國民所得分配。它代表圍繞著再生能源和生態復育，而非化石燃料和開採主義，建立經濟體。

切記許多這些政策在後殖民時期，從一九五〇至一九七〇年代，曾廣泛實施於南方世界，直到一九八〇年代起被結構調整計畫廢除。有幾個國家逃過這個命運。哥斯大黎加是其中之一。南韓和台灣也是（雖然它們的生態政策未達標）。它們持續追求比較進步取向的經濟政策，持續投資於公共服務，結果今天它們享受高水準的人類發展。它們矗立如燈塔，指引如果不曾被外力干擾的話，南方世界可以有的成就。

因此，南方需要的是免於結構調整，換言之，免於外國債權人的控制，使政府能夠追求進步的經濟政策，我們知道哪些政策對於促進人類發展非常有效。這又引出一個重要觀點：談到南方的進步，它不只與國內政策有關，還牽涉全球正義。

◆◆◆

當人們想到全球的窮人時，他們常想像那些人生活在落後閉塞的國家，與世界經濟隔絕，未受全球化影響，和富國人民的生活毫無連結。但這個印象完全錯誤。窮人深深整合於全球資本循環中，他們在血汗工廠裡替跨國公司如Nike和Primark工作。他們冒著生命危險挖稀土礦，那是我們的智慧型手機和電腦所需的原料。他們採茶葉摘咖啡豆砍甘蔗，那是大多數人每天喝的飲料。他們撿莓果割香蕉，那是歐洲人和北美洲人每天早餐吃的食物。

誰從全球 GDP 成長獲利？（一九八〇至二〇一六年的年所得變化）

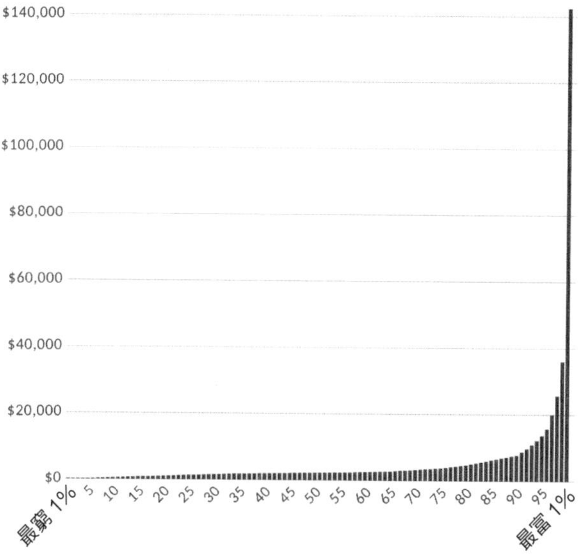

這張圖顯示每個百分位數內的個人所得平均增幅。
資料來源：World Inequality Database（以二〇一七年美元幣值計算）
數據管理：Huzaifa Zoomkawala

在許多例子中，從他們的土地開採的石油、煤和天然氣給全球經濟提供動力——或至少曾經是他們的土地——直到被奪走。總而言之，投入全球經濟的勞力和資源絕大部分是他們貢獻的。[35]

但他們獲得的報酬是名副其實的銅板。全世界最窮的六十％人只賺全球總所得的五％。[36]從一九八〇年算起，在過去四十年期間，他們的每日所得平均一年增加三分錢。[37]忘記「涓滴」（trickle-down）經濟學吧，這個數目連水蒸氣都談不上。

相反的，富人的經歷大不同。從一九八〇年起的四十年期間，所有來自全球經濟成長的新所得，至少有四十六%給了最富有的五%人。最富有的一%人每年奪取十九兆美元所得，占全球GDP幾乎四分之一。[38]他們的收入加起來超過一百六十九個國家的GDP總和，這一百六十九個國家包括挪威、瑞典、瑞士、阿根廷、所有中東地區和整個非洲大陸。富人在全球經濟產生的所得中占了幾乎難以想像的份額，而這些收入是從窮人的土地和身體榨取來的。

比較一下就知道這些金額多重要：將全世界每一個人的收入提高到每天七．四美元的貧窮線之上，並提供南方世界每人相當於哥斯大黎加標準的全民公費醫療服務，大約需要十兆美元。[39]表面上，這是一筆大數目。但注意它只是最富有一%人年收入的一半。換言之，如果我們從全球最富一%人的超額年收入拿走十兆美元，分給全球窮人，我們可以一舉消滅貧窮，並延長南方世界的平均壽命到八十歲，消除全球健康差距。最有錢的一%人還剩下二十五萬美元以上的家戶平均年所得，超過任何人的合理需求，比英國中位數家戶所得高了幾乎八倍。而且那只是收入，我們甚至還沒提到財富呢。最富一%人的累積財富值一百五十八兆美元，幾乎等於世界財富總值的一半。[40]

這種貧富差距絕非自然形成。它存在，是因為強國和公司系統性地剝削窮國人民和資源。我們可以從實證資料清楚看到這一點。目前每一年從南方世界流到北方世界的資源和金錢，多過於從北方流到南方。這聽起來可能覺得奇怪，因為我們耳熟能詳的說法總是強調富國給予窮國種種援助，合計一年達到一千三百億美元。但那些流入南方的援助，甚至另有私人投資一年五千億美元，仍然遠遠低於從南方流到北方的金額。那是窮國到富國的**淨流出**。

一旦我們掌握了這些事實，便能明白南方的發展不需要全球合計成長，它需要的是終止開採和剝削模式，以及改變經濟規則，使之從根本上對這個世界的大多數人更公平。我在上一本書《鴻溝》（*The Divide*）中已探討可能的解決方法，在這裡就不重複了，只提供幾個簡短例子。

以勞工為例，我們知道北方世界的成長大部分依賴南方工人的勞力。但研究者估計，在南方出口產業工作的人每年因薪酬過低損失約二．八兆美元，因為他們缺乏國際貿易談判力量。[41]一個直截了當解決這個問題的辦法是實施全球最低工資。它可以交由聯合國的國際勞工組織管理，可以固定在各國中位數所得的一個百分比，或按當地維持家戶標準生活所需的起碼收入設定。

此外還有非法金流。目前每年約有一兆美元從南方國家盜取，存在離岸保密管轄區，大部分是跨國公司為了逃稅幹的。[42] 例如，公司可能在瓜地馬拉或南非賺了錢，但把錢移轉到盧森堡或英屬維京群島之類的避稅天堂。這使得南方國家稅收嚴重不足，無法投資於公共服務。但這不是一個棘手問題，只要立法規範跨境交易和公司會計，就可以關閉避稅系統。

另一個問題是，治理全球經濟的國際機構非常反民主，而且嚴重偏袒富國。在世界銀行和國際貨幣基金上，美國對所有主要決策擁有否決權，而且高所得國家控制過半數票。在世界貿易組織（WTO），談判力量主要取決於GDP，所以在殖民時期發大財的國家可以決定國際貿易規則。民主化這些機構可確保南方國家對於影響它們的決策有真正的發言權，並對它們自己的經濟政策有更大的控制權。聯合國估計，如果WTO制定更公平的貿易規則，可以讓窮國每年多賺一．五兆美元以上的出口收益。[43]

其他很多干預也值得考慮。我們可以免除可憎的債務，使窮國有能力投資於公共醫療和教育，而不是把錢全花在支付外國銀行利息；我們可以禁止大企業搶地，把土地分配給小農；我們可以改革補貼制度，使高所得國家不再享有不公平的農業優勢。這類變革允許南方人民從全球經濟獲得比較公平的所得比例，並取得美好生活所需的資源。

掙脫意識形態

一旦瞭解國內和全球貧富差距的規模，再將GDP成長描述成代表人類進步就開始顯得有點立場偏頗，也許甚至有點意識形態。我指的意識形態是嚴格地按字面解釋：一套由統治階級推動的理念，替統治階級的實質利益服務，並被其他所有人內化到一個程度，以致他們願意接受一個原本可能認為不公而拒絕的制度。義大利哲學家安東尼歐·葛蘭西（Antonio Gramsci）稱之為「文化霸權」：當一個意識形態變成如此正常化，就很難或甚至不可能反省它。

這個世界的菁英們非常清楚實際狀況，以為他們不知道就太傻了。他們知道所得分配的數據，他們靠那個數據過日子，一輩子在想方設法增加他們在國家和全球所得的占比。他們呼籲更多成長，歸根究柢是為了加速積累機制，推定成長與人類進步有關只是個藉口。當然，他們希望成長最終會改善窮人的收入，如此才能撫平社會衝突。畢竟，如果窮人的收入也提高了，菁英的財富積累在政治上更可接受。但在生態危機時代，這個策略不可能持續。有些事情必須讓步。

成長主義的問題是，幾十年來它將我們的注意力從困難的分配政治轉移開來。我們將我們的政治動能割讓給懶惰的成長演算，割讓給成長自動對人人有利的觀念。氣候緊急狀態改變了這件事，強迫我們正視全球經濟不平等的殘酷現實，強迫我們進入政治論戰區。我們需要**合計**成長來改善人民生活的觀念不再具有任何意義。我們需要能夠指定為誰成長，為什麼目的成長。我們必須學會問：錢去了哪裡？誰從中獲利？在生態崩壞的時代，我們真的滿足於接受一個把將近四分之一的總產出送進百萬富翁口袋的經濟制度嗎？

美國聯邦儲備理事會前理事亨利．華利奇（Henry Wallich）曾著名地指出：「成長是所得平等的替代品。」他說得沒錯，在政治上，加速GDP成長並期望其中一些滲漏到窮人比更公平分配既有所得容易。但我們可以把華利奇的邏輯反過來：如果成長是平等的替代品，那麼平等也可以代替成長。[44]我們生活在一個豐饒的星球，如果能夠找到方法更公平分享我們已經擁有的，就不需要從地球掠奪更多。公平是成長的解毒劑。

那些堅持合計成長是改善人民生活的必要條件的人，強迫我們接受可怕的雙重束縛。我們被迫在人類福祉或生態穩定之間抉擇，沒有人願意面對這個不可能的選擇。但是當我們瞭解不平等的作用時，突然間，選擇變得容易多了，它變成一邊是生活在一個更平等的社會，另一邊是冒著生態浩劫的風險。大多數人不難在兩者之間做選擇。當然，達到這一點不容易。它需要極力對抗那些從現狀獲得暴利的人。想必這就是為什麼有些人如此渴望我們避免這個行動路線，他們寧可犧牲地球，只為了維持既有的全球所得分配模式。

創新有用嗎？

除此之外，我們還需要跟另一個強勢論述搏鬥。這個論點堅持成長是必要的，不僅為了**人類**進步，也為了**科技**進步。更要緊的，成長是唯一能動員財政資源進行能源轉型的途徑，也是唯一能獲得必要的創新使我們的經濟更有效率的方法。

無庸置疑，我們需要創新來解決氣候危機。我們需要更好的太陽能板，更好的風力發電機，更好的電池，我們需要想出如何拆除全球化石燃料基礎設施，用再生能源取而代之的辦法。那是一大挑戰，但好消息是，我們不需要成長來做這件事。

首先，沒有證據支持合計成長是達到這些目標必要條件的假設。增長整個GDP，僅盲目地希望它最後會神奇地投資於太陽能板工廠，實在毫無道理。如果同盟國在二戰期間用這個方法處理坦克和飛機需求，今天統治歐洲的恐怕是納粹。這種動員需要政府政策去引導和指揮既有的財政資源。世界各地絕大部分主要、協作式的基建計畫，包括衛生系統、公路系統、鐵路網、公醫系統、全國電網、郵政服務，都是由政府政策引導，靠公共資源挹注資金。這些不是市場力量自動自發的結果，遑論抽象的成長。這類計畫需要政府投資。一旦意識到這一點，就會明白我們只要將既有的公共資源從譬如化石燃料補貼（目前高達五・二兆美元，占全球GDP的六・五%）和軍事支出（一・八兆美元），轉移到太陽能板、電池和風力發電機，就可以相當容易地將資金供給能源轉型。[45]

政府政策也可以用來引導**民間**投資。我們知道，當政府開始投資特定部門，其他渴望利用獎勵措施或提供必要的上游供應的投資者會「蜂擁而入」。[46]除此之外，還可以透過簡單的法規，要求大公司和富有的個人拿出他們收入的一個百分比（比如說五%）購買專為特定計畫，譬如快速推出再生能源，籌措經費而發行的債券。這類措施曾被政府多次使用，譬如在美國新政時期，以及南方國家的發展主義時期，沒有理由不能重施故技。

至於創新流程本身，莫忘許多最重要的現代創新，包括我們每天使用的真正改變生命的科技，都不是靠成長導向的公司出資，反而是由公家出資。從輸水管到互聯網，從疫苗到晶片，甚至構成智慧型手機的科技，統統來自公部門贊助的研究。我們不需要合計成長來提供創新。如果目標是獲得特定性質的創新，則更合理的做法是直接投資於那些創新，或用針對性的政策措施來獎勵投資，而非不分青紅皂白地增長整個經濟體，期望它會提供我們想要的創新。為了讓火車更有效率，去增長塑膠業、伐木業和廣告業，真的合理嗎？為了獲得乾淨的東西去增加骯髒的東西，真的合理嗎？我們必須更聰明地思考。

主流信念堅持成長的必要性，卻一再證明缺乏正當性。那些要求繼續成長，不惜犧牲生態穩定的人，是準備冒一切險，真正的一切，只為了某個我們其實不需要的東西。

我們需要新的進步指標——但還不夠

一九三〇年代，當西門．庫茲涅茨向美國國會介紹GDP時，他謹慎地警告，這個測度永遠不應該當作衡量經濟進步的正常標準。聚焦在GDP會誘導太多破壞。「一個國家的福利鮮少能從一個計算國民所得的方法來推斷。」庫茲涅茨說。「追求更多成長的目標應該指定成長什麼和為什麼。」一個世代後，到了一九六八年，美國政治人物羅伯．甘迺迪（Robert Kenney）在堪薩斯大學演講，傳達同樣的訊息：「GDP既不衡量我們的機智也不衡量我們的勇氣，既不衡量我們的智慧也不衡量我們的學識，既不衡量我們的惻隱之心也不衡量我們對國家的忠誠……簡言之，它衡量一切，除了讓生命有價值的東西。」

然而，在庫茲涅茨向國會報告後將近一個世紀，甘迺迪演講後半個世紀，GDP仍然是世界各國衡量進步的首要標準。庫茲涅茨幾乎意外地打開潘朵拉的盒子，之後無人能夠關上它。

但形勢開始轉變，甚至在一些世界最權威的經濟學家當中，成長主義開始失去它的意識形態掌控力。二〇〇八年法國政府成立一個高階委員會，用除了GDP以外的方法去界定成功。同一年，OECD和歐盟發起「超越GDP」（Beyond GDP）運動。諾貝爾獎得主約瑟夫．史迪格里茲（Joseph Stiglitz）和阿馬蒂亞．森（Amartya Sen）為這項努力發表一篇報告，標題為〈誤測我們的生活：為什麼GDP不合理〉。在報告中，他們呼應庫茲涅茨的懇求，表示過度依賴GDP使我們看不見社會和生態的健康狀況。OECD在報告後面推出一個新的測度，叫做美好生活指數（Better Life Index），包含居住、工作、教育、健康和快樂之類的福利指標。

目前其他各種測度正快速增加，包括永續經濟福祉指數（Index of Sustainable Economic Welfare）和真實進步指標（Genuine Progress Indicator），兩者的目的都是校正GDP的社會和生態成本。這個新思維也開始慢慢滲入政策。二〇一九年，紐西蘭總理潔辛達．阿爾登（Jacinda Ardern）因承諾放棄GDP成長，改以幸福為施政目標，登上媒體頭條。高人氣的蘇格蘭首席部長妮古拉．史特金（Nicola Sturgeon）迅速跟進，連同冰島總理卡特琳．雅各斯多提爾（Katrín Jakobsdóttir）。每一次宣布，社交媒體就歡聲雷動，事蹟被瘋傳（三位領導人都是女性的事實當然未被忽略）。人們顯然已準備迎接不同的觀念。

突然間，它蔚為風潮。不只發生在富國，世界各地的非政府組織（NGO）現在都在談「幸福經濟」的重要性。不丹、哥斯大黎加、厄瓜多爾和玻利維亞等國已採取措施朝這個方向邁進。二〇一三年中國主席習近平宣布，中國不再用GDP做為國家發展的主要測度，反轉行之多年的政策。

◆◆◆

採取更整體的衡量進步方法，是邁向正確方向極為重要的第一步。如果政治人物聚焦在極大化GPI之類的測度，如果他們的功過也據此判斷，他們就會有誘因去提升社會之善，同時遏止生態之惡。但不一定要用GPI，可以是任何被提議的另類指標。我們一掙脫GDP暴政，就能立刻展開有關我們真正重視什麼的公開討論。這是終極民主行動，但成長主義對我們的意識形態封鎖至今，仍有效阻止我們這麼做。

在此同時，我們需要正視這個取徑的局限性。雖然使用更好的指標可能減輕一些成長的政治壓力，但它本身阻止不了無敵破壞王的崛起。物料和能源使用增加，不是只因為政治人物和經濟學家追求GDP成長。它增加，因為資本主義是圍繞不斷擴張的需求而組織。我們可能選擇衡量幸福，但如果產業活動一如既往在幕後繼續擴張，我們最後仍會陷入生態困境。這個情形有點像你試圖改善身體健康。如果你從記錄血壓，改成記錄每週在酒吧搶答比賽的成績，或是每天大笑幾次，根據那些指標，你的生活很可能改善了，但身體可能仍舊不健康。

此處有一個需要掌握的重點：GDP不是一個**任意**衡量經濟績效的測度。它不是某種錯誤，比如會計方面的錯誤，只要校正就行了，它是特別設計來衡量資本主義的福利。它外部化社會和生態成本，因為資本主義外部化社會和生態成本。若以為只要政策制定者停止衡量GDP，資本就會自動停止不斷追求愈來愈多的報酬，我們的經濟就會變得更永續發展，那就太天真了。那些呼籲改採幸福指標是唯一解決之道的人，往往沒抓到重點。如果希望我們的社會擺脫成長義務的桎梏，我們必須想得更聰明。

第五章／

通往後資本主義世界之路

我們不能靠遵守規則拯救世界。因為規則必須改變。

——格蕾塔．桑伯格

一旦瞭解不成長也能繁榮，我們的視野突然開闊起來，變成可能想像一個不同類型的經濟，容許我們更理性地思考如何因應氣候緊急狀態。這個情形有點像哥白尼革命。早期的天文學家起初假設地球位於宇宙中央，但這引起沒完沒了的一堆麻煩，因為它表示其他星球的運行完全不合理。它產生了不可能解答的數學問題。當天文學家終於接受地球和其他星球繞著太陽運轉，突然間，所有數學都變得**更容易**了。當我們把成長從經濟體的中央拿走，同樣情形發生了，生態危機突然變得更容易解決了。

且從我們面對的最急迫的挑戰說起。IPCC指出，如果我們希望暖化維持在攝氏一．五度（或甚至攝氏二度）以下，而不依賴推測性的負碳排技術，則需減少全球能源使用量。為什麼？因為我們使用愈少能源，愈容易達到再生能源的快速轉型。當然，低所得國家仍需增加能源使用才能滿足人類需求，所以在這個議題上我們需要關注的是高所得國家，這些國家的消耗量遠超過它們的需求。

這不只涉及個人行為改變，譬如離開房間時隨手關燈。當然，這類事情很重要（顯然我們也需要改用LED燈泡、加強住宅隔熱效能等等），但我們終究需要改變經濟運作方式。想想經濟體每年總共生產多少東西，過程中需要多少能源來開採、製造和運輸。從地球採掘原料，再由工廠把原料變成成品，在在需要能源。包裝那些產品，用卡車和火車和飛機運送到世界各地，蓋倉庫儲存，開零售店銷售那些產品，當產品被扔進垃圾桶時處理所有的廢棄物，這一切都需要能源。資本主義是一具巨大的吸能源機。[1] 為了減少能源使用，我們必須減緩一切。減緩開採、生產和浪費的瘋狂速度，放慢生活的瘋狂步調。

這就是我們說「棄成長」的意思。再重複一遍，棄成長**不是**減少GDP，是減少經濟體的物料和能源吞吐量，使之恢復與生命世界平衡狀態，同時更公平地分配所得和資源，將民眾從不必要的工作解放出來，並投資於人們蓬勃發展所需的公共財。這是邁向更生態永續文明的第一步。當然，這樣做可能代表GDP成長較慢或停止成長，甚至下滑。即使如此也可以，因為GDP無關緊要。在正常情況下，這可能造成經濟衰退，但經濟衰退是一個依賴成長的經濟體停止成長時出現的狀況，它是災難。棄成長截然不同。它是轉移到一個完全不同類型的經濟制度，一個打從一開始就不需要成長的經濟制度；一個圍繞著人類繁榮和生態穩定組織起來的經濟體，而非圍繞著資本的不斷積累。

緊急煞車

我們在第二章看到，高所得國家平均每人每年消耗二十八噸物料。我們需要把這個數目降到可支撐的水準。[2]聚焦在物料的高明之處是，它會帶來各式各樣的強大利益，減緩物料使用代表減輕生態系統的壓力。它代表較少濫伐森林，較少棲息地破壞，較少生物多樣性崩解。而且它代表我們的經濟體將使用較少能源，使我們能夠更快轉型到再生能源。它也代表我們需要較少太陽能板和風力發電機和電池，這又代表減輕這些東西的原物料產地（大部分在南方世界）的壓力，以及生活在那裡的社區的壓力。

換言之，棄成長——減少物料和能源使用——是一個與生態緊密結合，解決多面向危機的辦法。好消息是我們能夠做這件事而不會對人類福祉造成任何負面影響。事實上，我們可以在做此事的同時**改善**人民的生活。[3]這怎麼可能？關鍵是記住資本主義是一個圍繞著交換價值，而非使用價值組織起來的制度。絕大部分商品的生產是為了積聚利潤，而非滿足人類需求。事實上，在一個成長導向的系統，目標通常是**避免**滿足人類需求，甚至是讓需求永遠不滿足。一旦瞭解這一點，就會清楚看到很大部分的經濟活動是積極和刻意的浪費，對任何可辨認的人類目的毫無貢獻。

步驟一．終止計畫性報廢

這個傾向最清楚表現在計畫性報廢（planned obsolescence）的慣常做法上。公司極度渴望增加銷售，刻意把產品做成經過一段相對短的時期就會壞掉並需要更換。這個做法最早發展於一九二〇年代，當時以美國奇異公司為首的燈泡製造商成立同業公會，密謀縮短鎢絲燈泡的壽命，從平均約兩千五百小時降至一千小時，甚至更短。[4]它有立竿見影之效。營收竄升，利潤暴漲。這個點子迅速蔓延到其他產業，今日，計畫性報廢是資本主義生產模式的普遍特色。

以家用電器為例，譬如電冰箱、洗衣機、洗碗機和微波爐。製造商承認這些產品的平均壽命已跌到七年以下。[5]但是當這些產品「死亡」，死因不是整個系統失靈，而是某個小電子部件故障，這些部件很容易設計成可以多活很多年，增加成本極為有限。但修理這些部件的費用通常貴得令人卻步，只比更換整台機器便宜一點點。確實，在很多例子中，家電設計導致整個電器維修行業沒頭路，消費者則被迫每隔幾年就莫名其妙扔掉一大堆完好無缺的金屬和塑膠。

我們每天使用的3C產品也一樣。任何曾經擁有過蘋果產品的人都對此知之甚詳。蘋果公司的成長策略似乎依賴三合一戰術：產品使用幾年後，速度變慢，慢到毫無用處，要嘛不可能修理，要嘛貴到令人卻步，廣告攻勢則設計來說服用戶他們的產品已經要淘汰了。當然，蘋果不是唯一例子。科技公司在二〇一〇到二〇一九年之間總共賣出一百三十億支智慧型手機，其中只有大約三十億支至今仍在使用。[6]這表示過去十年有一百億支手機被扔掉。加上桌上型、筆記型和平板電腦，我們談的是堆積如山的非必要電子垃圾，大部分是計畫性報廢製造的。每年有一億五千萬台拋棄的電腦運往奈及利亞之類的國家，堆在一望無際的露天垃圾場，滲漏汞、砷及其他有毒物質到地下。[7]

耐久、可升級的設備不是不可能存在，它確實可能，但這種產品的開發被壓抑，因為不利於成長。最大的科技公司被我們捧為最偉大的創新者，卻扼殺我們需要的創新，因為它**違反成長義務**。而且不只家電和手機，所有產品皆如此。絲襪被設計成穿幾次就破，電子設備有新的連接埠，使舊的傳輸器和充電器無用武之地，人人有這類計畫性報廢的荒謬故事。**IKEA** 成為數十億美元的帝國，主要靠發明實際上用完即可丟棄的家具。整片斯堪地那維亞森林被砍成替垃圾場設計的廉價桌子和置物架。

這是一個弔詭現象。我們喜歡想像資本主義是一個基於理性效率的制度，但實際上它恰恰相反。計畫性報廢是一種形式的刻意**無效率**。就極大化利潤而言，無效率（詭異地）合乎理性，但從人類需求的觀點以及生態的觀點來看，它是瘋狂，瘋狂在於它浪費的資源，在於不必要消耗的能源。從人類勞動力的角度來看它也是瘋狂，當你思及投入生產手機和洗衣機和家具的幾百萬個小時，僅是為了填補計畫性報廢刻意創造的空白。就像把生態系統和人類生命鏟進需求的無底洞，而且這個洞永遠也填不滿。

在真正理性和效率的經濟體中，像蘋果這樣的公司會創新來生產耐久、模組化的設備

（例如公平手機〔Fairphone〕），並減少新產品的銷售，盡可能維護和升級現有存貨。但在資本主義經濟體，這不是一個選項。有些人可能想責怪個人買了太多手機或洗衣機，但這是劃錯重點。人們變成這台機器的受害者。「責怪個人」是誤導我們的注意力，使我們忽視系統性的原因。

如何解決這些無效率？一個選項是施行強制性的產品延長保固期。延長家電壽命的技術已經存在，只要增加一點成本，就可以比現在平均耐用兩倍到五倍，使用年限長達三十五年。我們可以透過簡單立法，要求製造商保證其產品的最長可能壽命。如果蘋果必須遵守十年保固規定，看看它會多快重新設計產品使之經久耐用和可升級。

我們也可以實施「修理權」，規定公司生產的東西必須能讓一般用戶自行修理，或交給獨立技工修理，並提供價格合理的替換零件，否則便違法。歐洲有幾個國會已經在考慮類似的法律。另一個選項是大型家電和設備改採租賃模式，要求製造商承擔一切修理工作的全責，並盡可能提供模塊升級以改善效率。

這類措施可以確保產品（不只家電和電腦，還有家具、房子和車子）比目前耐用好幾倍，而且會衍生重大效果。如果洗衣機和手機的壽命延長四倍，我們會少買七十五％，大幅減少物料吞吐量，但不會對人們的生活造成任何負面影響。事實上，它只會**改善**生活品質，因為人們不必應付不停更換設備的挫折和花費。

步驟二·減少廣告

計畫性報廢只是成長導向的廠商加速存貨周轉率的策略之一，廣告則是另一個。廣告業在過去一個世紀出現翻天覆地的變化。直到一九二〇年代，消費是相對敷衍的行為：人們只是買自己需要的東西。廣告僅僅告知顧客產品的益處。但這個做法妨礙成長，因為一旦人們的需求滿足了，採購即減緩。公司尋找「解癮方法」，一種超越人類需求極限的方法，結果在愛德華·伯內斯（Edward Bernays），精神分析之父佛洛伊德的外甥當時正在發展的新理論中找到。伯內斯指出，你可以刺激人們消費遠超過需求，只要操縱他們的心理就行了。你可以在人們心裡種下焦慮感，然後展示你的產品是消除焦慮的方法；或者可以基於你的產品會提供社會接納，或階級區別，或增強性能力的承諾賣東西。這種廣告迅速被極度渴望創造更多需求的美國公司視為不可或缺的手段。

一九九〇年代進行的調查顯示，九十%的美國CEO相信不靠廣告活動不可能出售新產品；八十五%承認廣告「經常」說服人們買他們不需要的東西；五十一%表示廣告說服人們購買**不是真正想要**的東西。[8]這些數字令人驚奇。它們揭露廣告等於操縱並已成為產業共識。在互聯網時代，廣告變得更強大和陰險狡猾，到了連伯內斯本人都想不到的地步。瀏覽器的cookies、社交媒體的個人資料和大數據，允許廠商呈現給我們的廣告不但按我們的個性——我們特有的焦慮和不安全感——量身製作，甚至配合我們在任何既定時間可能有的情緒狀態。谷歌和臉書之類的公司市值超過英國石油和埃克森美孚，純粹靠廣告的潛能。我們認為這些公司是創新者，但它們絕大部分的創新似乎聚焦在開發愈來愈精密複雜的工具來促使人們買東西。

它是一種心理戰，就像石油業轉向更積極進取的方法開採愈來愈難觸及的油田，廣告商也採取更積極進取的手段吸引我們最後剩下的幾毫秒注意力。如同開採頁岩油，它們「壓裂」我們的心智。我們每天暴露在幾千則廣告之下，而且那些廣告一年比一年陰險狡猾，它們攻擊我們的意識，不但殖民我們的公共空間，也殖民我們的腦袋，而且還奏效。研究顯示，廣告支出對於物料消耗有直接和非常顯著的影響，[9]支出愈多，消耗量愈大。目前全球廣告支出正快速上升，從二〇一〇年的四千億美元，增加到二〇一九年的五千六百億美元，使廣告業成為世界最大的產業之一。[10]

有時候廣告結合計畫性報廢，調成一杯有毒的雞尾酒。以時尚業為例，服裝零售業者亟欲在過度飽和的市場增加銷售量，於是轉向設計**注定要拋棄**的衣服——廉價、輕薄，只能穿幾次，而且蓄意在幾個月內就「不潮」的衣服。廣告被用來說服民眾自己擁有的衣服枯燥、過時、不足（這個伎倆有時稱作「認知性淘汰」）。今天一般美國人每年購買的衣服是一九八〇年的五倍。在英國，隨著「快時尚」技術闖入主流，紡織品採購在二〇〇一到二〇〇五的四年當中增加了三十七%。[11]該產業每年的物料使用暴增到一億多噸，能源、水和土地使用隨之高漲。

如果以美國數據為標準，我們可以假設，僅僅管制快時尚一項，理論上就可以減少紡織品吞吐量高達八十%，而不會減損民眾取得需要的衣服的機會。

遏制廣告的力量有很多方法。我們可以實施配額制來減少廣告總支出，我們可以立法禁止廣告使用心理操縱術，我們還可以清除公共空間的廣告，包括線下和線上；在那裡，人們無法選擇他們看到什麼。聖保羅是一座有兩千萬居民的城市，它已經在城內主要區塊這麼做了。巴黎也朝這個方向邁進，減少戶外廣告，甚至直接禁止廣告進入學校附近。結果如何？居民更快樂，更自信，對自己的生活也更滿意。減少廣告對人民的身心健康有直接正向影響。[12]除了減緩不必要的消費，這些措施也讓我們耳根清淨，能夠專注於自己的思考、自己的想像、自己的創意，免於不斷的干擾。而且我們可以用藝術和詩詞，或營造社區和確認固有價值的訊息，來填補那些空間。

有些經濟學家擔心限制廣告會破壞市場效率。他們說，廣告幫助人們做出理性的購物決策。但這個主張站不住腳。實際上，大部分廣告做的是完全相反的事，它們是設計來操縱人們做**非理性**的決策。[13]讓我們面對現實，在網路時代，人們其實不需要廣告來尋找和評估產品。簡單上網搜尋就足以做出理性決策。互聯網使廣告過時（對一個充斥廣告的空間來說，充滿諷刺意味），我們應該接受這個事實。

步驟三：從所有權轉移到使用權

資本主義還有另一個內建的無效率。我們消費的很多東西雖然必要但很少使用，例如除草機和電動工具，這類設備也許一個月只用一次，每次頂多用一、兩小時，其餘時間閒置。製造商希望人人擁有一車庫的工具，但這些東西很容易共享，更理性的做法是成立鄰里工作室，工具存放在那裡，供需要的人使用。有些社區已經在進行用社區基金維護共享設備。這類計畫可以擴大到城市各區，由市政府統籌，利用APP方便居民使用。從所有權轉移到「使用權」可以對物料吞吐量造成巨大影響。十個家戶共用一具設備，代表減少該產品的需求量十倍，過程中還幫人們節省時間和金錢。

汽車尤其如此。我們知道我們需要轉換到電動車，但我們終究也需要大量減少車輛總數。到目前為止最具影響力的干預是投資於負擔得起（甚至免費）的大眾交通工具，就移動乘客所需的物料和能源而言，它更有效率。大眾交通工具對於任何脫離化石燃料的計畫都極其重要，自行車甚至更佳，正如許多歐洲城市正在學習的（在我寫作此書之際，米蘭把超過三十五公里的街道改成自行車專用道，試圖在新冠疫情封城後維持低污染）。至於無法靠大眾交通工具或自行車完成的旅程，我們可以開發公有、基於APP的平台，彼此共享汽車，不需要透過尋租的中間商，他們把Uber和Airbnb之類的平台搞得問題重重。

步驟四・終止食物浪費

這件事總令我瞠目結舌：全世界每年生產的食物有五十%，相當於二十億噸，最後被扔掉。[14]浪費發生在供應鏈各環節，在高所得國家，因為農場拋棄賣相不佳的蔬菜，超市使用過於嚴格的保存期限、積極廣告、量購折扣及買一送一計策，結果家戶購買的食物有三十至五十％被扔掉。在低所得國家，由於運輸和倉儲基礎設施不良，導致食物在抵達市場前已經腐爛。

食物浪費就能源、土地、水和碳排而言，代表巨大的生態成本，也代表一個大好機會。終結食物浪費理論上可以縮小一半農業規模，而完全不會妨礙我們取得目前需要的食物。這會允許我們減少全球碳排十三％，同時讓二十四億公頃的土地恢復生機，成為野生動物棲息地和碳吸存區。[15]

談到棄成長，這是最容易摘的果實。有些國家已經採取步驟朝這個方向邁進。法國和義大利兩國最近都通過法律阻止超市浪費食物（它們必須把沒賣掉的食物捐給慈善機構）。南韓完全禁止廚餘送到垃圾掩埋場，規定家戶和餐館使用按重量收費的特殊堆肥貯存器。

步驟五．縮小生態破壞性產業

除了針對刻意無效率和浪費，我們也需要討論縮小「既破壞生態，又非社會必要」的特定產業。化石燃料業是最明顯的例子，但我們可以把這個邏輯延伸到其他產業。

例如牛肉業。全球有將近六十％農地用於生產牛肉，有些直接放牧牛隻，有些間接種植養牛的飼料。[16]牛肉是地球上資源效率最差的食物之一，就每一卡路里或養分所需的土地和能源而言。在我寫作此書之際，亞馬遜雨林為了牛肉而被燃燒。但牛肉遠非人類不可缺少的食物，只占人類吸收的卡路里二％。在大多數情況下，這個產業的規模可以極端縮小而不會減損絲毫人類福祉。[17]

收穫則大得驚人。從牛肉轉換到非反芻動物或植物蛋白，如豆科植物和莢果，可以釋出將近一千一百萬平方英里的土地，等於美國、加拿大和中國**加起來**的面積。[18]根據IPCC，這個簡單的轉變可以讓我們歸還大片地球給森林和野生動物棲息地，創造新的碳匯和每年減少八十億噸二氧化碳淨排放。那是目前每年排放量的近二十％。科學家說，棄成長牛肉業是我們所能實施的政策中最具改革作用者之一，而且是避免危險的氣候變遷必須做的。[19]第一步是終止高所得國家給予牛農的補貼。研究者也在測試課徵紅肉稅的提議，他們發現不但可以減少碳排，還能提供各式各樣的國民健康利益，同時降低醫療成本。[20]

牛肉業只是其中一例，我們也可以考慮其他很多例子。我們可以縮小軍火工業和私人飛機業，可以減少生產只用一次的塑膠製品、用過即扔的咖啡杯、休旅車和麥克豪宅（McMansions）（美國住宅面積自一九七〇年代至今已增大一倍[21]）。與其每隔幾年就為奧林匹克運動會和世界杯足球賽蓋新的體育館，不如重複使用既有的基礎設施。我們知道，為了達到氣候目標，也需要縮小民航業的規模，從課徵飛行常客稅的政策開始，繼而停飛可以用火車代替的航線，以及取消每乘客英里碳排量最高的頭等艙和商務艙。我們也必須將經濟體從依賴能源密集的長途供應鏈，轉移到更接近本地的生產模式。

我們需要就此議題進行公開、民主對話。與其認定所有部門必須成長、永遠不斷成長，不論我們是否真正需要它們，不如談談我們究竟希望我們的經濟提供什麼。哪些產業已經夠大，不應該再擴大？哪些產業可以有效地縮小規模？哪些產業仍需擴大？我們從未問過這些問題。在二〇二〇年新冠肺炎全球大流行期間，我們全都學到「必要」產業和多餘產業的差別；哪些產業圍繞著使用價值組成，哪些產業主要與交換價值有關，迅速變成顯而易見。我們可以基於這些經驗進行討論。

◆◆◆

這不是一張鉅細靡遺的清單。此處重點是說明我們可以做到大幅減少材料吞吐量，而不會對人類福祉造成任何負面衝擊。它厲害之處在此。這個取徑不但減少物資的**流量**，也減少支持那些流量的**存量**。我們每年開採的原物料有一半用於建立和維持材料庫存，用於工廠和機器和運輸工具之類的基礎設施。[22]如果我們少消費一半產品，只需要一半生產它們的工廠和機器，一半運輸它們的飛機和卡車和輪船，一半分銷它們的倉庫和零售店，當它們被扔進垃圾桶時只需要處理一半的垃圾車和焚化廠，以及一半生產、維修和運作所有那些基礎設施的能源，效率開始倍增。

歸根究柢，政府需要設定減少材料和能源使用的具體目標。我們在第三章看到，光靠課稅還不夠。生態經濟學家堅持唯一途徑是硬性限制：以目前資源和能源使用水準為上限，然後逐年下降，直到使用水準回到地球界限之內。[23]這個做法並不特別激進；畢竟，我們有各式各樣的法規限制資方剝削勞工，包括最低工資法、童工法和周休二日。所以我們也需要對資方剝削自然設限。

重點是這個辦法必須以公平正義的方式為之，確保人人有機會取得蓬勃發展所需的資源和生計，使小企業不致被大公司擠出市場。要達到這個目標，可以實施一個包含上限、費用和紅利的制度：向產業收取累進費率的資源和能源使用費，並將利潤當作紅利平均分配給所有國民。二〇一八年法國爆發的黃背心運動拒絕政府企圖利用勞動階級和窮人來平衡環境目標，他們做對了。不正義不能解決一個首先是不正義造成的問題，必須反其道而行。

但工作怎麼辦？

事情在這裡變棘手了。以上建議的政策很可能降低整個工業生產指數。從人類需求的觀點來看也許沒問題（如果我們的手機壽命延長兩倍，沒有誰的日子會過得更差），但它的確留下一個難題。當產品更耐久，當我們改為共享物品，當我們減少食物浪費和縮減快時尚業，這些產業的就業人口會減少，供應鏈各處的工作會消失。換句話說，當經濟體變得更理性和有效率，它需要較少勞工。

從一個觀點來看，這是非常棒的消息。它代表較少生命浪費在不必要的工作上，生產和銷售社會不真正需要的東西；它代表解放人民，允許他們把時間和精力花在其他事情上。但從被解雇的個別工人的觀點來看，它是災難。政府會發現自己窮於應付失業問題。

這似乎是一個無解的兩難問題。的確，它正是為什麼政治人物認為棄成長不可想像的原因。但它有解決之道。當我們刪除不必要的工作，可以將每周工時從四十七小時（美國平均工時）減至三十或甚至二十小時，將必要的工作更平均分配給勞動人口和維持充分就業。這個辦法允許人人從棄成長釋放出來的時間獲益。我們可以安排再訓練計畫，確保人們能夠從縮小的產業輕易轉換到其他類別的工作，沒有人會成為漏網之魚。我們可以實施政府工作保障計畫（它剛好是一個民意支持度極高的政策[24]）來協助這個過程，使任何想工作的人都可以得到一份工作，賺取維生工資（living wage），從事對社會有益和社群真正需要的事情，譬如照護、基本服務、建造再生能源基礎設施、生產在地食物、復育已退化的生態系統。[25]事實上，工作保障計畫是一個政府所能實施的最強大的環境政策之一，因為它允許我們公開討論如何縮小破壞性產業，而不必擔心陰魂不散的失業問題。

令人興奮的是，縮短工時對人民的身心健康有顯著正面影響。這個效果已被一再證明，結果引人注目。美國研究發現，即使控制所得變數，工作時間較短的人比工作時間較長的人更快樂。[26]當法國將每周工時調降到三十五小時，工人表示他們的生活品質改善了。[27]瑞典實驗顯示，工時減至三十小時的員工有更高的生活滿意度和更好的健康結果。[28]數據也顯示，縮短工時導致更高的工作滿意度，提振士氣和快樂感。[29]或許最棒的是，縮短工時也和促進性別平等有關，在工作場所和家庭皆然。[30]

有些批評者擔心，如果提供員工更多的假日，他們會使用在能源密集的休閒活動上，譬如搭長途飛機去度假。但證據顯示恰恰相反。休閒時間**較少**的人傾向於更密集的消費，他們依賴高速旅行、送餐服務、衝動採購、購物療法等等。一項調查法國家戶的研究發現，較長工作時間與消費較多、環境強度高的商品直接相關，即使校正所得變數。[31]相反的，當你給予員工更多假日，他們往往被吸引到環境衝擊較低的活動，譬如運動、當志工、上課，以及與朋友和家人聚會。[32]這些效應出現在整個國家。例如，研究者發現，如果美國將工時降到西歐水準，它的能源消耗會減少驚人的二十%。縮短每周工時是最直接影響氣候的可採行政策之一。[33]

但縮短每周工時最重要的部分也許是，它允許人們花更多時間**關懷**，不論是照顧生病的親人，或陪孩子玩耍，或幫忙復育一塊林地。這個基本的再生產工作（通常大部分由女性擔任），在資本主義下完全不受重視，在GDP數字中，它被外部化，無償、無形和無代表。棄成長使我們能夠重新分配勞動力給真正重要，具有實質使用價值的事情。關懷直接促進社會和生態健康，談到改善人民的幸福和意義感，參與關懷活動已證明比物質消費更有效，遠超過我們從瘋狂血拼可能獲得的多巴胺刺激。

縮短每周工時的益處不斷倍增。一個科學家團隊總結證據如下：「整體而言，現有研究顯示縮短工時潛在上提供社會三倍紅利：降低失業率、提升生活品質和減少環境壓力。」[34]轉變到較短工時是建立一個人道的、生態的經濟體的關鍵。

◆◆◆

這個觀念一點也不新穎。事實上，它甚至不特別激進。一九三〇年英國經濟學家凱因斯（John Maynard Keynes）寫了一篇文章，標題為〈我們子孫的經濟前景〉。他預測到了二〇三〇年，科技創新和勞動生產力提高會讓人一星期只工作十五小時。凱因斯準確預測到生產力提高，但他對工時的預言從未實現。為什麼？因為勞動生產力增加的好處被資方奪走了。公司並未因此縮短工時和提高工資，反而侵吞額外利潤，要求員工繼續做和過去一樣多的工作。換言之，生產力提高不曾讓人類從工作解放出來，反而加速不斷成長。

在此意義上，資本主義背叛了它宣稱促進的啟蒙價值觀。我們通常認為資本主義是圍繞著自由和人類解放的原則組織而成，那是它賣給我們的意識形態。然而，儘管資本主義產生的科技能力足以滿足每個人的需求好幾倍，並將人民從不必要的勞動解放出來，卻也運用那個科技去創造新的「需求」，不斷擴張周而復始的生產和消費循環。真正自由的承諾被永遠推遲。[35]

縮小貧富差距

當我們縮短每周工時，我們需要確保工資仍足以讓人民過上美好生活。這個目標部分會自動實現，因為較短工時和工作保障會強化勞工的談判力量。但我們也可以實施連結周薪或月薪，而非時薪的維生工資。在棄成長的情境中，這表示所得從資方轉移到勞方，逆轉自一九三〇年凱因斯寫那篇文章以來生產力增加的利益全被資方奪走的趨勢。換言之，縮短每周工時所需的財源將來自縮小貧富差距。

這方面可以改善的空間很多。在英國，勞工占國民所得的比例從一九七〇年代的七十五％跌到今天只剩六十五％，而美國已跌到六十％。逆轉這些損失可以大大提高底層的時薪。公司內部也有很大改善空間，近幾十年CEO的薪酬已攀升到令人暈眩的高度，有些執行長年薪高達一億美元。CEO的薪水和一般工人工資之間的落差急遽擴大。一九六五年，CEO的收入比一般工人多二十倍，而今，他們的收入比工人平均多三百倍。[36]在一些企業內，差距甚至更極端。二〇一七年，麥當勞CEO伊斯特布魯克（Stephen Easterbrook）賺了兩千一百七十萬美元，而麥當勞全職工人的中位數薪水是七千零一十七美元，兩者相比是三千一百比一。換句話說，一般麥當勞員工必須打三千一百年的工——從古希臘文明誕生至今的每一天——才能賺到伊斯特布魯克年薪支票上的數目。[37]

一個辦法是實施薪資比率上限，即「最高工資」政策。美國政策研究所副研究員山姆·皮西卡提（Sam Pizzigati）認為，我們應規定稅後薪資比率最高為十比一。[38] CEO會立刻給員工加薪，在合理範圍內能加到多高就多高。這是一個優雅的辦法，但不是首創。蒙德拉貢（Mondragon）是西班牙一個龐大的工人合作社集團，它明文規定執行長的薪水不得超過同一企業最低薪員工的六倍。更好的是，我們可以施行於在全國，宣布所得高於國家基本工資某個倍數的人將面對一百%的稅。想想看，所得分配會改變得多快。

但所得不平等不是唯一問題，**財富**不平等也是。以美國為例，最富有的一%人擁有將近四十%的全國財富。底層五十%人幾乎一無所有，僅占全國財富的〇·四%。[39]在全球層次，差距甚至更懸殊，最富有的一%人擁有幾乎五十%的世界財富。這種不平等的問題是，富人變成不勞而獲的收租人。當他們積累的金錢和財產永遠也用不完時，便選擇出租（不論住宅或商用不動產、專利授權、貸款）。因為他們擁有這些東西的壟斷權，其他每個人被迫付他們租金或還債。這種收入叫做「被動收入」（passive income），因為它自動歸屬於擁有資本但本身不必付出任何勞力的人。但從其他每個人的觀點來看，它一點也不被動：人們必須拚命工作賺錢，賺得比他們原本需要的多，只為了付租金和還債給富人。它像是現代農奴制，而且和古代農奴制一樣，對生命世界造成嚴重後果。農奴制是生態災難，因為地主逼農民從土地榨取的超過他們生活所需，只為了向地主納貢。這導致森林和土壤逐漸退化，今天亦然，我們被迫掠奪地球，只為了向百萬和億萬富翁納貢。

一個解決這個問題的辦法是財富稅（或稱團結稅）。經濟學家伊曼紐・賽斯（Emmanuel Saez）和加百列・祖克曼（Gabriel Zucman）建議對財富持有超過十億美元的部分每年課徵十%邊際稅。這會逼最有錢的人出售部分資產，因此更公平地分配財富。但在生態危機時代，我們必須更有企圖心。畢竟，沒有人「應得」這種財富。它不是賺來的，而是榨取的，取自報酬過低的工人、廉價的自然、尋租行為、政治俘虜（political capture）等等。極端財富對我們的社會、政治制度，以及生命世界有腐蝕作用。我們應該就此議題進行民主對話：囤積財富到什麼程度才變成破壞性和不可接受？一億？一千萬？五百萬？

我們在上一章看到，縮小貧富差距是一個強有力的降低生態壓力的方法。它減少富人的高生態衝擊性奢侈消費，並減少其餘社會的競爭性消費。但它也移除非必要的成長的壓力。我在這裡提議的政策會導致資本去積累化（disaccumulation）。這會減少尋租行為，富人會失去強迫我們開採和生產超過我們所需的力量，經濟會從非必要的交換價值轉為更趨向使用價值，也會減少政治俘虜和改善民主品質，而民主制度，如我們將在後面看到的，具有內在的生態價值。

去商品化公共財和擴大公地

當我們減少過量的工業生產，我們可以經由更公平分配勞動、所得和財富，減少對人民生計的衝擊。但還需要補充另一個重點。回想先前談過的，就人類福祉而言，所得本身不重要，重要的是所得的福利購買力。

舉一個貼近我自身經驗的例子：倫敦住宅。倫敦房價貴如天價，一個普通兩房公寓月租可能要兩千英鎊，購屋的話要六十萬英鎊。這些價格和蓋房子牽涉的土地、建材和勞動成本無關，它們是政策決策的後果。例如自一九八〇年起的國民住宅私有化，以及自二〇〇八年以來衝高資產價格的低利率和量化寬鬆政策。在此同時，倫敦薪資並沒有跟著房價一起上漲，差得遠了。為了彌補收支缺口，一般倫敦人必須工作更長時間，否則就得貸款（後者代表聲索他們的未來勞動力），只為了取得一項過去他們只付一小部分成本就能取得的基本社會財。換言之，隨著房價上升，倫敦人所得的福利購買力下降。

現在，想像我們用永久租金管制（這剛好是七十四%的英國人都支持的政策[40]）促使房租下降。房價依然貴得離譜，但突然間倫敦人能夠比現在工作少一點和少賺一點，但**不會損失任何生活品質**。事實上，他們的生活品質反而會**提高**，因為有多餘時間和家人相處，跟朋友聚會，做他們喜歡做的事。

我們可以用同樣方式處理攸關人民幸福的其他社會財。醫療保健和教育是明顯的兩項。但何不延伸到互聯網？何不包括大眾交通工具？何不包括水電瓦斯的基本額度？倫敦大學研究員已證明，用公共資金（靠財富、土地、碳排等等的累進稅）提供全方位的福利，他們稱之為全民基本服務，成本會比現在少很多，同時保證人人有機會過體面、有尊嚴的生活。[41]此外，我們還可以投資於公共圖書館、公園和運動場。當我們縮短每周工時，這類設施變成特別重要，使民眾能夠把時間花在既充實身心又較少環境衝擊的事情上。[42]

去商品化基本財和擴大公地允許我們改善所得的福利購買力，使人民不需要愈來愈高的收入，就能取得美好生活所需的東西。這個辦法反轉我們在第一章探討的勞德代爾悖論。資本家圈圍公地（公共財富）為了創造成長（私有財富），強迫人們做更多工作，只為了付費給過去能免費享受的資源。當我們創造後成長經濟，我們可以把這個方程式顛倒過來：我們可以選擇恢復公地或創造新的公地，使不斷增加收入變成沒必要。公地成為成長義務的緩解辦法。

徹底豐足理論

這把我們帶到後資本主義經濟的真正核心。以上討論的終止計畫性報廢、限定資源使用上限、縮短每周工時、縮小貧富差距和擴大公共財，都是降低能源需求和更快轉型到再生能源的必要步驟。但它們的作用不止於此。它們從根本上改變資本主義的深層邏輯。

我們在第一章看到資本主義的崛起如何依賴創造人為稀缺。從圈地運動到殖民化，為了迫使人們屈就低薪勞動，施壓他們從事競爭性生產，徵召他們成為大眾消費者，稀缺必須被

創造出來。人為稀缺充當資本積累的引擎，同樣的邏輯運作至今，它在我們四周處處可見。以勞動市場為例，人們在持續不斷的失業威脅下感受到稀缺的威力。工人必須變得愈來愈有紀律和生產力，否則會被更有生產力的人取代，通常是更窮或更走投無路的人。但是當生產力提高，工人被解雇，政府必須倉促拼湊出辦法來增長經濟，以便創造新工作。工人本身也加入呼籲成長的行列，逼民選政治人物兌現他們的承諾。但事情不必如此發展。我們可以透過「提高工資」和「縮短工時」的方式，將生產力提高的獲益歸還給工人。持續不斷的失業威脅是人為的工作稀缺造成的。

我們在所得分配上看到同樣情形，成長帶來的新收入絕大部分被直接吸入富人的口袋，而工資停滯，貧困持續。政治人物和經濟學家呼籲更多的成長來解決問題，所有被貧困悲劇感動的人都支持他們。但這個辦法從未如他們承諾的發揮作用，因為成長的利益涓滴下滲的速度太慢，甚至根本沒滲出。不平等使人為的所得稀缺永久存在。

這個情形也出現在消費領域。不平等激發不足感。使人感覺需要做更長時間的工賺更多的錢來買不必要的東西，只為了讓自己保有一點尊嚴。[43]在此意義上，不平等創造人為的幸福稀缺。事實上，這個效應常被經濟學家和政客操弄成刻意的策略。英國首相強生曾經說：「不平等是必要的，它培養嫉妒精神，使資本主義穩步前行。」

計畫性報廢是另一個人為稀缺策略。零售商為了創造新的需求，把產品製造成人為的短命，免得吞噬一切的消費力量戛然而止。廣告也一樣，它刺激人為的欠缺感，一種真的少了什麼的感覺。廣告製造我們不夠美貌、不夠陽剛，或不夠時髦的印象。

然後還有人為的時間稀缺。結構性工作強迫症使人不必要地長時間加班，以致沒有時間做本來自己能做的事，別無選擇只能付錢給廠商替他們燒飯，打掃屋子，陪孩子玩耍，照顧年邁父母。在此同時，過度工作的壓力創造各種需求，包括抗憂鬱藥、安眠藥、酒精、營養師、婚姻諮商師、昂貴的假期，及其他種種人們本來不大可能需要的產品。為了付費給這些東西，人們需要做更多工作來增加收入，驅動不必要生產和消費的惡性循環。

我們看到人為稀缺也被施加到我們的公共財中。自一九八〇年代以來，一波接一波的民營化浪潮席捲全世界，從教育到醫療保健、交通、圖書館、公園、游泳池、水、住宅，甚至社會安全，無一倖免。為了成長，各地的社會財都成為攻擊對象。其概念是藉由使公共財稀缺，人們別無選擇只能購買民營替代品。為了付錢買這些東西，他們必須做更多工作，生產額外的產品和服務，這些產品和服務必須找到市場，於是給系統中其他地方製造額外消費的新壓力。

這個邏輯在撙節政治中發揮到極致，該政策在二〇〇八年金融危機後推行到歐洲各地。

撙節（實際上是稀缺的同義詞）是不顧一切重啟成長引擎的企圖，由於大砍對社會財和福利保護的公共投資，從老人暖氣補貼到失業救濟到公部門的薪資，無所不砍，並砍光殘餘的公地，以致被視為太「舒服」或「懶惰」的人再度被置於飢餓的威脅之下，被迫增加生產力——如果他們想活下去的話。這個邏輯是公開的，恰似它在十八和十九世紀。在英國首相卡麥隆執政期間，福利刪減擺明了是為了讓「偷懶者」更努力工作和更有生產力（他們稱之為「工作福利」）。

這些事例一再證明，稀缺是**被創造出來的**，為了成長刻意創造。恰似在一五〇〇年代圈地時期，稀缺和成長如一個銅板的兩面同時出現。

◆◆◆

這暴露了資本主義的核心是一個奇特的幻覺。我們通常認為資本主義是一個非常**多產**的制度（只要想想電視和商店展示的琳瑯滿目多不勝數的東西就知道了）。但事實上，它卻圍繞著不斷產生稀缺性組織而成。資本主義將最壯觀的生產力和所得增長，轉變成新形式的人為稀缺，而非豐衣足食和人類自由。它必須如此，否則得冒著自己的積累引擎停止運轉的風險。在一個成長導向的系統，目標不是滿足人類需求，而是**避免**滿足人類需求。它是不理性和生態暴力的。

一旦瞭解這套邏輯如何運作，解決方案就湧現眼前。如果稀缺是為了成長而創造，則只要反轉人為稀缺，就能使成長變得沒必要。藉由去商品化公共財、擴大公地、縮短每周工時和縮小貧富差距，我們不需要成長，就能讓人民取得美好生活所需的物品。人們能夠減少工作而不損失任何福祉，以致生產較少不必要的東西，並對其他地方產生較少非必要消費的壓力。由於我們有額外空閒時間，我們再也不必從事因時間稀缺而變成必要的消費模式。[44]

一旦解除人為稀缺的壓力，加上基本需求已經滿足，人們為了不斷提高生產力而相互競爭的強迫症就會消退。是的，經濟體的產出會因此減少，但**需求**也會減少。它的規模變小但仍然非常豐足。在這樣一個經濟體，私人財富（或ＧＤＰ）可能縮水，公司和菁英階層的收入減少，但公共財富會增加，改善其他每個人的生活。交換價值可能下跌，但使用價值上升。突然間，一個新的悖論出現了，顯示豐足是緩解成長的辦法。事實上，它抵銷成長義務本身，使我們能夠抵禦無敵破壞王，將生命世界從它的魔爪下救出來。如喬爾格斯·卡利斯指出的：「資本主義不可能在豐足的條件下運作。」[45]

有些批評者認為棄成長只不過是新版本的撙節措施。但事實上它和撙節完全相反。撙節訴求稀缺，為了創造更多成長。棄成長訴求豐足，**為了讓成長變成不必要**。如果我們要避免氣候崩壞，廿一世紀的環境保護主義必須提出一個新的要求：要求徹底豐足。

禧年律法

逆轉人為稀缺是一個強大步驟，將我們從成長的暴政解放出來。但我們仍須處理其他壓力，其他必須抵銷的成長義務。

最大的壓力或許是債務。如果你是想上大學的學生，或想買房子的家庭，你可能必須貸款才能如願。問題是貸款附帶利息，利息以複利計算，使債務呈指數增長。當你欠私人債主錢時，你不可能安於賺的和欠的一樣多，你必須想辦法快速增加收入，快到足以償還不斷膨脹的欠款。到頭來你還的錢可能是原始貸款的好幾倍，甚至餘生都在還債。如果你不這麼做，債愈積愈多，最後引發財務危機。除非成長，否則破產。

複利製造一種人為稀缺。而且它對生態有直接影響。外債累累的國家承受沉重壓力，必須放鬆對伐木和採礦及其他採掘產業的管制，為了履行償債義務，掠奪生態系統（但政府欠自己中央銀行的錢不必如此，和外債不同，財政赤字不必償還）。同樣情形也發生在家戶。研究者發現，背高利率房貸的家戶工作時間超出他們原本所需，僅僅為了避免破產。[46]人類學家大衛．格雷伯（David Graeber）說，償債義務「使我們每個人，身不由己地淪為跟搶劫犯差不多，看世界的眼光只是在找什麼東西可以變成錢」。[47]

所幸這個壓力有辦法解除。我們可以乾脆免除部分債務。在生態崩壞的時代，債務免除是邁向更永續經濟極為重要的一步。這個辦法看似激進，但它有很多先例。古代近東社會定期宣布非商業債務無效，一筆勾消欠款，使人脫離債主的束縛。這個原則被希伯來禧年律法（Hebrew Law of Jubilee）制度化，規定債務每七年應自動免除。[48]事實上，債務免除成為希伯來救贖概念的核心。

至於我們如何在現代經濟制度中實施這個概念，目前有幾十個建議。二〇二〇年，美國總統候選人桑德斯提出一個免除學生貸款的明確計畫，當時學貸總額高達驚人的一．六兆美元。倫敦國王學院的學者已公佈一項計畫，關於政府如何才能勾消不僅學貸，還有其他不公正的債務，包括炒房和量化寬鬆造成的房貸、貸方獲得政府紓困的舊債，以及已在次級市場貶值而無力償還的債務。[49]我們知道它有可能實現。隨著二〇二〇年新冠災難爆發，有幾個國家的政府突然找到能力讓債務消失。

我們可以對南方國家積欠的外債做同樣的事情，那些債務以令人擔憂的速度持續攀升。其中很大一塊是從一九八〇年代拖欠至今，當時美國聯準會大幅升息，利率高到使整個國家成為華爾街的永久奴隸。[50] 此外還有腐敗的放貸者出售的債權，以及舊獨裁者積欠的債務，這些外債未經民主授權，獨裁者本人也早就被罷黜了。禧年債務運動（Jubilee Debt Campaign）的研究人員已建議明確機制，用來免除這類不義外債，解除貧窮國家的壓力，免得他們為了還債不斷追求成長，過程中掠奪自己的資源和剝削自己的國民。的確，這是富國償還它們欠其餘世界的氣候債，跨出重要的第一步。

當然，大型債權人會吃虧，但我們可能決定這是可以接受的，為了建立一個更公平和更生態的社會，我們願意讓他們承受這筆損失。我們能做到免除債務而無人受損。[51] 沒有人會因此死亡。畢竟，複利只是虛構的故事。故事的優點是我們可以改寫它。也許沒有人比大衛・格雷伯表達這個理念更具說服力：

「債務免除」有益，不僅因為它會緩解這麼多真正的人間苦難，也因為它提醒我們自己，錢非神聖不可侵犯，還債不是道德的本質，所有這些事情都是人類的安排，如果民主有任何意義的話，人人有能力同意用不同的方式安排事情。[52]

為新經濟創造新貨幣

但債務免除只是一次性的解決方案，它並未真正觸及問題的根源。我們需要處理一個更深的議題。

我們的經濟充滿債務，因為它靠一個**本身是債務**的金融系統運作。當你走進一家銀行申請貸款，可能以為銀行借你的錢來自它的儲備，收集了其他人的存款，存放在某處地下金庫。但這不是它的運作方式。銀行只需儲備大約十%它們借出去的錢，甚至更少。這叫做「部分準備金制度」。換句話說，銀行借出去的錢比它們實際擁有的多十倍。如果不是實際存在的話，那額外的錢從哪裡來？當銀行把借給你的錢存入你的帳戶時，它們憑空創造出那筆錢。它們真正**把不存在的錢貸成存在**。

目前在經濟體流通的錢超過九十%是用這個方式創造出來的。換言之，幾乎每一塊經過我們之手的錢代表某人的債。這筆債必須**連本帶利**償還——需要更多工作、更多開採和更多生產。這件事想起來不可思議，它表示銀行實際上出售一個它們不花一文憑空變出來的產品（錢），然後要求人們去真實世界開採和生產真實價值來買那個產品。它違反常識到匪夷所思的地步。人們很難相信它可能是事實。誠如亨利．福特（Henry Ford）在一九三〇年代所言：「這個國家的人民不知道或不瞭解我們的銀行和貨幣系統，這也許是好事，因為如果他們知道，我相信明天天亮以前就會爆發革命。」

但問題來了，銀行給所有它們的放款創造本金，但它們沒有創造付利息的錢。赤字總是存在，稀缺總是存在。這個稀缺性造成激烈競爭，強迫人人拚命找錢還債，包括借更多錢。如果你看過大風吹遊戲就知道怎麼回事。每一輪遊戲擴大了椅子的稀缺性，玩家必須你爭我奪地搶剩下來的少數幾張椅子。場面一片混亂。現在想像我們提高賭注，輸家不再只是被踢出遊戲，而是失去你的房子，你的孩子挨餓，你沒錢看病。想想這樣的遊戲是什麼模樣，想想人們為了搶一張椅子會採取什麼鋌而走險的手段，你就對我們的經濟如何運作有大致瞭解了。[53]粗心大意地觀察資本主義社會的人可能和許多經濟學家一樣斷定，惡性競爭、極大化和自私自利的行為是人類固有天性。但真的是人類天性使我們如此表現嗎？或它只是遊戲規則？

過去十年生態經濟學家已做出結論，基於複利的貨幣系統，不符合在一個微妙平衡的生命星球上維持生命。至於如何解決問題，有幾個點子在討論中。一個團體主張，我們只需把現行複利制度，即債務呈指數成長，改成簡單的利息制度，即債務只會線性成長，每年增加同樣數目。長期下來會大幅降低整體債務水準，使我們的貨幣系統回到與生態相符，並允許我們轉換到後成長經濟，而不會引起金融危機。[54]

第二個團體主張我們需要更進一步，完全廢除基於債務的貨幣。與其讓商業銀行創造信用貨幣，不如由國家來創造它，免於債務，然後把錢花在經濟體，而不是借給經濟體。創造貨幣的責任可以交給一個民主、問責和透明的獨立機構，令其平衡人類福祉與生態穩定。當然，銀行仍然可以放款，但必須以一〇〇%的準備金做擔保，貸一塊錢儲備一塊錢。[55]

這不是一個偏激的概念。它最早由芝加哥大學的經濟學家在一九三〇年代提出，做為一個解決大蕭條時期債務危機的辦法。二〇一二年，當一些進步派國際貨幣基金經濟學家提倡以此方法減少債務並使全球經濟更穩定，它再度成為頭條新聞。在英國，一個叫做正向貨幣（Positive Money）的社運團體圍繞這個概念發起運動，現在這個概念被視為另一個可能步驟，以邁向更符合生態的經濟制度。這個方法強大之處不只在於減少債務，而是做為一個公共貨幣系統，它允許我們直接撥款給全民醫療保健、工作保障、生態復育和能源轉型之類的事情，不必為了創造收入而追逐ＧＤＰ成長。[56]

後資本主義的想像

當人們談「推翻」或「廢除」資本主義時，可能令我們產生前途未卜的真實不安感。對經濟制度感到憤怒很容易，尤其當我們眼睜睜看著地球死亡時，但那些呼籲革命的人太少界定新社會是什麼模樣。這使未來似乎可怕和不可預料，誰知道什麼夢魘會趁虛而入？

但當我們聚焦在如何讓我們的系統脫離成長義務的桎梏，我們開始對後資本主義經濟體的可能模樣有了概念。它一點也不可怕。它不是蘇聯實施的命令與管控的慘敗制度，或某個回歸原始、粗衣惡食的自願貧困災難。相反的，它在主要方面感覺**熟悉**，因為它很像我們通常向自己描述的經濟體（換言之，我們但願它如此）：一個人人生產和出售有用的商品和服務的經濟體；一個人人做出理性、明智購買決定的經濟體；一個人人付出勞力獲得公平報酬的經濟體；一個既滿足人類需求又最少浪費的經濟體；一個金錢流通到需要之人的經濟體；一個透過創新製造更好和更耐久的產品，降低生態壓力，減少勞動時間和增進人類福祉的經濟體；一個回應，而非忽視，它所依賴的生態系統之健康的經濟體。

但正因為它在這些方面感覺如此熟悉，新經濟和我們的現行經濟制度根本**不同**，它不是圍繞著資本主義的首要目標，即積累組織而成。

讓我言明在先，這些理想沒有一個容易達成，要是如此以為就太天真了，況且還有一些難題我們尚無答案。沒有人能給我們如何創作後資本主義經濟體的簡單處方。歸根究柢，它必須是一個集體計畫。我在這裡做的只是提供幾個可能性，我希望有助於激發想像力。至於如何實現，那就需要運動了，如同歷史上每一次爭取社會和生態正義的鬥爭。在某個程度上，運動已經出現，從氣候罷課到反滅絕運動，從農民之路（La Via Campesina）到北達科塔州原住民保留區反輸油管的抗爭；人們不但渴望一個更好的世界，也正在動員使它實現。

我不是政治策略師，但我希望提供一個懷抱希望的觀點。有些人擔心我們絕無可能完成必要的轉型，除非我們有某種極權政府從上而下強制執行。但這個假設毫無根據。事實上，恰恰相反。

民主的力量

二〇一四年，來自哈佛和耶魯的一組科學家發表一份傑出的報告，研究人們如何做出關於自然世界的抉擇。他們想知道人們會不會選擇與未來世代分享有限的資源。未來世代的問題是他們不能報答你。如果你選擇放棄立即金錢利益，為後代子孫保護生態，他們無法還你人情，因此你從分享中得不到好處。有鑑於此，經濟學家預期人們會做出「理性」選擇，現在耗盡資源，不留任何東西給未來世代。

結果發現人們實際行為並非如此。哈佛—耶魯團隊把實驗對象分成幾組，給每人一份跨世代管理的公共資源。他們發現，平均而言，整整六十八%的個人選擇以永續發展的方式使用資源，只取共同資源能夠再生的數量，犧牲潛在利潤，好讓未來世代能夠蓬勃發展。換言之，絕大多數人表現和經濟理論預測的完全相反。

問題是另外三十二%人選擇清算他們分到的資源，以便快速獲利。長期下來，這些自私的少數人消耗集體資源，留給未來世代愈來愈少的資源供應。損耗隨著時間推移迅速擴大，到了第四代，資源消耗殆盡，不剩任何東西給未來世代，這個顯著的衰退模式看起來非常類似目前發生在地球的情形。

但是當各組被要求以直接民主的方式做集體決策時，不尋常的事情發生了。六十八%的人能夠否決自私的少數，制止他們的破壞性衝動。事實上，民主決策方式鼓勵自私型的人投票支持更永續的決定，因為他們意識到同組一命。科學家一再發現，在民主條件下，資源為未來世代無限延續的能力達到一百%。科學家進行實驗到十二代，不斷得到相同結果：沒有淨耗損。一點也沒有。[57]

這個實驗引人入勝的地方是，它顯示人們普遍和直覺地支持生態經濟學家所說的「穩態」（steady-state）經濟。為了維持與生命世界平衡的狀態，穩態經濟遵循兩個主要原則：

1. 絕不開採超過生態系統的再生能力
2. 絕不浪費或污染超過生態系統的安全吸收能力

為了達到穩態經濟，我們需要制定資源使用和浪費的明確上限。數十年來，經濟學家一直告訴我們不可能訂定這種上限，因為人們會認為其不理性。結果證明他們錯了。如果給民眾選擇機會，這種政策恰恰**是**他們要的。

◆◆◆

這幫助我們用新的眼光看待生態危機。問題不是「人類天性」，而是我們的政治制度允許少數人為了個人私利破壞集體未來。

怎麼可能？畢竟，大多數人生活在民主國家，那為什麼現實生活中的政策決策看起來和哈佛—耶魯實驗預測的如此不同？答案是我們的「民主」其實根本不民主。由於所得分配日益不平等，富人的經濟實力直接轉化成更大的**政治勢力**。菁英已成功俘虜我們的民主制度。

美國的例子特別明顯。美國大公司有權投入無限金額的錢在政治廣告上，也很少限制給政黨的捐款。這些措施根據「言論自由」的原則合理化，使政治人物除非獲得大公司和億萬富翁的直接支持很難勝選，這個壓力使他們必須配合菁英的政策偏好。除此之外，大公司和富人花大量金錢遊說政府。二〇一〇年花在遊說上的支出是三十五．五億美元，從一九九八年的十四．五億升上來。[58]而且花得值得：一項研究發現花在遊說美國國會的錢，以減稅和獲自優惠待遇的利潤計算，報酬率高達兩萬兩千％。[59]

政治俘虜的結果是，在美國政府的政策決策中，經濟菁英的利益幾乎總是占上風，即使絕大多數國民反對。在此意義上，美國像財閥政治多過於民主政治。[60]

英國也展現類似傾向，雖然基於不同（比較古老）的理由。英國的金融中心和經濟重鎮倫敦市，長久以來豁免於該國許多民主法規，而且不受國會監督。倫敦市議會的投票權不只分配給市民，也分配給企業，企業愈大，分到的票愈多，最大的公司每家可分到七十九張票。在國會，上議院不是由選舉產生，而是派任，其中九十二席由貴族家族繼承，二十六席保留給英格蘭教會，其他很多席「賣」給有錢的個人換取大額競選捐款。[61]

我們在金融業看到同樣的財閥政治傾向。股東持有的票數大部分由不具民主正當性的大型共同基金，如BlackRock和Vanguard掌控。少數人決定如何運用其他每個人的錢，並對公司實務施加特殊影響力，逼公司將利潤考量置於社會和生態顧慮之上。[62]然後還有媒體。在英國，三家公司占了七十%的報紙市場，而且其中一半由梅鐸（Rupert Murdoch）擁有。[63]在美國，六家公司控制九十%的全部媒體。[64]在這些條件下，幾乎不可能對經濟議題進行真正、民主的對話。

同樣情形也存在於國際層次。世界銀行和國際貨幣基金是全球經濟治理最重要的兩個機構，其投票權不成比例地分配給一小撮富國。南方國家占世界人口八十五%，分到的票不到五十%。同樣問題困擾著世界貿易組織，在那裡，談判力量取決於市場規模。在有關全球貿易規則的重要決策上，世界最富有的經濟體幾乎總是為所欲為，而窮國，那些因生態崩壞損失最大的國家，提案經常被否決。

我們落到今日生態危機迫在眉睫的地步，其中一個原因是政治體系已完全腐化。多數人希望替未來世代維護地球生態，但他們的選擇被十分樂意清算一切的少數菁英打敗。我們為更維護生態的經濟奮鬥，如要成功，就必須設法在任何可能之處擴大民主。這表示把大財團踢出政治，代表激進的媒體改革，嚴格的競選經費法規，取消公司法人地位，廢除壟斷權，轉移到合作式的所有權結構，讓工人進入公司董事會，民主化股東投票辦法，民主化全球治理機構，以及在任何可能之處管理集體資源如公地。[65]

我在本書開端指出，世界各地絕大多數人懷疑資本主義和渴望更好的制度。我們何不進行一場公開、民主的對話，討論我們想要哪一種經濟？那個經濟體是什麼模樣？它將如何分配資源？不論它可能採取什麼形態，我有把握地說，它絕對不會像我們目前的制度，那個極端不平等和專橫執著於不斷成長的制度。沒有人真的想要那種經濟。

◆◆◆

長久以來，我們被告知資本主義和民主是同一套制度的兩個部分。但實際上兩者很可能互不相容。資方執意追求不斷成長，不惜以生命世界為代價，與我們大多數人持有的生態永續的價值觀對立。當人民對這件事有發言權時，他們選擇根據穩態原則管理經濟，違抗成長義務。換言之，資本主義有反民主的傾向，民主則有反資本主義的傾向。

這是有趣的對比，因為這兩個傳統系出同門，同樣從啟蒙思想的歷史沿革下來，至少部分如此。啟蒙運動一方面追求理性的自主性，即人們有權懷疑沿襲自傳統或權威人士或神明的觀念。這個權利居於我們對民主的理解核心。另一方面，啟蒙運動思想家如培根和笛卡爾的二元論哲學則讚美征服自然，成為資本擴張的基本邏輯。反諷的是，這兩個不同的啟蒙計畫不准會合。我們不准質疑資本主義和征服自然，這麼做被視為異端邪說。換句話說，我們被鼓勵相信批判性獨立思考的價值，除非它代表質疑資本主義。[66]

在生態崩壞的時代，我們必須拆除這個障礙，必須置資本主義於嚴格審查之下，接受理性的考驗。前往後資本主義經濟的旅程始於最基本的民主行動。

第六章／

萬物相連

最古早的時候，人和動物一起生活在地球上。
人可以變成動物，只要他們願意，動物也可以變成人。
有時候他們是人、有時候是動物，沒有差別。
大家說同樣的語言。

——因紐特（Inuit）長老納隆吉亞古（Nalungiaq）[1]

我們不是河的捍衛者。我們**是**河。

——哥倫比亞馬格達納河（Magdalena River）漁民

有些影像似乎烙印在你的腦子裡。我記得第一次看到巴西攝影師沙巴斯提歐・薩爾加多（Sebastião Salgado）的作品。光線昏暗的藝廊裡只有我一人，面對一張黑白照片，浩瀚的科威特沙漠，油井割裂的地景，噴出一根根粗大的火和煙柱。然後另一張是坦尚尼亞的難民營，一望無際的臨時帳篷，掙扎求生的家庭。然後是亞馬遜雨林中間的露天金礦，擠滿肩並肩挖礦的男人，在武裝警衛監視下，赤腳跋涉泥漿中。這些影像見證我們文明的創傷，並縈繞我心頭好幾個月。

薩爾加多的職業生涯花在從最前線報導危機中的世界，最終擊垮了他。一九九〇年代後期，做完一個關於流離失所和移民問題的專題報導後，他決定放棄攝影。「我病了。我的情況很糟。我對人類失去信心。」他告訴加拿大《環球郵報》。他和當時住在海外的妻子莉拉決定返回巴西。他們繼承了他父母的農場，薩爾加多大半童年居住的地方。他記得那是一座充滿魔法的森林，生氣盎然和活水流動的天堂。但當他回到那裡，他發現什麼都沒了。密集畜牧和砍伐森林，留下了乾枯、荒蕪和死寂的土地，泉水不再流動，山丘遭到侵蝕，土壤變成塵土。

似乎為了治癒更深的創傷，薩爾加多決定嘗試人人告訴他不可能的事：讓那塊地恢復大西洋雨林的原貌。一九九九年他們開始工作，結果震驚了所有人。六年後，一七三〇英畝的荒地覆蓋了一層充滿希望的綠色植被。到了二〇一二年，森林恢復生機。泉水再度湧出，動物也回來了，包括鳥類、哺乳動物、兩棲動物，甚至一些瀕危物種。如今那塊地矗立如燈塔，指引生態系統復育之路，啟發了世界各地許多類似計畫。

薩爾加多的故事深具影響力，因為它以實例說明生態系統可以多快再生。這方面的研究真正令人興奮。二〇一六年，一個國際科學家團隊發表關於新世界熱帶森林重生的資料庫，數量之多前所未見。他們發現各種生態系統，從雨林到乾燥林，平均只花六十六年就能恢復九十%的原始生物質，過程完全自然。你唯一要做的是不理它。[2]有時速度更快，例如在哥斯大黎加，一些已被夷平改成牧場的雨林，被發現在短短二十一年就重新生長，跟薩爾加多的農場差不多。雖然生物多樣性通常需要更長時間才能恢復，但在一些例子中，僅僅三十年就能回到原生程度。[3]隨著這些森林重新生長，它們從大氣層吸走大量二氧化碳，每年每公頃超過十一噸 CO_2。

這些發現帶來真正希望。它代表如果我們採取行動減少過度的產業活動，生命世界能以驚人的速度康復。這不是什麼遙不可及的夢。在我們有生之年，能夠親眼看到它發生。但我們必須趕快行動，因為隨著全球暖化持續，生態系統很可能失去它們的再生能力。

從這個角度來看，我不禁感覺棄成長終究是一個去殖民化過程。資本主義的成長一向圍繞著擴張領土的邏輯組成。當資本將愈來愈大片的自然納入積累循環，它殖民化土地、森林、海洋，甚至大氣層本身。過去五百年來，資本主義的成長是一個圈地和侵吞過程。棄成長代表逆轉這個過程，代表釋放，代表一個療癒、復甦和修補的機會。

在地緣政治的意義上，這也是事實。回想一下，高所得國家的過度消費依賴以不平等條件，持續不斷淨侵吞南方世界的土地和人民。殖民主義也許已在半個世紀前結束，但如我們已看到的，舊的掠奪模式延續至今，伴隨毀滅性的後果。一旦高所得國家棄成長，南方世界即可脫離開採主義的掌控，就此而言，棄成長代表去殖民化這個詞最純正的意思。

◆◆◆

多年研究棄成長給予我某個自己不曾真正期待的東西，那就是希望。但我發現自己仍不時擔心，是否仍疏漏了什麼。由於集中全部注意力在如何整治經濟上，我們冒了見樹不見林的風險。是的，我們必須採取行動，發展超越資本主義的經濟制度，但資本主義只是我們面對的危機的近因，它其實不是根本原因。真正源頭在更深層次。

回想看看，資本主義在十六和十七世紀崛起，並不是從石頭裡蹦出來的。我們在第一章看到，它需要暴力、強占和奴役；但更有甚之，它需要編造一個關於自然的新故事。它需要讓人們第一次把自然看成某個和人類徹底不同的東西，不但低下和從屬，而且缺乏我們認為屬於人類特質、充滿活力的靈魂。它需要將世界一分為二。一言以蔽之，它需要切割。過去五百年主宰地球的文化，資本主義文化，扎根在那個裂縫中。

一旦掌握這一點，就清楚看到我們眼前的奮鬥並非只是對經濟學的鬥爭，是對我們的存在理論本身的鬥爭。它不但需要去殖民化土地和森林和人民，也需要去殖民化我們的思想。為了展開這個旅程，我們需要新的希望來源，新的可能性泉源，新的如何改變現狀的願景。沿途我們將學到建立生態文明的祕訣完全與局限和貧乏無關。它的格局大得多，比我們所能想像的還大。

祖先的教誨

我在人類學家生涯中發現的真正樂趣之一是將人類故事的各個碎片拼湊起來，獲致比我過去所知深刻得多的理解。記得我還是研究生時，有時走出教室幾乎被茅塞頓開的感覺鎮住，彷彿我剛跨出一棟平凡的小屋，卻發現自己站在一座廣闊斷崖邊緣，時間沖刷的地景滾滾撲面而來。人類故事的演進像一趟旅行，隨著我們祖先冒險走出非洲，經過幾萬年時間，遷徙到地球各處。途中，他們遇到各式各樣的生態系統，從稀樹草原到沙漠，從叢林到乾草原，從溼地到凍原。每到一個新地帶，他們必須學習這些生態系統如何運作，學習如何與提供營養和食物的其他物種互利共生，使他們能夠在系統內永續生存。有時成功，有時失敗。

這個參差不齊的成績最明顯表現在南島語族擴散期間，大約二、三千年前，當人類離開亞洲大陸，移居遍布南太平洋和東太平洋的廣大島嶼網絡。這些出發探險的人來自一個經過廣袤大陸的嚴酷考驗，由穩定的季風氣候條件支配的文化，在那裡，他們經常為了農耕改造整個河流流域的地形。生活在如此遼闊的地域，他們習慣感覺自己擁有似乎無窮無盡的資源，可以對土地為所欲為。

當移民來到南島語系島嶼，他們帶來這個文化。但大陸文明大手揮霍的邏輯在小島上窒礙難行。事實上，它帶來災難性的後果。為了取得大量蛋白質，移民濫殺島上的大型動物群，大烏龜、鳥、魚及其他的容易獵物。他們砍樹犁地，種植作物。這些行為在大陸也許不會造成多大後果，但在島上證明是災難，關鍵物種相繼死亡，生態系統失去平衡，生命開始崩解。有些社會完全崩垮，有些島嶼被完全放棄。

但隨著南島語族漸漸停止擴散，移民從自己的錯誤中學習。他們學到在四面環海的島嶼生態系統中建立欣欣向榮的社會，需要截然不同對待生態的態度。他們必須將擴張的意識形態，換成整合的意識形態。他們必須學習留意其他物種，瞭解牠們的習慣、語言、彼此間的關係。他們必須學習從任何特定生物群落能夠安全地取多少，以及如何回饋以確保群落的延續。他們必須學習不但要保護，而且**充實**他們依賴的島嶼生態系統。他們必須發展新的、更生態的方式，去思考他們與動物和森林和河流的關係，也必須將這些思想建構成神話和儀式，使之永遠不會被遺忘。採取這些措施的社會最後在太平洋島嶼上蓬勃發展。

今天我們站在類似的交叉口，未來有兩條路可走。我們沉迷於擴張的文明，突然發現自己居住的地方原來是個島。我們會死抱著魯莽的舊意識形態不放，或設法學習一個新的、更聰慧的存在方式？幸運的是，如果選擇後者，我們不必從零開始。人類已在各式各樣多不勝數的地方，發展出符合生態的存在方式。如果我們向今天貼近土地生活的社群學習，可以找到大量線索，告訴我們真正的生態智慧是什麼模樣。

論生態化

如果你曾看過亞馬遜雨林內部的照片，你會對那裡的景象有大概印象。濃稠茂密、氤氳裊裊、糾結纏繞和充滿生命。它也是幾百個原住民社群的家園，他們世世代代居住這個地區，包括沿著厄瓜多爾和秘魯之間的無形邊界，一個叫做阿丘爾（Achuar）的族群。

過去一、二十年，阿丘爾人引起注意，因為他們相當突兀的世界觀吸引了人類學家和哲學家，如今那個世界觀已完全顛覆學者對自然的看法。要知道，在阿丘爾人眼中，「自然」不存在。西方觀察者可能覺得這個看法荒誕，他們通常認為自然這個類別不證自明。我第一次聽到時，當然也覺得它荒誕，但這個觀念縈繞腦際夠久後，我開始明白這裡頭蘊含某個深刻的道理。而且它可能握有強大的祕密。

如果你拜訪阿丘爾族，會發現他們住在叢林中間小塊圓形空地，圓圈外面高聳著濃密的樹牆，像巨大的綠色波浪，黑暗、陰沉，夾雜著青蛙、巨嘴鳥、蛇、猴子、美洲豹和千千萬萬隻昆蟲此起彼落的聲音，加上包羅萬象的苔蘚、蘑菇和捲曲、擰成繩狀的藤蔓。對很多人來說，與其他人類社會隔絕，以這種方式生活會感覺極端寂寞和孤立。但阿丘爾人對叢林的看法非常不同。他們看到周遭處處是人。

對阿丘爾人來說，大部分生長在叢林裡的植物和動物都有靈魂（wakan），類似人類的靈魂，因此被歸類為名副其實的「人」（aents）。植物和動物跟人一樣，有原動力、意向性，甚至自我意識。它們感受情緒和交換訊息，不但在彼此之間也和其他物種交換訊息，甚至透過夢與人類交流。本質上，它們和人並無根本上的差異。事實上，阿丘爾人甚至把植物和動物看作**親戚**，猴子和他們捕食的其他動物被視為連襟，與牠們的關係遵守和連襟一樣的慎重和相互尊重的規則。至於他們吃的植物，則被視為需要養育和呵護的子女。對阿丘爾人來說，叢林不只是食物的來源。它是一個充滿親密連結和親屬關係的地帶。

我們可能很想把這一切視為無非奇特有趣的比喻罷了，但它不是。恰似我們知道與伴侶、子女、姻親和鄰居維持良好關係，對於維持安全、幸福的生活非常重要，阿丘爾人知道他們的存在依賴與充滿非人類（或超人類）之人，和他們分享森林的社群，維持良好關係。他們知道自己和那個社群徹底互依，沒有那個社群，他們什麼都不是、不存在。他們是命運共同體。

大部分居住在亞馬遜雨林的人奉行同樣的原則。那是一個普遍、完全正常與世界互動的方式。但不只亞馬遜原住民持這些觀點，這個倫理被每一洲的無數原住民社群普遍分享，雖然有一些重要變異。[4]其一致性非常顯著。在許多例子中，不僅植物和動物被視為人，連無生命的存在體如河川和山岳也被當作人。

例如在地球另一邊，住在馬來半島熱帶森林的原住民社群仄翁族（Chewong）。雖然人口勉強達到三百人，他們卻說自己的社群遠伸到人類之外，涵蓋森林裡的植物、動物和河流。事實上，他們甚至統稱它們為「我們族人」（bi he）。同樣的，這並非只是浪漫的比喻而已。仄翁族認為一切存在體都靠同樣的道德意識（ruwai）支撐。松鼠和藤蔓和人類表面上也許極端不同，但在薄薄的表層底下全部參與同樣的道德觀。因此全都有道德責任去確保更廣大、集體的生態系統運作順暢，維護構成生命網的親密互依關係。蜜蜂對人類福祉負有道德責任，恰似人類對蜜蜂的福祉負責。

在四千公里外的新幾內亞島上，貝達姆尼人（Bedamuni）有句諺語：「當我們看動物時，可能想牠們只是動物，但我們知道牠們其實跟人類一樣。」在鄰近的新喀里多尼亞島上，卡納克人（Kanaks）有同樣的倫理，但他們不只延伸到動物，也延伸到植物。他們堅稱人類和植物之間有物質連續性，兩者有同樣的軀體，他們甚至說，祖先過世後會回來住在某些樹上。貝達姆尼人和卡納克人拒絕人類、植物和動物之間的正式區分，西方人卻往往視之為理所當然，他們也拒絕接受三者有任何位階高下之分。他們完全沒有存在巨鏈（Great Chain of Being）的觀念，這個長久居於西方哲學核心的觀念認為人類高高在上，其他萬物錯開排列在下。

對這些社群來說，人類和「自然」之間不可能劃清界線，生活在資本主義社會的我們則經常這麼做，那是早期美索不達米亞文明、先驗主義宗教和啟蒙思想家如培根、笛卡爾留給我們的遺產。這種區分毫無道理。事實上，它應受道德譴責，甚至幾乎是暴力。就像是一群人否定另一群人的人性，基於種族歧視的理由否定他們的人權，恰似歐洲人為了合理化殖民和奴隸制曾經做的。它似乎冒犯了正確的生活方式，這種生活方式要求對互依性的理解。

◆◆◆

這個世界觀對於人如何與生態互動有強大影響。你如何對待自然世界，當它充滿和人類一樣的人格？當它的存在體被視為和人類並肩生活在社會共同體，甚至扮演親戚的角色？將這樣的存在體視為「自然資源」或「原料」甚至「環境」，是無法想像的。從阿丘爾人、仄翁族和其他原住民族群的觀點來看，把自然當作資源並加以剝削，在道德上難以理解。畢竟要剝削某個東西，你首先必須把它看成低於人類，視之為客體。在無一物低於人類，萬物本身都是主體的世界，這是不可能發生的。

別誤會，這些社群顯然從他們的周遭生態取物。他們捕魚、打獵、種植果樹，食果肉、果核和塊莖。這的確呈現一個問題。如果動物是人，那麼吃動物豈不是一種形式的同類相殘？如一位北極巫師對人類學家努德・拉斯穆森（Knud Rasmussen）說的：「生命最大的危險在於人類食物完全由生靈構成。」

這似乎是一個無解的兩難問題，但它只對那些一開始就堅持區分人類和非人類的人無解。如果你的前提是雙方是同一個整體的元素，難題就迎刃而解了。重要的不是二選一，而是兩者的關係。突然間它變成一個平衡和均勢的問題。沒錯，人類捕獵巨嘴鳥和挖掘根莖，但從事這些活動時，他們本著不是榨取，而是**交換**的精神。這是一件互惠的事情。此處的道德準則不是你絕對不該取（那會導致快速死亡），而是絕對不該取得比對方願意給或能夠給得多，換言之，絕對不可超過生態系統的再生能力。而且你一定要回報，盡己所能去增強，而非弱化你所依賴的生態系統。

這需要做很多功課，需要聆聽、同理心、對話。在許多原住民社群，管理人類與非人類存在體之間關係的技術是磨練出來的，尤其是靠巫師。在二十世紀大部分時間，人類學家相信巫師的角色局限於擔任人類與祖先之間的靈媒。現在愈來愈清楚，在很多例子，巫師也在人類社群與人類依賴的更廣大存在體社群之間調解斡旋。

巫師漸漸熟識其他存在體。在亞馬遜，他們在靈魂出竅狀態和睡夢中與這些存在體溝通，來來回回傳遞訊息和意向。因為巫師花很多時間與非人類的鄰居互動，他們擁有生態系統如何運作的專家知識。他們確切知道什麼季節可以從河裡捕多少魚、捕哪一種魚，同時確保很多魚能夠產卵留給下一年。他們知道可以安全狩獵多少隻猴子才不會傷害整個猴群，也知道果樹林是否健康，是否生病。他們用這個知識來確保人類從他們的植物和動物親戚汲取的，絕不會超過森林能夠安全提供的。

在此意義上，巫師的工作類似生態學家，一個瞭解和維護構成叢林生態系統的脆弱互依性的專家，他們擁有的植物學和生物學知識，恐怕連聲望最高的大學教授都望塵莫及。

◆◆◆

多麼扣人心弦的體驗世界的方式！成長於資本主義文化，在統治和二元論的自負中受教育的我們，幾乎不可能理解。如果我們認為生命世界具有意向和社會性的脈動，我們對它的體驗會豐富多少？誰住在那裡？他們像什麼？他們的經驗是什麼？我們對他們說了什麼？即使只是想像這種生活方式已經像進入魔法世界，一個就在我們眼前但不知何故隱形的世界。

人類學家稱這種存在方式為泛靈論。宗教研究學者葛蘭姆．哈維（Graham Harvey）十分簡單地界定泛靈論是主張：「世界充滿了人，其中只有一些是人類，生命永遠活在彼此的關係之中。」[5]泛靈論者對待動物和植物，甚至河川和山岳的態度是他們天生有權利被視為主體，而非客體。在此世界觀中沒有「它」，萬物都是「汝」。[6]

這是需要瞭解的重點。有些人誤以為當泛靈論者說非人類存在體是「人」時，只是把人類素質投射在其他存在體上，把它們看成（誤認為）偽裝的人類。但那不是事實。相反的，泛靈論者承認其他物種是主體，有他們自己對世界的主觀、感官體驗，恰似我們人類。正因為他們是主體，所以被視為人，因為身為主體**即身為人**。

不難想像人如何獲致這個結論。原住民社群依賴在森林中覓食和狩獵，必須熟悉當地的植物和動物。他們花成千上萬個小時聆聽和模仿猴子和鳥和美洲豹的叫聲，到了能辨別其中意義和情緒的細微差異的地步，這個技術對於成功狩獵非常重要。他們學會各種植物對不同性質土壤的偏好，它們如何移動以回應溫度和光線的變化，以及如何與甲蟲、螞蟻和鳥互動。原住民的生活依賴精通這類知識，而過程中，他們領悟——怎麼可能不領悟？——所有這些存在體都用自己的方式，以自己獨有的官能去體驗世界，並用那種智慧與世界互動和回應世界。這是一個與非人類之人建立基本同理心的過程。[7]

在某個程度上，這似乎顯而易見，但我們太容易忘記，尤其如果住在城市，城裡人鮮少或從未遇見過其他物種，除非是裝飾品。即使在鄉下、在農場，野生物種常被視為僅僅是害蟲，欲除之而後快。在這些環境中，如果我們想到它們的話，很容易不知不覺把其他物種視為不是主體，而是客體。也許不是我們忘記或不知不覺……也許是我們下意識地壓抑內心深處知道是真相的事實，因為允許自己思考我們的經濟制度依賴系統性剝削其他生物實在太難以承受。

不論你怎麼看泛靈論，有一件事是確定的：它非常符合生態學。事實上，它預示生態學的核心原則，今天這門學科的核心可以歸結為一句話：萬物緊密相連，並據此行動。這不是花言巧語，它有效，這種生活方式對世界有真正、實質的效用。科學家估計地球上的生物多樣性有八十%可以在原住民管理的地區找到，[8]顯然他們做對了什麼。他們保護生命，滋養生命，不是出於慈善或因為生命美麗，而是因為他們明白萬物徹底互依。

在成長主義加速了地球歷史上第六次大滅絕之際，泛靈論價值觀和資本主義價值觀之間的對比不可能更明顯了。

少數意見

不熟悉這些概念的人起初可能覺得泛靈論有點陌生，甚至怪異。這不令人意外，畢竟我們都是笛卡爾和二元論哲學的繼承人，這個界定啟蒙運動的哲理出自完全相反的前提。

回想一下，笛卡爾從古老的一神論（monotheistic）概念出發，從根本上區分上帝和受造物，然後進一步演繹。笛卡爾說，受造物本身分成兩部分，一邊是心智（或靈魂），另一邊純粹是物質。心智特別，它是上帝的一部分，不能用物理或數學定律來描述，它是超凡入聖的實體。人類在天地萬物中獨一無二，因為人有心智和靈魂，那是人有特殊管道聯繫上帝的標記。至於其餘受造物，包括人的身體本身，僅僅是呆滯、沒有思想的物質，只是「自然」而已。

笛卡爾的觀念並非基於經驗證據，但在一六〇〇年代廣受歐洲菁英歡迎，因為這些概念鞏固教會的權力，合理化資本家對勞工和自然的剝削，並賦予殖民化道德許可。甚至連「理性」這個概念本身都變得依賴這些假設。笛卡爾說，唯獨人類有理性，因為唯獨我們有心智。理性的第一步是認清我們——我們的心智——**獨立於**我們的身體，也獨立於其餘世界。

由於這個觀點，泛靈論者堅信世界緊密相連，早就被視為不理性和未開化。十九世紀的重要人類學家描述泛靈論「幼稚」，他們說：只有兒童才會認為世界充滿魔法。但這是一個認知錯誤，我們必須糾正。事實上，不僅理性，甚至連現代性本身以及現代科學，都變成用人類和自然、主體和客體之間的絕對區分來界定。泛靈論提供了完美對比，襯托新興的「現代」概念。

但笛卡爾並未贏得最後勝利。甚至在他的手稿墨跡未乾之時，他已遭受當代人的抨擊，他們指出他的作品犯了基本錯誤。此後四百年，科學研究的進步證明了不僅笛卡爾錯了，而且泛靈論思想在主要方面更符合生命和物質的實際作用。

❖

最先跳出來反駁笛卡爾的是一位勇敢的荷蘭哲學家，名叫巴魯赫．史賓諾沙（Baruch Spinoza）。史賓諾沙在一六〇〇年代、笛卡爾成名之際，成長於一個南歐系猶太家庭。但儘管當時的菁英都阿諛奉承笛卡爾的二元論，史賓諾沙卻不以為然。

事實上，他抱持完全相反的觀點。史賓諾沙指出，宇宙必然誕生於一個終極原因——今天我們可能認為是大爆炸（Big Bang）。史賓諾沙表示，一旦我們接受這個事實，就必須接受雖然上帝、靈魂、人類和自然似乎是完全不同類的實體，但其實只是單一、宏大現實——單一實體——的不同面向，並受到同一個力量支配。這個觀點對於我們如何思考世界有激進意涵。它代表著，上帝和「受造物」歸根究柢參與同一個實體，代表人類和自然參與同一個實體，代表心智和靈魂跟物質是同樣的實體。事實上，它代表萬物皆物質，萬物皆心智，萬物皆上帝。

這些概念在當時是異端邪說。沒有靈魂？沒有超凡的上帝？史賓諾沙的學說顛覆宗教教義的核心信條，並威脅揭開關於剝削自然和勞工的困難道德問題。畢竟，如果自然和上帝終歸是同樣的實體，人類豈能主張有權統治自然？8

反擊來得又快又猛。史賓諾沙太過違反當時的建制派思想，結果遭到殘酷迫害。阿姆斯特丹猶太教會對他發出驅逐令（herem），把他逐出社區。基督教機構也驅逐他，天主教會甚至把他的作品列入《禁書目錄》。他自己的家人躲避他，他在街上遭到肢體攻擊。他曾經一度在猶太會堂的台階上被一名高喊「異教徒！」的攻擊者刺傷。但這些都阻止不了他，史賓諾沙繼續穿那件被刺破的披風，象徵自己的藐視。

◆◆◆

歐洲來到一個分岔路口，他們有兩條路可選，一條是笛卡爾的路，另一條是史賓諾沙的路。在教會和資方全力支持下，笛卡爾的觀點勝出。它賦予統治階級勢力合法性，並合理化他們對世界做的事情。結果是，今天我們生活在一個被二元論假設形塑的文化之中。但本來不必如此。我常納悶，如果當初勝出的是史賓諾沙的觀點，後續發展會如何不同。它會如何形塑我們的倫理學？我們的經濟學？也許我們現在不會面對生態崩潰的夢魘。

這個故事最引人注目的是，接下來幾個世紀，科學家確認了史賓諾沙的幾個主張。他們確認心智和物質事實上並無根本差異。心智是一堆物質的組合，恰似其他一切。他們確認人類和非人類存在體並無根本差異，兩者從同一個有機體祖先演化而來。他們確認宇宙中的一切最終都受同樣的物理支配，即使那個物理尚未被充分描述。說來諷刺，二元論曾被視為啟蒙科學登峰造極之作，結果這個學派卻慘敗在科學手下。的確，風水輪流轉，如今史賓諾沙經常被視為現代歐洲哲學最傑出的思想家之一，並被推崇為科學史上的重要人物。

然而即使科學掙脫了二元論，笛卡爾關於世界的一些假設仍徘徊不去。時至今日，西方社會大多數人仍相信人類和其餘自然根本不同。為了合理化這個信念，有宗教信仰的人可能訴諸某種靈魂概念。無神論者則堅持那個差異與智力或意識有關。他們會說，唯獨人類有內在自我，有思考世界的能力，這是我們比其他存在體優越的原因。唯獨人類是真正的**主體**，其他存在體在我們的領域是「客體」，根據基因碼機械式地演示它們的生命。四百年後，我們還在轉推笛卡爾。

從二十世紀中葉起，哲學家如艾德蒙・胡塞爾（Edmund Husserl）和莫里斯・梅洛—龐帝（Maurice Merleau-Ponty）開始用一個叫做現象學（phenomenology）的新框架去質疑這些日常假設。他們指出人類意識，以至於自我，不可能存在於某個抽象、先驗的心智。一切意識源自對現象的體驗，體驗基本上依賴身體。我們知道的一切、思考的一切，甚至我們的自我意識本身，都源自我們在世界體現的經驗。哲學家大衛・阿布拉姆（David Abram）用以下詩意的句子解釋它：

> 沒有這具身體，沒有這根舌頭或這對耳朵，你既不能說話也聽不到他人的聲音。你也不可能有任何事情可說，或甚至可反省，或可思考，因為沒有任何接觸、任何邂逅，沒有任何微弱的感官體驗，不可能有任何可懷疑或知道的事情。因此活生生的身體是接觸的可能性所在，不只與他人接觸，也與自己接觸。身體是反省、思考、知識的可能性所在。[10]

當然，這個道理不會令已經太意識到自己身體的人感到特別意外，這些人，尤其是女人，依賴有時痛苦的體力勞動維持生計，不論在田地或工廠或家裡。但現象學的崛起始於歐洲男性菁英覺察到他們自身身體的那一刻，才意識到自己原來不只是一缸理性。它一舉推翻了整個身心二分法。

一旦你同意這個觀點，距離下一個認知只有一小步，即承認那些充斥我們經驗場域的其他「現象」，我們接觸的其他存在體，不只其他人類，還包括植物和動物，也是有主觀經驗的存在體。畢竟，它們有身體，和我們一樣感受世界，參與世界，回應世界，形塑世界。事實上，呈現給我們的世界是由其他主體共同創造的，恰似我們共同創造它們的世界。我們彼此共同跳一場透過感官的知覺舞蹈，一場持續進行的對話，透過它逐漸認識世界。

當我們以這個方式思考世界時，主客體之分頓時崩解。胡塞爾認為經驗世界不是由主客關係界定；更準確地，它是一個互為主體（intersubjective）的場域，是集體產生的。我們知道的一切，我們思考的一切，我們**代表**的一切，都是與其他主體的相互作用形塑而成。

這些來自現象學的洞見使我們非常接近泛靈論長久以來堅持的觀點。畢竟，如果我們本來相信人類之所以特別因為他們是**主體**，那麼一旦明白非人類存在體也是主體，我們就進入一個全新的地帶。人格的邊界突然向外延伸，遠超出人類群體，涵蓋非人類的他者。

我在這裡提幾位西方思想家，只是要說明少數意見（minority report）始終存在，即使在西方哲學之內。但最充分發展、實踐和延續這些觀念的人，是從未被笛卡爾的假設拖累的原住民思想家，例如宏都拉斯環保運動者貝塔・凱瑟瑞斯，二〇〇六年她因捍衛瓜爾卡克河而被暗殺；因紐特族領導者希拉・瓦特－克勞蒂爾（Sheila Watt-Cloutier），二〇〇七年她被提名諾貝爾和平獎，直到該獎頒給美國前副總統高爾；巴西原住民運動者和領袖艾爾頓・克雷納克。此外，再提兩位對我有特殊影響的人，阿爾崗昆族（Algonquian）學者和運動者傑克・D・福布斯（Jack D. Forbes），以及波塔瓦托米族（Potawatomi）科學家和哲學家蘿賓・沃爾・金默勒（Robin Wall Kimmerer）。

閱讀這些傑出人物總讓我想起在第一章提過的艾梅・塞澤爾的話。回想，塞澤爾描述殖民化是一個「物化」過程。生物、自然和人類全都一樣，必須被當作客體，才能夠合法地剝削。這個概念替廉價自然和資本主義的成長鋪路。鑑於這段歷史，任何去殖民化過程必須始於**去物化**（dethingification）過程，就其理自明了。原住民學者教導我們：我們必須學習再度視自己為一個更廣大的生命共同體的一份子。如果我們的棄成長取徑不是以這個倫理為核心，我們就沒有抓到要領。

第二次科學革命

二十世紀後期，現象學成功將泛靈論原則再植入歐洲哲學核心，科學迅速跟進。過去二十年，一連串科學發現開始徹底改變我們如何看待自己與其餘生命世界的關係。

以細菌為例，數代以來我們被斬釘截鐵地告知，細菌是壞東西。我們用抗菌肥皂和化學消毒劑武裝自己，矢志清除我們的身體、住處甚至食物上看不見的小敵人——病菌。但近年來科學家已推翻許多那些早期的錯誤觀念。

我們的腸道、皮膚和其他器官居住了數以兆計的微生物，原來我們的生存依賴這些小東西。腸道菌群對於消化極為重要，因為它們分解食物，轉化成我們能夠吸收的養分。它們幫忙調控我們的免疫反應，甚至對健全的大腦功能非常重要，因為它們激活神經通道和神經系統訊息傳遞機制，幫助我們處理壓力，防止焦慮和沮喪，促進心理健康。它們甚至可能在我們的社交生活扮演角色，因為科學家最近發現，消滅小鼠體內的微生物群，會使小鼠出現反社會行為，科學家預料同樣情形也可能發生在人類身上。[11] 這些事實完全混淆了心智與身體、人類與「自然」之間任何清楚界線，二元論思想所本的假設，在科學面前一一瓦解。[12]

不僅細菌如此，即使一些病毒似乎也對我們有益，例如噬菌體（phages），它們調控細菌種群。[13] 若無噬菌體，我們體內的細菌作用可能失衡。

如果計算構成身體的所有細胞，你會發現它們較多屬於其他生命形式，較少屬於「你」這種生物。[14] 讓這個事實沉澱一下，便會顛覆我們對自己的想法。究竟什麼是自我，如果它難以跟幾兆個同我們生活在一起，共同管理我們的生理心理狀態，沒有它們我們不能存活的其他生物區分的話？誠如英國科學哲學家約翰．杜普雷（John Dupré）所言：「這些發現使人很難宣稱一個生物是自給自足的，你甚至無法劃出它的終點和另一個生物的起點。」[15]

當我們把焦距拉遠到演化時代，事情變得更加奇怪。人類有兩組DNA，一組包含在我們每一個細胞的細胞核內，另一組在粒線體內，住在細胞裡的「細胞器」（organelle）。生物學家相信第二組DNA，粒線體DNA，源自我們的細胞在演化過程某個時間點吞噬的細菌。今天，這些微小的細胞器在人類生命中扮演絕對必要的角色：把食物轉化成我們身體可以使用的能量。這實在匪夷所思，我們最基本的新陳代謝功能，甚至構成人類核心特質的基因碼，居然取決於其他生物。

這個發現影響深遠。一個與牛津大學跨領域微生物群落研究計畫有關的科學家團隊表示，與細菌相關的發現可能不但革新了我們的科學，而且徹底改變我們的本體論（ontology）：「現在我們有能力描繪存在於我們體內和周遭過去看不見的微生物生命形式，強迫我們重新思考這個世界的生物構造，以及人類相對於其他生命形式的地位。」

◆◆◆

恰似細菌革新了我們如何思考自己與世界的關係，生物學家也發現一些關於樹和森林的重要事實，顛覆我們對植物的看法。

當我們看一棵樹時，我們往往認為它是一個單一單位，就像我們認為自己是個體。但生物學家發現事情沒那麼簡單。他們終於瞭解樹依賴土壤中某些種類的真菌：細如頭髮叫做菌絲（hyphae）的結構，與樹根中的細胞交織在一起形成菌根（mycorrhiza）。真菌從中獲得的好處是吸收植物透過光合作用產生的一些糖分（它自己無法製造），樹獲得的回報則是磷和氮之類它本身不能產生，少了它們又不能存活的元素。

但此互利共生關係不限於這個古老關係中的兩造。看不見的真菌網也連結不同棵樹的根，有時跨越遙遠距離，形成一個地下互聯網，允許這些樹相互溝通，甚至分享能源、養分和藥。生態學家羅伯．麥克法蘭（Robert Macfarlane）解釋這個網絡的作用如下：

例如，一棵垂死的樹可能為了群體的利益出脫它自己的資源，或一株在茂密樹蔭底下生長的幼苗可能從比它強壯的鄰居獲得額外資源。甚至更特別的是，這個網絡也允許植物彼此通風報信。一棵遭蚜蟲攻擊的植物，可以向鄰近的植物表示它應該在蚜蟲抵達前升高防禦措施。我們已知道一段時間了，植物透過飄浮在空氣中的激素，以類似方式在地面上溝通。但就消息來源和收訊者而言，透過菌根網絡發送的警報更精確。[16]

樹木彼此合作。它們溝通、分享，不但在同類之間，也跨越物種障礙：黃杉和樺樹滋養彼此。而且不限於樹，我們知道所有植物，除了少數物種，都跟菌根有同樣的關係。恰似我們對腸道菌的理解，這些發現挑戰我們如何思考物種之間的分界線。一棵樹真的是個體嗎？它真的可以被視為一個獨立單位嗎？抑或它是更廣大、多物種有機體的一個面向？

此外還有其他發現，也許更具革命性。蘇珊・席默德博士（Dr. Suzanne Simard）是英屬哥倫比亞大學森林與保護學系教授，她認為植物之間的菌根網絡運作很像人類和其他動物的神經網絡，其功能極為相似，在節點之間傳遞訊息。如同神經網絡結構賦予動物認知能力和智力，菌根網絡提供植物同樣的能力。最近研究顯示，菌根網絡不但促進訊息傳遞、溝通和合作，恰似我們的神經元，它也促進問題解決、學習、記憶和決策。[17]

這些話並非只是用來比喻。生態學家莫妮卡・卡利亞諾（Monica Gagliano）已發表關於植物智力的開創性研究，顯示植物記得發生在它們身上的事情，並據此改變行為。換言之，它們會**學習**。最近她在《富比士》雜誌的訪談中堅稱：「我的研究和比喻完全無關。當我談論學習時，我的意思就是學習。當我談論記憶時，我的意思就是記憶。」[18]

確實，當植物遭遇新的挑戰及收到周遭世界出現變化的訊息時，它們積極改變自己的行為。植物有感覺，它們看、聽、觸和嗅，並相應做出反應。[19]如果你看過藤蔓爬上一棵樹生長的縮時影片，就會對這個功能的實際行動有概念，你就知道藤蔓不是自動化，它感覺、移動、平衡、解決問題，摸索如何在新的地勢前進。

我們學到愈多，事情變得愈奇怪（或許愈熟悉？）。席默德的研究顯示樹可以透過菌根網絡認出自己的親屬。年長的「母」樹能認出附近的樹苗來自它自己的種籽，並用這個資訊決定在壓力時刻如何分配資源。席默德也描述樹對創傷的「情緒」反應似乎和動物並無不同。被彎刀砍了之後，或在蚜蟲攻擊期間，它們的血清素濃度改變（是的，樹有血清素，還有一些常見於動物神經系統的神經化學物質），並開始發送緊急信號給它們的鄰居。

當然，這不表示植物的智力和動物完全一樣。事實上，科學家警告，我們常有衝動去比較某些物種與其他物種的智力，正是問題之所在，它導致我們看不見不同性質的智慧如何發揮作用。如果你的目的是尋找大腦，你永遠不會注意到就在我們腳下演化了四億五千萬年，穿越土地脈動的菌根。

這方面的研究剛剛起步，我們不知道它會通往何處。但席默德謹慎指出，它不是新知：

如果你聆聽海岸薩利希人（Coast Salish）和北美洲西岸原住民的一些古訓，他們已經知道「這些洞見」了。它記載在文字和口述歷史中，母樹的概念早就存在其中。真菌網，那個維持整個森林健康和充滿活力的地下網路也是。植物互動和彼此溝通，全都存在其中。他們習慣稱樹為樹人……西方科學關閉那個知識有一陣子了，現在我們正把它找回來。[20]

◆◆◆

樹不但彼此聯繫，也和我們聯繫。過去幾年研究人樹關係已產生一些真正驚人的發現。日本科學家團隊在全國各地進行一項有數百人參加的實驗。他們讓一半參與者步行十五分鐘穿越森林，另一半穿越都市環境，然後測試他們的情緒狀態。在每一個例子中，相較於都市漫步者，森林漫步者感受顯著的情緒改善，加上緊張、焦慮、憤怒、敵意、沮喪和疲倦程度降低，[21]森林漫步的益處立即和有效。

樹也影響我們的行為。研究者發現，花時間待在樹的周圍，使人更合作、更親切、更慷慨。它增加我們對世界的敬畏和驚奇，進而改變我們與他人的互動方式。它減少挑釁和不禮貌的行為。芝加哥、巴爾的摩和溫哥華的研究全都發現，即使在控制社經地位和其他干擾因子的條件下，有較高林木植被的鄰里，犯罪率顯著較低，包括攻擊、搶劫和吸毒。[22]這個情形簡直像是和樹在一起使我們更像**人類**。

我們不大清楚為什麼發生這個情形。只是因為綠色環境不知何故令人更愉快和冷靜嗎？波蘭的研究認為這個原因不成立。他們讓參與者花十五分鐘站在冬季都市樹林中，沒有樹葉，沒有綠色，沒有灌木叢，只是筆直、光禿禿的樹。你可能以為這樣的環境對人的情緒極少甚至毫無正向影響，但並非如此：相較於花十五分鐘逗留在都市地景中的控制組，站在光禿禿樹林中的參與者表示，他們的心理和情緒狀態顯著改善。[23]

除了情緒和行為，樹也以具體、實質方式影響我們的生理健康。靠近樹木生活，已被發現可以降低心血管風險。[24]在森林中散步，已被發現降低血壓、皮質醇濃度、心率及其他壓力和焦慮指標。[25]更耐人尋味的是，中國科學家團隊發現，有慢性病的年長病患，花時間待在森林之後，顯示免疫功能大幅改善。[26]我們不確定原因，但可能和樹吐納到空氣中的化合物有關。例如，松柏釋放的香氣已被發現增強一些人類免疫細胞的活動，同時降低壓力荷爾蒙濃度。[27]

加拿大科學家企圖量化樹的整體效益，他們發現樹對我們的健康和幸福感有強烈影響，甚至超過大額金錢。一個城市街廓只要種十棵樹，就可以減少心血管疾病，效益相當於額外進帳兩萬美元。而且它增加一個人的幸福感，相當於多賺一萬美元，或搬到一個中等收入多一萬美元的社區，或**感覺年輕七歲**。[28]

這些結果令人驚訝。這是一個真正的謎團，科學家至今不瞭解箇中玄機。但也許我們不應該這麼意外。畢竟，我們和樹共同演化了幾百萬年，甚至和樹分享ＤＮＡ。經過無數世代，我們的健康和幸福已依賴它們，就像我們依賴其他人類。我們和樹，在非常真實的意義上，是**親戚**。

◆◆◆

這些關於樹木、真菌、人類和細菌的非凡互依性，只是冰山之一角。生態學家發現它們實際上無所不在。地球上沒有一個生態系統的物種不是以互利的方式相互影響。我們甚至開始重新思考捕食者與獵物之間的關係。過去我們認為它與支配和掠奪有關，無非「弱肉強食」、「叢林法則」、「你死我活」罷了。當然，如果你近距離觀察個別獵食時刻，它們可以非常殘忍，只要看過獅子捕獵的影片就知道了。但更宏觀來看，你就會發現其他作用也在進行。原來捕食與平衡和均勢的關係甚於其他一切。

舉例來說，在阿拉斯加，狼控制馴鹿種群數量。捕食防止馴鹿過度啃食樹苗，從而允許森林生長和繁茂。森林防止土地侵蝕，維持土壤健康、河流清澈。優質土壤促生莓果和幼蟲，乾淨河流提供棲息地給魚和其他淡水生物，魚、莓果和幼蟲繼而提供食物給熊和鷹。這些互依性增進生態系統的強度和韌性，真正壯大網絡。但這個慷慨的連鎖效應也會逆轉。在狼被撲滅的地區，整個生態系統分崩離析，導致森林枯竭，土壤弱化，河流淤積，老鷹和熊消失。

每一個大陸的每一個地區，包括南北極，都有類似的生態系統動態，都被描述過。沒有一個物種單獨存在。個體性是錯覺。地球上的生命交織成一張關係生成（relational becoming）網。

甚至有證據顯示這些原則運作在地球層次，介於地球系統各種作用之間。科學家已知植物、動物和細菌群落如何與土地、大氣和海洋相互作用，從而調節一切，從地球表面溫度到海水鹽度到空氣成分。我們的星球是一個巨大的連鎖互惠系統。英國科學家詹姆斯・羅夫洛克（James Lovelock）和他的美國共同作者琳・馬古里斯（Lynn Margulis）描述地球是一個超級有機體，自動自我調節以維持生命存在條件，就像人體自我調節以維持內部系統功能平衡。他稱之為蓋亞假說（Gaia hypothesis），以希臘神話中的大地女神蓋亞命名。事實上，這些來自地球系統科學和生物地球化學的發現，不會令那些早就認為地球是生物，甚至是母親的人感到意外。

後資本主義倫理

這一切對我們的意義是什麼？鑑於這個科學，我們應當如何生活？為了討論起見，讓我們回顧那些關於植物的發現。當有關植物智慧的研究首次開始在社交媒體流傳時，並非人人反應正面。如果植物是聰明的，甚至在某個分散式的意義上是有意識的，那我們如何面對收割作物必然是一種謀殺的事實？我們還能砍樹做家具嗎，如果這代表拆散一個家庭？這個想法會讓生活充滿道德疑慮，以致幾乎不可能過日子。對很多人來說，這個兩難問題太麻煩了，令他們覺得唯一合理的反應是否定科學本身。

有趣的是，這正是阿丘爾人、仄翁族及其他泛靈論社群面對的難題。也許我們可以向他們經過世世代代思考得到的答案取經。他們說，收割作物或砍樹**不必然**是不道德的，就此而言，甚至獵殺和吃動物也非不道德。不道德的是做這些事情的時候不懷感恩之心，而且不互惠。不道德的是取的比你需要得多，也比你回饋的多。不道德的是剝削、強索和或許更惡劣的浪費。

回想一下，對阿丘爾人和仄翁族來說，關鍵原則是互惠，你必須從承認自己處於一個互依關係開始。蘿賓．沃爾．金默勒表示，這個交換的倫理必須始於覺悟我們打交道的對象是有主權的存在體。它是人與人的關係，對方值得我們尊敬。金默勒指出，我們從生命世界獲得食物和材料，應該採取謹慎、禮貌和感恩的態度，就像面對祖母提供了一頓健康的家常菜。我們應該將我們所獲得的視為禮物，而不是權利。[29]

這不是咕噥一句「謝謝」然後照常過我們的日子就算了（雖然即使實踐這個簡單的動作也能完全改變我們與生命世界的互動方式）。它要求更多，禮物的強大效力在於逼我們自我克制，我們必須小心別拿得比需要的多，也別拿得比對方能分享的多。這個做法有固有的節約價值，在拚命消費、遠超出過量地步的文化脈絡中，這是一個激進行為。而且任何人類學家都會告訴你，禮物也把我們綁在禮尚往來的長期合約中。[30]禮物強迫我們考慮自己能回報什麼且縈繞心頭，如果你收到某人給你的禮物，在有機會送他某個東西來報答他之前，你不會接受另一個禮物。在此意義上，禮物的邏輯非常符合生態：它講究均勢，講究平衡。的確，這就是生態系統維護自己的方法。

這一切與資本主義的邏輯恰恰相反。資本主義歸根究柢依賴一個單一、至高無上的原則：多拿少給。我們看到這個邏輯運作了五百年，從圈地和殖民化開始。為了積累盈餘，你必須從自然和人體榨取無償的價值，它們必須被物化和視為「外部」。

那麼，將互惠原則延伸到個別互動之外，超出我們與植物、動物和生態系統互動的範圍，會怎麼樣？用這些規則治理整個經濟體系會怎麼樣？令人興奮的是，生態經濟學家已經朝這個方向努力了。回想前面談過的，生態經濟學的主要原則是維持經濟穩態：開採不超過生態系統的再生能力，廢棄物不超過生態系統的安全吸收能力。阿丘爾人和仄翁族會在這裡找到很多共鳴之處。

我們怎麼知道這些臨界點在哪裡？這是生態學家使得上力的地方。生態學是一門獨特的科學分支，不但要瞭解系統的各個部分，還要知道那些部分在更廣大整體中的相互關係。生態學家擅於瞭解甚至管理生態系統的健康。在某些重要方面，他們像巫師。應用生態學家的見解，不論他們的專業知識來自大學教育或長期從事實地工作，使我們能判斷砍幾棵樹、捕幾條魚、挖多少礦，才不會打破生態系統的平衡，我們也才能夠據此設定限度和配額。

更棒的是，我們可以改採其他方法，不是僅僅盡量減少傷害，而是積極再生生態系統。這是互惠角色登場之處，也是劇情變得特別令人興奮的地方。以農業為例，現代工業化農場被建成巨大的單一作物農場，同一種作物從地平線延伸到地平線，泡在化學殺蟲劑和除草劑中，這些農藥是設計來消滅其他一切生命形式。如果你看過美國中西部的空拍照片，就知道這種農場的模樣：在資本主義農業下，土地根據極權邏輯重組，唯一目的是極大化短期榨取。這個做法把肥沃的表土變成塵土，過程中釋放大量 CO_2 羽狀霧氣流入空中。它造成昆蟲和鳥類種群衰竭，農藥溢流則殺死整個淡水生態系統。

所幸還有其他途徑。在世界各地，從維吉尼亞到敘利亞，堅毅的農人正在實驗更整體的方法，叫做再生生態農業（regenerative agroecology）。他們將多種作物種植在一起，以建立有韌性的生態系統，同時利用堆肥、有機肥料和輪耕方法，恢復土壤的生命和肥沃度。採用這些方法的地區，作物產量增加，蚯蚓返回，昆蟲種群恢復，鳥類再度繁衍。[31] 或許最棒的是，隨著衰竭的土壤恢復生機，它們從大氣吸收大量的 CO_2。事實上，科學家相信，如果我們有任何機會避免氣候崩潰，需要將再生方法推廣到世界上大部分的農田和牧場，它比任何人工碳捕捉技術有效得多。

這是互惠原則付諸行動的情形。當你回饋的和獲得的一樣多，就會對生態系統健康產生乘數效應，能起死回生。而且這個方法不限於農業。林業和漁業的再生方法也在發展中，在很多例子，人們利用南方世界原住民社群和小農長久以來使用的技術。

然而，儘管事實證明這些方法已改善作物品質和土壤的長期肥沃度，大型農企業仍遲遲不肯跟進。為什麼？因為它需要時間和勞力，需要熟悉當地生態系統，需要瞭解幾十個物種的特性和行為，以及它們如何互動。它需要關懷。當你對待農場如一個生態系統，而非一座工廠，你就啟動與土地的關係，而此關係牴觸農企業的短期開採主義邏輯。

◆◆◆

有些社群更進一步推進這些原則。他們不是僅僅鼓勵與生態系統互利共生，而是賦予大自然**法人**的權利。如果這聽起來很瘋狂，花一分鐘回想一下我們已經賦予多少非人類的實體法人地位，比如說公司。給予財富積累優於生命的特權，這是扭曲的人格觀點。我們可以倒轉這個邏輯。與其賦予埃克森和臉書人格，何不給予生物法律認可？何不給予紅木？何不給予河流？何不給予整個流域？

過去幾年，紐西蘭做出一系列不尋常的司法判決，引起國際轟動。二〇一七年，紐西蘭宣布旺格努伊河（Whanganui River）為法人。該河是紐西蘭第三長的河，長久以來被毛利人（Maori）視為聖河。現在這條河被正式認可為「一個從高山到海洋不可分割和有生命的整體」，包含它的實質和形而上的元素。毛利人從一八七〇年以來一直在為這件事奮鬥。用首席談判代表傑若・亞伯特（Gerrard Albert）的話來說：「我們認為這條河是祖先，向來如此。」而且不只河流，同一年，法院賦予高聳在北島西海岸的塔拉納基山（Mount Taranaki）同樣地位。在此之前幾年，特烏雷威拉（Te Urewera）國家公園也成為法人實體，不再是屬於政府的國有財產，而是**屬於它自己**。

繼紐西蘭的判決之後，印度的恆河和亞穆納河（Yamuna）也被賦予合法權利：「擁有與一個活人相稱的一切權利、責任和義務。」在哥倫比亞，最高法院授予亞馬遜河合法權利。未來任何傷害這些河的行為，嚴格來說都可以被起訴，和起訴對人類的傷害罪一樣。

有些國家做得更徹底。厄瓜多爾在二〇〇八年的憲法中，確立自然本身享有「存在、延續、維持和再生其生命周期」之權利。兩年後，玻利維亞通過《大地之母權利法》，承認「大地之母是動態的生命系統，由所有生命系統及互連、互依和互補，並分享共同命運的生物所組成的不可分割的共同體」。雖然有些人擔心這些權利最終可能只是華而不實的辭藻，但無論如何仍具備很大潛力，而且在一些案例中，已被成功援引來阻止可能傷害河流和流域的大型產業計畫。

我們能否把這個方法延伸到更廣大範圍，包含整個地球？有些人認為可以。原住民團體及其盟友發起一項運動，要求聯合國大會正式通過《大地之母權利世界宣言》。宣言草案表示地球應享有「孕育生命和存在的權利，被尊重的權利，再生其生態承載力及延續其生命周期和重要作用的權利」。同時，一個集結愈來愈多科學家的運動呼籲建立「地球系統治理」架構，承認影響地球的主要作用如碳循環、氮循環、洋流、森林、臭氧層等等，需要加以保護，以維持生命存活條件。此外，因為所有這些作用穿越人類製造的邊界，保護它們需要超越民族國家的合作。

少即是多

這一切代表意識上的深刻轉變開始了。生態危機有一個特性，似乎啟發我們用新的方法去思考（或不如說是召喚我們用古老的方法去思考）我們與超人類世界的關係。它帶領我們直接進入問題的核心，示意我們如何才能開始癒合那個最後爆發危機的裂痕。它授權我們去想像一個更充實、更豐饒的未來，一個免於舊資本主義教條，扎根在與生命世界互利共生的未來。

生態危機要求激進的政策反應。我們需要高所得國家減少過度的能源和物料使用，需要快速轉型到再生能源，需要轉變到後資本主義經濟體，聚焦在人類福祉和生態穩定，而非無休止的成長。但我們還需要更多，我們需要用新的方法去思考我們與生命世界的關係。我們怎麼可能結合這一切？

當我開始寫這本書時，我擔心使用棄成長做為主要骨架，畢竟它只是第一步。但當我思考我們已經踏上的旅途，我猜想它是否也不只如此。棄成長提供一個方法供我們處理這個挑戰。它代表去殖民化，包括對土地和人民，甚至思想的殖民。它代表取消公地的私有化，撤除公共財的商品化，降低工作和生活緊張度。它代表去除對人類和自然的物化，以及逐步降低生態危機。棄成長一開始只是一個減少掠奪的過程，但最後它打開充滿可能性的全景。它使我們從稀缺移到豐足，從榨取移到再生，從支配移到互惠，從孤獨和分離移到與一個生生不息的世界連結。

歸根究柢，我們所謂的「經濟體」是我們與彼此和其餘生命世界的物質關係。我們必須問自己：我們希望那個關係是什麼樣子？我們希望它像壓迫和強索嗎？或我們希望它能夠互惠和照顧？

◆◆◆

我在倫敦的書房窗外有棵樹。那是一棵巨大的栗樹，自信滿滿地拔地而起，開枝散葉將近五層樓高。這個物種在地球上已存在八千萬年，不知何故逃過最後一次大滅絕。窗外這棵栗樹有五百歲了，是一座早已摧毀的古老森林碩果僅存的幾棵之一。它是我在書中敘述的整個故事的目擊者。甚至在圈地運動開始之前，當它的根部吸取養分的土地仍是公地，未受產權或地契阻礙的時候，它就在那裡了。早期殖民侵略啟航的時候，它就在那裡了。一季接一季，它看著工業排放衝上天空，氣溫升高，住在它的葉子間的昆蟲和鳥類慢慢消失。

我常納悶，這個安靜的巨人在未來幾十年和幾世紀，在我們有生之年，以及後續世代的有生之年，會目睹些什麼？這個故事未完成的部分將如何展開？我們有力量書寫一個不同的未來，如果我們能鼓起勇氣去做的話。不做，我們可能輸掉一切；做了，我們將贏得世界。

致謝

據說佛陀以這個故事警惕世人。一對夫妻帶著他們的獨子橫渡沙漠旅行，食物逐漸見底，他們飢腸轆轆。但受到不達目的誓不罷休的野心驅使，他們拒絕改變路線。彷彿被催眠一般，他們決定殺其子、食其肉，以延續自己的生命。當他們終於抵達沙漠另一邊，當目的地失去吸引力，神智也恢復了，他們已被徹底掏空，只餘悲痛和悔恨。

我們在這裡做什麼？我們要去哪裡？這一切是為了什麼？如有目的的話，人類存在的目的是什麼？成長主義阻止我們停下來思考這些問題。它阻止我們反省我們真正希望的社會成就什麼。事實上，追求成長取代了思考本身。我們陷入催眠狀態。我們埋頭苦幹，不用大腦，渾然不覺自己在做什麼，不知周遭發生了什麼，不知我們犧牲了什麼……犧牲了**誰**。[1]

棄成長是一個把我們從催眠狀態搖醒的概念。「坐下，別動，聽著。」魯米（Rumi）

在一首詩中寫道：「因為你喝醉了，而且我們在屋頂邊緣。」

棄成長不是叫人過上自願悲慘的生活，或對人類潛能施加嚴酷的限制。事實上，它是完全不同的概念。它與欣欣向榮有關、與達到更高層次的覺悟——我們在做什麼和為什麼有關。

但催眠的力量強大，要逃脫它的掌控，需要逃離深植我們腦中的常規、嵌入我們文化的假設、形塑我們政治的意識形態。這不是簡單的任務。它需要勇氣和紀律。對我來說，它是一個漫長的旅程，我還有很多哩要走。沿途每一步，我仰賴同行旅人的恩典把我拉出常規，開示我看世界的新方法。

我從個人對話中獲益良多，在一些例子中是集思廣益，包括：Giorgos Kallis、Kate Raworth、Daniel O’ Neill、Julia Steinberger、John Bellamy Foster、Ian Gough、Ajay Chaudhary、Glen Peters、Ewan McGaughey、Asad Rehman、Bev Skeggs、David Graeber、Sam Bliss、Riccardo Mastini、Jason Hirsch、Federico de Maria、Peter Victor、Ann Pettifor、Lorenzo Fioramonti、Peter Lipman、Joan Martinez-Alier、Martin Kirk、Alnoor Ladha、Huzaifa Zoomkawala、Patrick Bond、Rupert Read、Fred Damon、Wende Marshall、Federico Cruz；The Rules 團隊；《衛報》、《外交政策》、半島電視及其他媒體的編輯，書中許多概念最初發表在這些媒體上。當然還有我的經紀人Zoe Ross及企鵝出版社的編輯Tom

Avery，感謝他們願意提供這個概念一個平台。

我也從其他許多人的著作學到很多和受啟發，包括：Silvia Federici、Jason Moore、Raj Patel、Andreas Malm、Naomi Klein、Kevin Anderson、Tim Jackson、Juliet Schor、Vandana Shiva, Arturo Escobar、George Monbiot、Herman Daly、Kate Aronoff、Robert Macfarlane、Abdullah Öcalan、Ariel Salleh、David Wallace-Wells、Nnimmo Bassey、Robin Wall Kimmerer、Timothy Morton、Daniel Quinn、Carolyn Merchant、Vijay Prashad、David Harvey、Maria Mies、Gustavo Esteva、André Gorz、Serge Latouche、Bill McKibben、Jack D. Forbes、Philippe Descola、David Abrams、Kofi Klu、Bruno Latour、Suzanne Simard、Murray Bookchin 及 Ursula Le Guin。他們的作品如路標一路指引我。

但這份名單只代表其中一小部分。我不能漏掉那些偉人，他們的話語及生活，我一次又一次重讀，從中尋找基礎和方向，包括：Aimé Césaire、Frantz Fanon、Thomas Sankara、Berta Cáceres、Mahatma Gandhi、Patrice Lumumba、Samir Amin，他們如祖先般地指導我。

我也感謝我在倫敦經濟學院、巴塞隆納自治大學、舒馬赫學院、倫敦大學金匠學院及其他地方教過的學生。授課過程常擴大我的視野，給予我新的思考和演講方法。

我在倫敦新冠疫情封城期間寫完這本書。我永遠記得那是一段奇特且陰森恐怖的時期。

人人突然明白哪些經濟活動是真正重要的，以及誰的工作讓我們依賴最深。對我來說，它再清晰也不過。我的伴侶谷蒂是國家健保局NHS的醫生。最初幾個星期，每天早上我看著她走出家門前往等於戰區的地方，希望我的眼神沒有洩漏我為她感到的恐懼。每天傍晚她從遠比我的寫作重要得多的工作下班回家，雖然一身疲憊，仍要求讀我的草稿。我們在分配給我們的運動時間出去散步，路上她一邊幫我釐清概念、強化論點和尋找敘事軸線，一邊看著灰濛濛的冬季逐漸被春天的嫩葉和花朵取代。這本書，特別是最後一章，代表一趟攜手共度的智識之旅。我對她的智慧、洞見、陪伴，以及她不屈不撓看穿我們文化使出的每一個伎倆的能力，感激不盡。每一天她都更加磨利我的敏銳度。

二〇一二年初，谷蒂和我去聽保羅．克魯曼（Paul Krugman）在倫敦經濟學院的公開演講。那是經濟大衰退時期，克魯曼主張美國需要大規模政府刺激計畫使經濟再度成長。步行回家途中，谷蒂大聲說出心中疑惑：美國，世界上最富有的國家之一，真的需要更多GDP嗎？當這麼多國家，所得比美國低得多，卻在所有真正重要的指標上表現比美國好得多。高所得經濟體真的需要不斷成長，永遠成長嗎？目的是什麼？我用老生常談的經濟學教條回答她，諸如成長對經濟體的健康多麼重要啦等等。但這個問題令我不安。我仍記得，在接下來的沉默中，我意識到我只是人云亦云，並沒有真正靠自己思考。那段對話是八年旅程的起點，而終點是這本書。

沒有比一個提問更強大的力量了。

附錄

序 由我們共同的脆弱性和團結性構成的願景

1 除非於相關參考文獻另外說明，一般來說，我使用「北方世界」一詞來代指美國、加拿大、歐洲、澳大利亞、紐西蘭、以色列和日本。「南方世界」一詞則代表世界其他地區。

導言 歡迎來到人類世

1 Damian Carrington, 'Warning of 'ecological Armageddon' after dramatic plunge in insect numbers,' *Guardian*, 2017.

2 Patrick Barkham, 'Europe faces 'biodiversity oblivion' after collapse in French birds, experts warn,' *Guardian*, 2018.

3 IPBES, *Global Assessment Report on Biodiversity and Ecosystem Services*, 2019. 有些估計顯示多達四十％昆蟲物種有滅絕危險。IPBES報告共同主席Josef Settele對這些主張的回應是：「四十％

可能太高，我們全球評估的十%又太低，但就在這個範圍內。」參閱 Ajit Niranjan, 'Insects are dying and nobody knows how fast,' *DW*, 2020. 缺乏穩健的歷史數據使縱向評估困難。而且生物量趨勢可能波動，英國研究發現蛾類生物量從一九六七年增加到一九八二年，之後穩定減少。參閱 Callum Macgregor et al., 'Moth biomass increases and decreases over 50 years in Britain,' *Nature Ecology & Evolution* 3, 2019, pp. 1645–1649.

4 'Cry of cicadas,' *Economist*, 2019.

5 Ben Guarino, "Hyperalarming' study shows massive insect loss,' *Washington Post*, 2018.

6 IPCC, *Special Report: Climate Change and Land*, 2018.

7 Robert Blakemore, 'Critical decline of earthworms from organic origins under intensive, humic SOM-depleting agriculture,' *Soil Systems* 2(2), 2018.

8 Global Commission on the Economy and Climate, 'Food and Land Use,' 2018.

9 Chris Arsenault, 'Only 60 years of farming left if soil degradation continues,' *Scientific American*, 2014.

10 Daniel Pauly and Dirk Zeller, 'Catch reconstructions reveal that global marine fisheries catches are higher than reported and declining,' *Nature Communications* 7, 2016.

11 Jonathan Watts, 'Destruction of nature as dangerous as climate change, scientists warn,' *Guardian*, 2018. 我們可能希望養殖漁業能取代衰減的魚獲，但沒那麼簡單。每一噸養殖魚需要捕撈和磨碎高達五

嚬的野生魚做為飼料。而且魚塭使用大量藥物和化學消毒劑，已經是海洋污染的重要源頭。參閱 John Vidal, 'Salmon farming in crisis,' *Guardian*, 2017.

12 我們已達到每秒扔了相當於六顆原子彈的熱量到海洋的地步。Damian Carrington, 'Global warming of oceans equivalent to an atomic bomb per second,' *Guardian*, 2019.

13 海洋生物依賴溫度梯度（temperature gradients）帶動養分從海底向海面的循環。當海水暖化，溫度梯度失效，養分循環停滯。

14 Damian Carrington, 'Ocean acidification can cause mass extinctions, fossils reveal,' *Guardian*, 2019.

15 Malin Pinsky et al., 'Greater vulnerability to warming of marine versus terrestrial ectotherms,' *Nature* 569(7754), 2019, pp. 108–111.

16 Bärbel Hönisch et al., 'The geological record of ocean acidification,' Science 335(6072), 2012, pp. 1058–1063. 珊瑚礁養活四分之一的海洋生物，包括對人類食物系統極為重要的物種。全球有五億人依賴珊瑚生態系統取得食物。參閱 David Wallace-Wells, 'The Uninhabitable Earth,' New York magazine, 2017.

17 IPBES, *Global Assessment Report on Biodiversity and Ecosystem Services*, 2019.

18 Gerardo Ceballos et al., 'Biological annihilation via the ongoing sixth mass extinction signaled by vertebrate population losses and declines,' *Proceedings of the National Academy of Sciences* 114(30),

2017.

19 根據歐洲科學院科學政策顧問委員會（European Academies' Science Advisory Council）.

20 IPCC, *Special Report: Global Warming of 1.5°C*, 2018.

21 NASA, 'NASA study finds carbon emissions could dramatically increase risk of US megadroughts,' 2015.

22 David Battisti and Rosamond Naylor, 'Historical warnings of future food insecurity with unprecedented seasonal heat,' *Science* 323(5911), 2009, pp. 240–244.

23 World Bank, *Turn Down the Heat: Why a 4°C Warmer World Must Be Avoided*, working paper 7445 (Washington, DC: World Bank, 2012).

24 Deepak Ray, 'Climate change is affecting crop yields and reducing global food supplies,' *Conversation*, 2019.

25 Ferris Jabr, 'The Earth is just as alive as you are,' *New York Times*, 2019.

26 Robert DeConto and David Pollard, 'Contribution of Antarctica to past and future sea-level rise,' *Nature* 531(7596), 2016, pp. 591–597.

27 Will Steffen et al., 'Trajectories of the Earth System in the Anthropocene,' *Proceedings of the National Academy of Sciences* 115(33), 2018, p. 8252–8259.

28 Timothy Morton, *Being Ecological* (Penguin, 2018).

29 成長當然不是資本主義唯一特點。無產階級受雇勞工和「私有財產」（亦即壟斷生產工具）也是重要特點。但談到資本與生態的關係，成長是關鍵特點。當然，二十世紀有些社會主義政權也追求成長。例如蘇聯，就絕對沉迷於成長。就此而言，它有一種國家資本主義性質（圍繞著剩餘價值和為了擴張再投資組織而成），這是為什麼它不能為我們目前危機提供有意義的替代方案的原因之一。

30 Mathias Binswanger, 'The growth imperative revisited: a rejoinder to Gilányi and Johnson,' *Journal of Post Keynesian Economics* 37(4), 2015, pp. 648–660.

31 Johan Rockström et al., 'Planetary boundaries: exploring the safe operating space for humanity,' *Ecology and Society* 14(2), 2009; Will Steffen et al., 'Planetary boundaries: Guiding human development on a changing planet,' *Science* 347(6223), 2015.

32 要知道哪些國家超出地球界限，參閱 goodlife.leeds.ac.uk/countries

33 參閱 www.calculator.climateequityreference.org.

34 如要有六十六％機會維持暖化在攝氏一．五度以下，全球碳排放量必須從二〇二〇年起每年減少十％。若全球經濟每年成長二．六％（根據 PwC 預測），則每年需脫碳十四％。幾乎比一切如常的脫碳率（每年一．六％）快九倍，比最佳情境模型假設的最大脫碳率（四％）快三倍。換言之，它超出範圍。如要有五十％機會維持在攝氏一．五度以下，每年排放量必須減少七．三％，脫碳

十．七%，也超出範圍。如要有六十六%機會維持在攝氏二度以下（根據巴黎協定），每年排放量必須減少四．一%，脫碳七%，再度超出範圍（不過如果經濟不成長，也許可達到）。這些是全球數字。對高所得國家困難更高，為了符合巴黎協定的攝氏二度目標和維持公平原則，它們必須每年減排十二%。即使在經濟不成長的假設情境下，也不可能辦到。它需要棄成長。參閱 Jason Hickel and Giorgos Kallis, 'Is green growth possible?' *New Political Economy*, 2019.（請注意此處引述的數字是這篇文章發表後更新的）

35 當我說「更多增長代表更多能源需求」，意思是相較於經濟體在任何既定能源來源組合下的基本需求。

36 Hickel and Kallis, 'Is green growth possible?' 此外，一份檢討八百三十五項實證研究的報告發現，脫鉤不足以達到氣候目標。它需要該報告作者所稱的「棄成長」情境：Helmut Haberl et al., 'A systematic review of the evidence on decoupling of GDP, resource use and GHG emissions: part II: synthesizing the insights,' *Environmental Research Letters*, 2020. 另一份檢討一百七十九項研究的報告發現「沒有整個國家或國際經濟範圍的絕對資源脫鉤證據，也沒有維持生態永續所需的那種脫鉤的證據」：T. Vadén et al., 'Decoupling for ecological sustainability: A categorisation and review of research literature,' *Environmental Science and Policy*, 2020.

37 'Survey of young Americans' attitudes toward politics and public service,' Harvard University Institute of

Politics, 2016.

38 *Edelman Trust Barometer,* 2020.

39 根據本段前面提到的二〇一五年 YouGov 民調。

40 Yale Climate Opinion Maps, Yale Program on Climate Change Communication.

41 Stefan Drews et al., 'Challenges in assessing public opinion on economic growth versus environment: considering European and US data,' *Ecological Economics* 146, 2018, pp. 265– 272.

42 *The New Consumer and the Sharing Economy,* Havas, 2015.

43 'The EU needs a stability and well-being pact, not more growth,' *Guardian*, 2018.

44 William Ripple et al., 'World scientists warn of a climate emergency,' *BioScience*, 2019.

45 World Inequality Database.

46 IPCC二〇一八年報告中的領先情境依賴物資和能源吞吐量逐漸下降。這是唯一一個情境不依賴推測性的負碳排技術來維持暖化低於攝氏一・五度或二度。它依據的文章是 Arnulf Grubler et al., 'A low energy demand scenario for meeting the 1.5 C target and sustainable development goals without negative emission technologies,' *Nature Energy* 3(6), 2018, pp. 515–527. 至於我對這個情境的看法，參閱 Hickel and Kallis, 'Is green growth possible?'

47 參閱：Serge Latouche, *Farewell to Growth* (Polity, 2009); Giorgos Kallis, Christian Kerschner and Joan

Martinez-Alier, 'The economics of degrowth,' *Ecological Economics* 84, 2012, pp. 172–180; Giacomo D'Alisa et al., eds., *Degrowth: A Vocabulary for a New Era* (Routledge, 2014); Giorgos Kallis, Degrowth (Agenda Publishing, 2018); Jason Hickel, 'What does degrowth mean? A few points of clarification', *Globalizations*, 2020.

48 Joel Millward-Hopkins et al. 'Providing decent living with minimum energy: A global scenario', *Global Environmental Change* 65, 2020; Michael Lettenmeier et al. 'Eight tons of material footprint— suggestion for a resource cap for household consumption in Finland', *Resources* 3(3), 2014.

49 關於棄成長的歷史和概述，參閱 Kallis, *Degrowth*; 南方世界觀點，參閱 Arturo Escobar, 'Degrowth, postdevelopment, and transitions: a preliminary conversation,' *Sustainability Science*, 2015.

50 關於這個框架，我受惠於 Timothy Morton, *Ecology Without Nature* (Harvard University Press, 2007).

第一章 資本主義：創世故事

1 Jason Moore, *Capitalism in the Web of Life* (Verso, 2015).

2 引自 Braudel. 亦參閱 David Graeber, *Debt: The First 5000 Years* (Penguin UK, 2012), pp. 271– 282.

3 我第一次知道這個歷史是讀 Silvia Federici, *Caliban and the Witch* (Autonomedia, 2004); 我在這一章大量引用她的著作。我也感謝 Jason Hirsch 的洞見和他的書：*Wildflower Counter-Power* (Triarchy Press, 2020).

4 Samuel Kline Cohn, *Lust for Liberty: The Politics of Social Revolt in Medieval Europe, 1200–1425* (Harvard University Press, 2009).

5 Federici, *Caliban and the Witch*, p. 46.

6 James E. Thorold Rogers, *Six Centuries of Work and Wages: The History of English Labour* (London, 1894), pp. 326ff ; P. Boissonnade, *Life and Work in Medieval Europe* (New York: Alfred A. Knopf, 1927), pp. 316–20.

7 Fernand Braudel, *Capitalism and Material Life, 1400-1800* (New York: Harper and Row, 1967), pp. 128ff; Karl Marx, *Capital* Vol. 1.

8 Carolyn Merchant, *The Death of Nature: Women, Ecology, and the Scientific Revolution* (1981).

9 Christopher Dyer, 'A redistribution of income in 15th century England,' *Past and Present* 39, 1968, p. 33.

10 John Hatcher, 'England in the aftermath of the Black Death,' *Past and Present* 144, 1994, p. 17.

11 這是 Federici 的用語。

12 莊園公地之圈地最初由一二三五年的默頓法（Statute of Merton）及一二八五年的威斯敏斯特法

（Statute of Westminster）授權，距離一二一七年頒佈的森林憲章（Charter of the Forest）賦予自由人使用森林的權利僅僅幾年。更多資料參閱 Guy Standing, *Plunder of the Commons* (Penguin, 2019).

13 Henry Phelps Brown and Sheila V. Hopkins, *A Perspective of Wages and Prices* (Routledge, 2013).

14 Edward Wrigley and Roger Schofield, *The Population History of England 1541-1871* (Cambridge University Press, 1989).

15 這段評論引自 Mark Cohen, *Health and the Rise of Civilisation* (Yale University Press, 1989).

16 Simon Szreter, 'The population health approach in historical perspective,' *American Journal of Public Health* 93(3), 2003, pp. 421–431; Simon Szreter and Graham Mooney, 'Urbanization, mortality, and the standard of living debate: new estimates of the expectation of life at birth in nineteenth century British cities,' *Economic History Review* 51(1), 1998, pp. 84–112.

17 Timothy Walton, *The Spanish Treasure Fleets* (Florida: Pineapple Press, 1994); Kenneth Pomeranz, *The Great Divergence: China, Europe, and the Making of the Modern World Economy* (Princeton University Press, 2009). 更多關於這個歷史及相關資料，參閱《鴻溝》。

18 Pomeranz, Chapter 6 in *The Great Divergence;* Sven Beckert, *Empire of Cotton: A Global History* (Vintage, 2015).

19 Andrés Reséndez, *The Other Slavery: The Uncovered Story of Indian Enslavement in America* (Houghton

Mifflin Harcourt, 2016).

20 這些數字來自一九九三年 *Harper's* 雜誌上的文章．基本工資是用一九九三年的水準計算，利息算到一九九三年。結果用一九九三年美元幣值來表示，更新後的數字會比這個高很多。

21 Utsa Patnaik, *Agrarian and Other Histories* (Tulik Books, 2018); Jason Hickel, 'How Britain stole $45 trillion from India,' *Al Jazeera*, 2018; Gurminder Bhambra, '"Our Island Story": The Dangerous Politics of Belonging in Austere Times,' in *Austere Histories in European Societies* (Routledge, 2017).

22 B.R. Tomlinson, 'Economics: The Periphery,' In *The Oxford History of the British Empire* (1990), p. 69.

23 Ellen Meiksins Wood, *The Origin of Capitalism: A Longer View* (Verso, 2003).

24 Karl Polanyi, *The Great Transformation* (Boston: Beacon Press, 1944).

25 John Locke, *The Second Treatise of Government*, 1689.

26 更多關於稀缺性的歷史，參閱 Nicholas Xenos, *Scarcity and Modernity* (Routledge, 2017).

27 這段話引自 Michael Perelman, *The Invention of Capitalism: Classical Political Economy and the Secret History of Primitive Accumulation* (Duke University Press, 2000).

28 Mike Davis, *Late Victorian Holocausts: El Niño Famines and the Making of the Third World* (Verso Books, 2002).

29 梅特蘭在一本書中探討這個弔詭現象，書名為 *Inquiry into the Nature and Origin of Public Wealth and*

into the Means and Causes of its Increase。更多這方面的資料，參閱 John Bellamy Foster, Brett Clark and Richard York, *The Ecological Rift : Capitalism's War on the Earth* (NYU Press, 2011).

30 這個歷史詳述於 Merchant, *Death of Nature*.

31 Stephen Gaukroger, *The Emergence of a Scientific Culture: Science and the Shaping of Modernity 1210–1685* (Clarendon Press, 2008).

32 Brian Easle, *Witch-Hunting, Magic and the New Philosophy* (The Harvester Press, 1980), cited in Federici p. 149.

33 Merchant, *Death of Nature*, p. 3.

34 Gaukroger, p. 325.

35 Juliet Schor, *The Overworked American: The Unexpected Decline of Leisure* (Basic Books, 2008).

36 E.P. Thompson, *Customs in Common: Studies in Traditional Popular Culture* (New Press/ORIM, 2015).

37 這是一五三六年遊民法（Vagabonds Act）使用的語言。

38 William Harrison, *Description of Elizabethan England*, 1577.

39 參閱 Max Weber, *The Protestant Ethic and the Spirit of Capitalism* (1930).

40 參閱 Raj Patel and Jason W. Moore, *A History of the World in Seven Cheap Things: A Guide to Capitalism, Nature, and the Future of the Planet* (University of California Press, 2017).

41 Federici 在 *Caliban and the Witch* 中花很多篇幅探討這個議題。亦參閱 Maria Mies, *Patriarchy and Accumulation on a World Scale* (London: Zed, 1986).

42 Aimé Césaire, *Discourse on Colonialism*, 1955.

43 Mario Blaser, 'Political ontology: Cultural studies without 'cultures'?' *Cultural Studies* 23(5–6), 2009, pp. 873– 896.

44 Ngũgĩ wa Thiong'o, *Decolonising the Mind: The Politics of Language in African Culture* (London: James Currey, 1986).

45 這個見解引自 Timothy Morton, *Being Ecological* (Penguin, 2018).

46 這個見解引自二〇〇二年 Daniel Quinn 的演講，講題為 'A New Renaissance'

第二章 無敵破壞王崛起

1 Jason W. Moore, 'The Capitalocene Part II: accumulation by appropriation and the centrality of unpaid work/energy,' *Journal of Peasant Studies* 45(2), 2018, pp. 237–279.

2 「使用價值」和「交換價值」的概念，以及資本積累公式，引自馬克思的《資本論》。更多關於資本與生態崩解之間的關係，參閱 Foster and Clark, 'The planetary emergency,' *Monthly Review*, 2012.

3 巨大吸血八爪魚是 Matt Taibbi 的比喻。

4 David Harvey, *A Brief History of Neoliberalism* (Oxford University Press, 2007).

5 Matthias Schmelzer, *The Hegemony of Growth: The OECD and the Making of the Economic Growth Paradigm* (Cambridge University Press, 2016).

6 David Harvey, *A Brief History of Neoliberalism* (Oxford, 2005).

7 更多關於南方國家的後殖民發展主義政策的故事，及其自一九八〇年代起的逆轉，參閱 Jason Hickel, *The Divide* (London: Penguin Random House, 2018), Chapters 4 and 5.

8 Hickel, *The Divide*, Chapter 5.

9 Harvey, *A Brief History of Neoliberalism*.

10 Jason Hickel, 'Global inequality: do we really live in a one-hump world?' *Global Policy*, 2019.

11 更多關於吸引外資的作為，參閱 Jason Hickel, 'The new shock doctrine: 'Doing business' with the World Bank,' *Al Jazeera*, 2014.

12 Tim Jackson and Peter Victor, 'Productivity and work in the 'green economy': some theoretical reflections and empirical tests,' *Environmental Innovation and Societal Transitions* 1(1), 2011, pp. 101–108.

13 一九〇〇至一九七〇年的數字仰賴 F. Krausmann et al., 'Growth in global materials use, GDP and

population during the 20th century,' *Ecological Economics*, 68(10), 2009, pp. 2696–2705. 一九七〇至二〇一七年的數字仰賴 materialflows.net. 二〇二〇年的數字仰賴聯合國國際資源委員會（UN International Resource Panel）的推估。

14 Stefan Bringezu, 'Possible target corridor for sustainable use of global material resources,' *Resources* 4(1), 2015, pp. 25–54. Bringezu 認為兩百五十至五百億噸是一個安全的目標範圍。當然，材料足跡的總計限額很難界定，因為不同材料有不同性質的衝擊，開採的衝擊也因管理技術而異。此外，有些人可能認為某些類別的開採界限應界定為區域性，而非全球性。無論如何，共識是五百億噸是一個合理的全球最大臨界值。

15 International Resource Panel, *Global Resources Outlook* (UN Environment Programme, 2019).

16 合計來看，物質使用總量與生態衝擊緊密掛鉤，相關係數達〇・七三。參閱 E. Voet et al., 'Dematerialisation: not just a matter of weight,' *Journal of Industrial Ecology*, 8(4), 2004, pp. 121–137.

17 GDP 與能源之間不是一對一的關係；效率改善導致穩定的逐漸相對脫鉤。無論如何，兩者之間存在強烈正向關係（即每增加一個單位的 GDP 需要使用更多能源）。

18 不過近期研究已質疑長期存在的天然氣的碳排強度低於石油的假設：Benjamin Hmiel et al., 'Preindustrial 14 CH4 indicates greater anthropogenic fossil CH4 emissions,' *Nature* 578 (7795), 2020, pp. 409–412.

19 'Global primary energy consumption,' Our World in Data, 2018.

20 FAO, *Current Worldwide Annual Meat Consumption Per Capita, Livestock and Fish Primary Equivalent* (UN Food and Agriculture Organization, 2013).

21 'Global consumption of plastic materials by region,' Plastics Insight, 2016.

22 此處數字代表的材料足跡包括進口產品的原物料衝擊。關於人均界限的討論，參閱 Bringezu, 'Possible target corridor for sustainable use of global material resources.'

23 此處我用人均八噸做為可持續的臨界值，這是 Giljum Dittrich et al 建議的二〇三〇年目標。

24 這一段我引述的概念和語言來自凱特・拉沃斯，透過私人書信。

25 Christian Dorninger et al., 'Global patterns of ecologically unequal exchange: implications for sustainability in the 21st century,' *Ecological Economics*, 2020.

26 Jason Hickel, 'Quantifying national responsibility for climate breakdown: An equality-based attribution approach to carbon dioxide emissions in excess of the planetary boundary', *Lancet Planetary Health*, 2020. 圖中顯示的結果是每個區域內的國家超額碳排總和。

27 這些結果是根據我自己的計算，來自 Hickel, 'Who is responsible for climate breakdown?' 我用一八五〇至一九七〇年的境內排放，一九七〇至二〇一五年的消費導向排放。

28 Climate Vulnerability Monitor (DARA, 2012)

29 'Climate change and poverty,' Human Rights Council, 2019.

30 Tom Wilson, 'Climate change in Somaliland – 'you can touch it,' *Financial Times*, 2018.

31 Rockström et al., 'Planetary boundaries'; Steffen et al., 'Planetary boundaries.'

32 參閱 Giorgos Kallis, Limits: *Why Malthus was Wrong and Why Environmentalists Should Care* (Stanford University Press, 2019). 這個新的思考極限的方法在某個程度上反映在巴黎氣候協定中。由於認清地球界限的現實，各國已承諾限制全球暖化至攝氏一．五度，至少是白紙黑字。我們可以擴大這個方法，爭取各國對其他所有地球界限做出同樣的承諾。

第三章 科技救得了我們嗎？

1 Leo Hickman, 'The history of BECCS,' *Carbon Brief*, 2016.

2 Glen Peters, 'Does the carbon budget mean the end of fossil fuels?' *Climate News*, 2017.

3 此外可能還有尋找足夠的儲存空間容納我們從大氣中捕獲的全部 CO_2 的議題。以及萬一發生地震等等容易洩漏的疑慮。H. De Coninck and S.M. Benson, 'Carbon dioxide capture and storage: issues and prospects,' *Annual Review of Environment and Resources*, 39, 2014, pp. 243–270.

4 Sabine Fuss et al., 'Betting on negative emissions,' *Nature Climate Change* 4(10), 2014, pp. 850–853.

5 Pete Smith et al., 'Biophysical and economic limits to negative CO2 emissions,' *Nature Climate Change* 6(1), 2016, pp. 42–50.

6 Kevin Anderson and Glen Peters, 'The trouble with negative emissions,' *Science* 354(6309), 2016, pp. 182–183.

7 Vera Heck, 'Biomass-based negative emissions difficult to reconcile with planetary boundaries,' *Nature Climate Change* 8(2), 2018, pp. 151–155.

8 Pete Smith et al., 'Biophysical and economic limits to negative CO2 emissions,' *Nature Climate Change* 6(1), 2016, pp. 42–50.

9 'Six problems with BECCS,' FERN briefing, 2018.

10 Henry Shue, 'Climate dreaming: negative emissions, risk transfer, and irreversibility,' *Journal of Human Rights and the Environment* 8(2), 2017, pp. 203–216.

11 Hickman, 'The history of BECCS'.

12 Daisy Dunne, 'Geo-engineering carries 'large risks' for the natural world, studies show,' *Carbon Brief*, 2018.

13 參閱 the Climate Equity Reference Calculator at calculator.clima-teequityreference.org.

14 PwC 預測全球 GDP 平均每年成長二・六%直到二〇五〇年（達到目前規模的二・一五倍）。以 GDP 與能源之間既有的關係，這表示到了二〇五〇年能源需求會增加一・八三倍。當然，再生能源比化石燃料有效率，轉型到再生能源可以導致到了二〇五〇年總能源使用不增加的結果，儘管經濟照常成長，但它仍然比經濟不成長的情形（在任何既定能源組合下）大了一・八三倍。

15 這些脫碳數字假設有六十六%機率維持在目標臨界點之下，以及全球 GDP 平均每年成長二・六%。最佳情境模型假設的最大脫碳速率是每年四%。相關文獻的評述，參閱 Hickel and Kallis, 'Is green growth possible?'

16 Christian Holz et al., 'Ratcheting ambition to limit warming to 1.5°C : trade-offs between emission reductions and carbon dioxide removal,' *Environmental Research Letters* 13(6), 2018.

17 IPCC 二〇一八年報告只有一個情境是不使用 BECCS 技術維持在攝氏一・五度以下。它依賴大量減少能源和材料使用。該情境根據的論文是 Grubler et al., 'A low energy demand scenario for meeting the 1.5°C target.' 相關討論參閱 Hickel and Kallis, 'Is green growth possible?'

18 World Bank, *The Growing Role of Minerals and Metals for a Low-Carbon Future*, 2017.

19 'Leading scientists set out resource challenge of meeting net zero emissions in the UK by 2050,' Natural History Museum, 2019.

20 根據來自 www.miningdataonline.com 的數據。

21 Amit Katwala, 'The spiralling environmental cost of our lithium battery addiction,' WIRED, 2018.

22 Jonathan Watts, 'Environmental activist murders double in 15 years,' *Guardian*, 2019.

23 Derek Abbott, 'Limits to growth: can nuclear power supply the world's needs?' *Bulletin of the Atomic Scientists* 68(5), 2012, p. 23–32.

24 這兩句引語均出自 Kate Aronoff , 'Inside geo-engineers' risky plan to block out the sun,' *In These Times*, 2018.

25 Trisos, C. H. et al., 'Potentially dangerous consequences for biodiversity of solar geo-engineering implementation and termination,' *Nature Ecology & Evolution*, 2018.

26 參閱 Hickel and Kallis, 'Is green growth possible?'; Haberl et al., 'A systematic review of the evidence on decoupling'; 及 Vadén et al., 'Decoupling for ecological sustainability'.

27 International Resource Panel, *Decoupling* 2 (UN Environment Programme, 2014).

28 Guiomar, Calvo et al., 'Decreasing ore grades in global metallic mining: A theoretical issue or a global reality?' *Resources* 5(4), 2016.

29 Monika Dittrich et al., *Green Economies Around the World?* (SERI, 2012).

30 Heinz Schandl et al., 'Decoupling global environmental pressure and economic growth: scenarios for energy use, materials use and carbon emissions,' *Journal of Cleaner Production* 132, 2016, pp. 45–56.

31 International Resource Panel, *Assessing Global Resource Use* (UN Environment Programme).

32 Tim Santarius, *Green Growth Unravelled: How Rebound Effects Baffle Sustainability Targets When the Economy Keeps Growing* (Heinrich Boll Stiftung, 2012).

33 雖然有些食物可以經由堆肥和養分回收技術循環再利用。

34 W. Haas et al., 'How circular is the global economy? An assessment of material flows, waste production, and recycling in the European Union and the world in 2005,' *Journal of Industrial Ecology*, 19(5), 2015, pp. 765–777.

35 *The Circularity Report* (PACE, 2015).

36 這個概念最早由赫曼・達利提出。

37 參閱 Kallis, *Degrowth* 最後一章。

38 Beth Stratford, 'The threat of rent extraction in a resource-constrained future,' *Ecological Economics* 169, 2020.

第四章 美好生活的祕訣

1 參閱 Szreter, 'The population health approach in historical perspective'; Simon Szreter, 'Rapid economic growth and 'the four Ds' of disruption, deprivation, disease and death: public health lessons from nineteenth century Britain for twenty first century China?' *Tropical Medicine & International Health* 4(2), pp. 146–152.

2 Simon Szreter, 'The importance of social intervention in Britain's mortality decline c. 1850–1914: A re-interpretation of the role of public health,' *Social history of medicine* 1(1), pp. 1–38.

3 Simon Szreter, 'Rethinking McKeown: The relationship between public health and social change,' *American Journal of Public Health* 92(5), pp. 722–725. 從前的公共財和公地是兩回事（公地是集體管理的，公共財則通常由中央管理，雖然未必總是如此），但在此處兩者相提並論，因為它們都構成集體供給形式。

4 Chhabi Ranabhat et al., 'The influence of universal health coverage on life expectancy at birth (LEAB) and healthy life expectancy (HALE): a multi-country cross-sectional study,' *Frontiers in Pharmacology* 9, 2018.

5 Wolfgang Lutz and Endale Kebede, 'Education and health: redrawing the Preston curve,' *Population and*

Development Review 44(2), 2018.

6 Szreter, 'The population health approach in historical perspective.'

7 Julia Steinberger and J. Timmons Roberts, 'From constraint to sufficiency: The decoupling of energy and carbon from human needs, 1975–2005,' *Ecological Economics* 70(2), 2010, pp. 425–433.

8 這個數據來自 Centre on International Education Benchmarking.

9 Juliana Martínez Franzoni and Diego Sánchez-Ancochea, *The Quest for Universal Social Policy in the South: Actors, Ideas and Architectures* (Cambridge University Press, 2016).

10 Amartya Sen, 'Universal healthcare: the affordable dream,' *Guardian*, 2015.

11 Jason Hickel, 'Is it possible to achieve a good life for all within planetary boundaries?' *Third World Quarterly* 40(1), 2019, pp. 18–35（這項研究是基於 Daniel O'Neill et al., 'A good life for all within planetary boundaries,' *Nature Sustainability,* 2018, p. 88–95）; Jason Hickel, 'The Sustainable Development Index: measuring the ecological efficiency of human development in the Anthropocene,' *Ecological Economics* 167, 2020.

12 Ida Kubiszewski et al., 'Beyond GDP: Measuring and achieving global genuine progress,' *Ecological Economics* 93, 2013, pp. 57–68. 該書作者引用 Max-Neef 來解釋這個臨界點是ＧＤＰ成長的社會和環境成本大到足以抵銷消費相關的獲利。參閱 Manfred Max-Neef, 'Economic growth and quality of life:

a threshold hypothesis,' *Ecological Economics* 15(2), 1995, pp. 115–118. 亦參閱 William Lamb et al., 'Transitions in pathways of human development and carbon emissions,' *Environmental Research Letters* 9(1), 2014; Angus Deaton, 'Income, health, and well-being around the world: Evidence from the Gallup World Poll,' *Journal of Economic Perspectives* 22(2), 2008, pp. 53–72; Ronald Inglehart, *Modernization and Postmodernization: Cultural, Economic, and Political Change in 43 Societies* (Princeton University Press, 1997).

13 Tim Jackson, 'The post-growth challenge: secular stagnation, inequality and the limits to growth,' CUSP Working Paper No. 12 (Guildford: University of Surrey, 2018).

14 Mark Easton, 'Britain's happiness in decline,' BBC News, 2006.

15 Richard Wilkinson and Kate Pickett, *The Spirit Level: Why Equality is Better for Everyone* (Penguin 2010).

16 Lukasz Walasek and Gordon Brown, 'Income inequality and status seeking: Searching for positional goods in unequal US states,' *Psychological Science,* 2015.

17 Adam Okulicz-Kozaryn, I. V. Holmes and Derek R. Avery, 'The subjective well-being political paradox: Happy welfare states and unhappy liberals,' *Journal of Applied Psychology* 99(6), 2014; Benjamin Radcliff , *The Political Economy of Human Happiness: How Voters' Choices Determine the Quality of*

Life (Cambridge University Press, 2013).

18 根據聯合國的 World Happiness Report.

19 Dacher Keltner, *Born to be Good: The Science of a Meaningful Life* (WW Norton & Company, 2009); Emily Smith and Emily Esfahani, *The Power of Meaning: Finding Fulfilment in a World Obsessed with Happiness* (Broadway Books, 2017).

20 六十歲的尼科亞男性的中位數壽命是八十四・三歲（比日本男性多三歲），女性的中位數壽命是八十五・一歲。參閱 Luis Rosero-Bixby et al., 'The Nicoya region of Costa Rica: a high longevity island for elderly males,' *Vienna Yearbook of Population Research,* 11, 2013; Jo Marchant, 'Poorest Costa Ricans live longest,' *Nature News,* 2013; Luis Rosero-Bixby and William H. Dow, 'Predicting mortality with biomarkers: a population-based prospective cohort study for elderly Costa Ricans,' *Population Health Metrics* 10(1), 2012.

21 Danny Dorling, *The Equality Effect* (New Internationalist, 2018).

22 Wilkinson and Pickett, *The Spirit Level*.

23 *Confronting Carbon Inequality,* Oxfam, 2020.

24 Yannick Oswald, Anne Owen, and Julia K. Steinberger, 'Large inequality in international and intranational energy footprints between income groups and across consumption categories,' *Nature Energy* 5(3), 2020,

pp. 231–239.

25 Thomas Piketty, 'The illusion of centrist ecology,' *Le Monde*, 2019.

26 World Happiness Report.

27 CFO Journal, 'Cost of health insurance provided by US employers keeps rising,' *Wall Street Journal*, 2017.

28 David Ruccio, 'The cost of higher education in the USA,' *Real-World Economics Review* blog, 2017.

29 平均實質工資在一九七三年達到每小時二十三美元的高峰，一九九五年跌到十九美元的谷底，二〇一八年停在二十二美元（美國勞工統計局）。一九七三年貧窮人口比例為十一%，二〇一七年為十二・三%（美國人口普查局）。

30 World Inequality Database.

31 參閱 www.goodlife.leeds.ac.uk/countries.

32 Hickel, 'Is it possible to achieve a good life for all?' 這項研究基於 Kate Raworth, "A safe and just space for humanity: can we live within the doughnut?" *Oxfam Policy and Practice* 8(1), 2012。注意哥斯大黎加是這組數據中表現最強者之一，但它有相對高的所得不均度。這表示它不需要增加任何成長，就可以更進一步改善社會成果。

33 Frantz Fanon, *The Wretched of the Earth* (Grove Press, 1963).

34 參閱 Ashish Kothari et al., *Pluriverse: A Post- Development Dictionary* (Columbia University Press, 2019).

35 Dorninger et al., 'Global patterns of ecologically unequal exchange.'

36 David Woodward, 'Incrementum ad absurdum: global growth, inequality and poverty eradication in a carbon-constrained world,' *World Economic Review* 4, 2015, pp. 43–62.

37 三分錢之數是根據世界銀行貧窮統計網 PovcalNet，不含東亞地區。

38 World Inequality Database.

39 根據世界銀行數據，每日所得提高到七・四美元需要六兆美元，中低所得國家的人均健康支出提高到哥斯大黎加的水準另外需要四兆美元。

40 這個數目引自 Credit Suisse Global Wealth Report, 2019.

41 Zak Cope, *The Wealth of (Some) Nations: Imperialism and the Mechanics of Value Transfer* (Pluto Press, 2019).

42 這個數目來自 Global Financial Integrity 的各種報告。

43 這個數目是根據 1999 UN Trade and Development Report 的估計。該報告指出工業出口部門每年損失七千億美元潛在收入，農業出口部門損失的金額更多。

44 這個見解得自 Dan O'Neill。參閱例如： Rob Dietz and Daniel W. O'Neill, *Enough is Enough: Building*

a Sustainable Economy in a World of Finite Resources (Routledge, 2013).

45 全球化石燃料補貼的數據來自國際貨幣基金，全球軍事支出的數據來自世界銀行。

46 Mariana Mazzucato, 'The entrepreneurial state,' *Soundings* 49, 2011, pp. 131–142.

第五章 通往後資本主義世界之路

1 International Resource Panel, *Global Resources Outlook* (United Nations Environment Programme, 2019).

2 Bringezu, 'Possible target corridor for sustainable use of global material resources.' 國家需要降到每人最多八噸的材料足跡（Bringezu 建議二〇五〇年達到每人三至六噸的目標）。這表示美國需要減少物質使用七十五%，英國六十六%，葡萄牙五十五%，沙烏地阿拉伯三十三%等等，根據 materialflows.net 二〇一三年數據。更多關於各種衝擊指數的必要降幅，參閱 Hickel, 'Is it possible to achieve a good life for all?'

3 Joel Millward-Hopkins et al. 'Providing decent living with minimum energy'; Michael Lettenmeier et al. 'Eight tons of material footprint'.

4 Markus Krajewski, 'The Great Lightbulb Conspiracy,' *IEEE Spectrum*, 2014.

5 家電壽命的數據來自‘How long should it last?’ Whitegoods Trade Association。WTA 表示「平均壽命從十年以上跌到七年以下，廉價家電只有幾年壽命的情形比比皆是」。全國房屋建商協會在‘Study of Life Expectancy of Home Components’中指出，若無計畫性報廢，大型家電可以多用二至五年。

6 全球智慧型手機銷售及滲透數據來自 statista.com。

7 Alain Gras, ‘Internet demande de la sueur,’ *La Decroissance*, 2006.

8 Andre Gorz, *Capitalism, Socialism, Ecology*, 英譯者 Chris Turner (London: Verso, 1994).

9 Robert Brulle and Lindsay Young, ‘Advertising, individual consumption levels, and the natural environment, 1900–2000,’ *Sociological Inquiry* 77(4), 2007, pp. 522–542.

10 全球廣告支出數據來自 statista.com。

11 Elizabeth Cline, ‘Where does discarded clothing go?’ *The Atlantic*, 2014.

12 來自歐洲二十七國一九八〇至二〇一一年的數據顯示，廣告支出與國民的快樂和滿足感之間存在反向關係。Nicole Torres, ‘Advertising makes us unhappy,’ *Harvard Business Review*, 2020.

13 這個見解得自 Noam Chomsky 在二〇一三年 Michael S. Wilson 主持的訪談。

14 *Global Food: Waste Not, Want Not*, Institute of Mechanical Engineers, 2013.

15 這些計算僅僅假設減少一半農業總碳排量（占全球總碳排量二十六%）及土地使用（四十九億公

頃）。‘Food is responsible for one-quarter of the world’s greenhouse gas emissions,’ Our World in Data, 2019; ‘Land use,’ Our World in Data, 2019.

16 ‘Grade A Choice?’ Union of Concerned Scientists, 2012.

17 我說「在大多數例子」是因為雖然絕大部分牛肉是做為大宗商品而消耗掉的，但有些原住民或傳統遊牧社會（例如肯亞的 Maasai 族）靠養牛維生。

18 Elke Stehfest et al., ‘Climate benefits of changing diet,’ *Climatic Change* 95(1–2), 2009, pp. 83–102.

19 Joseph Poore and Thomas Nemecek, ‘Reducing food’s environmental impacts through producers and consumers,’ *Science* 360(6392), 2018, pp. 987–992.

20 Marco Springmann et al., ‘Health-motivated taxes on red and processed meat: A modelling study on optimal tax levels and associated health impacts,’ *PloS One* 13(11), 2018.

21 根據美國人口普查局，美國房屋面積從一九七三年平均每人五百五十一平方英尺，增加到二〇一五年的一千零五十八平方英尺。

22 Fridolin Krausmann et al., ‘Global socioeconomic material stocks rise 23-fold over the 20th century and require half of annual resource use,’ *Proceedings of the National Academy of Sciences* 114(8), 2017, pp. 1880–1885.

23 Bringezu, ‘Possible target corridor for sustainable use of global material resources.’

24 多項美國民調顯示絕大多數人支持聯邦工作保障。英國的支持率是七十二% (YouGov, 2020).

25 更多關於工作保障如何運作及財源從何而來，參閱 Pavlina Tcherneva, *The Case for a Job Guarantee* (Polity, 2020)。

26 這項研究報導於 Kyle Knight, Eugene Rosa and Juliet Schor, 'Could working less reduce pressures on the environment? A cross- national panel analysis of OECD countries, 1970–2007,' *Global Environmental Change* 23(4), 2013, p. 691–700. 值得注意的是，相較於與所得有關的快樂，從空閒時間獲得的額外快樂與地位無關。同一篇文章報導的各項調查顯示，工作時間較短的人比工作時間較長的人有更高程度的幸福感。

27 Anders Hayden, 'France's 35-hour week: Attack on business? Win-win reform? Or betrayal of disadvantaged workers?' *Politics & Society* 34(4), 2006, pp. 503–542.

28 這項研究報導於 Peter Barck-Holst et al., 'Reduced working hours and stress in the Swedish social services: A longitudinal study,' *International Social Work* 60(4), 2017, pp. 897–913.

29 Boris Baltes, et al., 'Flexible and compressed workweek schedules: A meta-analysis of their effects on work-related criteria,' *Journal of Applied Psychology* 84(4), 1999.

30 Anna Coote et al., '21 hours: why a shorter working week can help us all flourish in the 21st century,' New Economics Foundation, 2009.

31 François-Xavier Devetter and Sandrine Rousseau, 'Working hours and sustainable development,' *Review of Social Economy* 69(3), 2011, pp. 333–355.

32 關於法國將每周工時改成三十五小時的結果，參閱例如：Samy Sanches, 'Sustainable consumption à la française? Conventional, innovative, and alternative approaches to sustainability and consumption in France,' *Sustainability: Science, Practice and Policy* 1(1), 2005, pp. 43–57.

33 David Rosnick and Mark Weisbrot, 'Are shorter work hours good for the environment? A comparison of US and European energy consumption,' *International Journal of Health Services* 37(3), 2007, pp. 405–417.

34 Jared B. Fitzgerald, Juliet B. Schor and Andrew K. Jorgenson, 'Working hours and carbon dioxide emissions in the United States, 2007–2013,' *Social Forces* 96(4), 2018, pp. 1851–1874.

35 這個概念是 Theodor Adorno 和 Max Horkheimer 闡述於 *Dialectic of Enlightenment* (New York: Herder and Herder, 1972).

36 Lawrence Mishel and Jessica Schieder, 'CEO compensation surged in 2017,' *Economic Policy Institute*, 2018.

37 Sam Pizzigati, *The Case for a Maximum Wage* (Polity, 2018).

38 Pizzigati, *The Case for a Maximum Wage*.

39 World Inequality Database.
40 YouGov, 2020.
41 'Social prosperity for the future: A proposal for Universal Basic Services,' UCL Institute for Global Prosperity, 2017.
42 Frank Adloff 描述這是「歡樂基礎設施」。參閱他的文章 'Degrowth meets convivialism', in *Resilience*.
43 Walasek and Brown, 'Income inequality and status seeking: Searching for positional goods in unequal US states'.
44 而且學習和發展新技能的機會，譬如音樂、維修、種菜、做家具，可促進在地自給自足。Samuel Alexander 和 Brendan Gleeson 在他們的書中說明其作用：*Degrowth in the Suburbs: A Radical Urban Imaginary* (Springer, 2018).
45 Kallis, *Limits*, p. 66.
46 這方面的證據來自加拿大、義大利和英國的研究，報導於 Stratford, 'The threat of rent extraction'.
47 Graeber, *Debt*.
48 Graeber, Debt, p. 82.
49 Johnna Montgomerie, *Should We Abolish Household Debts?* (John Wiley & Sons, 2019).

50 我在《鴻溝》中詳細討論這段歷史。

51 有些城市和地區政府已實驗「公民債務審核制度」，由人民集體決定哪些債務可以免除而不造成不良社會後果，哪些債務應該償還。為避免借貸危機，債務免除應分階段進行，而且應該建立與民營銀行並行的公立金融系統，隨時準備放貸，即使過度曝險的銀行垮了，仍能維持民眾信心。

52 Graeber, Debt, p. 390.

53 感謝 Charles Eisenstein 提供這個類比。

54 Louison Cahen-Fourot and Marc Lavoie, 'Ecological monetary economics: A post-Keynesian critique,' *Ecological Economics* 126, 2016, pp. 163–168.

55 Mary Mellor, *The Future of Money* (Pluto Press, 2010).

56 *Escaping Growth Dependency* (Positive Money, 2020); Stephanie Kelton, *The Deficit Myth: Modern Monetary Theory and How to Build a Better Economy* (Hachette UK, 2020); Jason Hickel, 'Degrowth and MMT: A thought experiment', 2020 (www.jasonhickel.org/blog/ 2020/9/10/degrowth-and-mmt-a-thought-experiment).

57 Oliver Hauser et al., 'Co-operating with the future,' *Nature* 511(7508), 2014, pp. 220–223.

58 遊說支出數據來自 Centre for Responsive Politics。

59 Raquel Alexander, Stephen W. Mazza, and Susan Scholz, 'Measuring rates of return on lobbying

expenditures: An empirical case study of tax breaks for multinational corporations,' *Journal of Law & Politics* 25, 2009.

60 Martin Gilens and Benjamin I. Page, 'Testing theories of American politics: Elites, interest groups, and average citizens,' *Perspectives on politics* 12(3), 2014, pp. 564–581.

61 Simon Radford, Andrew Mell, and Seth Alexander Thevoz, ''Lordy Me!' Can donations buy you a British peerage? A study in the link between party political funding and peerage nominations, 2005–2014,' *British Politics*, 2019, pp. 1–25.

62 Ewan McGaughey, 'Democracy in America at work: the history of labor's vote in corporate governance,' *Seattle University Law Review* 697, 2019.

63 'Media Ownership Reform: A Case for Action,' Media Reform Coalition, 2014.

64 Ashley Lutz, 'These six corporations control 90% of the media in America,' *Business Insider*, 2012.

65 Elinor Ostrom, *Governing the Commons: The Evolution of Institutions for Collective Action* (Cambridge University Press, 1990)。

66 這個概念得自希臘裔法國哲學家 Cornelius Castoriadis。

第六章 萬物相連

1 民族誌學者 Knud Rasmussen 於二十世紀初做的訪談。

2 Lourens Poorter et al., 'Biomass resilience of Neotropical secondary forests,' *Nature* 530(7589), 2016, pp. 211–214.

3 Susan Letcher and Robin Chazdon, 'Rapid recovery of biomass, species richness, and species composition in a forest chronosequence in northeastern Costa Rica,' *Biotropica* 41(5), pp. 608–617.

4 接下來的例子，我引用 Philippe Descola 在 *Beyond Nature and Culture* (University of Chicago Press, 2013) 中討論的民族誌資料。

5 Graham Harvey, *The Handbook of Contemporary Animism* (Routledge, 2014).

6 追隨 Graham Harvey，我在此處指涉 Martin Buber 對於我與汝（I-thou）和我與它（I-it）兩個典範的區分。

7 關於這一點我引用 Eduardo Viveiros de Castro 的作品及他的「視角主義」（perspectivism）概念。參閱例如：'Cosmological deixis and Amerindian perspectivism,' *Journal of the Royal Anthropological Institute*, 1998.

8 Hannah Rundle, 'Indigenous knowledge can help solve the biodiversity crisis,' *Scientific American*, 2019.

9 更多關於史賓諾沙的自然主義，參閱 Hasana Sharp, *Spinoza and the Politics of Renaturalization* (University of Chicago Press, 2011)。

10 David Abram, *The Spell of the Sensuous: Perception and Language in a More-Than-Human World* (Vintage, 2012).

11 這項研究報導於 Carl Zimmer, 'Germs in your gut are talking to your brain. Scientists want to know what they're saying,' *New York Times*, 2019.

12 Jane Foster and Karen-Anne McVey Neufeld, 'Gut–brain axis: how the microbiome influences anxiety and depression,' *Trends in Neurosciences* 36(5), 2013, pp. 305–312

13 John Dupré and Stephan Guttinger, 'Viruses as living processes,' *Studies in History and Philosophy of Science Part C: Studies in History and Philosophy of Biological and Biomedical Sciences* 59, 2016, p. 109–116.

14 Ron Sender, Shai Fuchs and Ron Milo, 'Revised estimates for the number of human and bacteria cells in the body,' *PLoS Biology* 14(8).

15 John Dupré, 'Metaphysics of metamorphosis,' Aeon, 2017.

16 Robert Macfarlane, 'Secrets of the wood wide web,' *New Yorker,* 2016.

17 Brandon Keim, 'Never underestimate the intelligence of trees,' *Nautilus*, 2019. 關於植物的學習和記憶，

參閱 Sarah Lasko, 'The hidden memories of plants,' *Atlas Obscura*, 2017.

18 Andrea Morris, 'A mind without a brain. The science of plant intelligence takes root,' Forbes, 2018.

19 Josh Gabbatiss, 'Plants can see, hear and smell – and respond,' *BBC Earth*, 2017.

20 Keim, 'Never underestimate the intelligence of trees.'

21 Chorong Song et al., 'Psychological benefits of walking through forest areas,' *International Journal of Environmental Research and Public Health* 15(12), 2018.

22 Jill Suttie, 'Why trees can make you happier,' *Thrive Global*, 2019. 我在此處提到的許多研究歸功於 Suttie 的作品的指點。

23 Ernest Bielinis et al., 'The effect of winter forest bathing on psychological relaxation of young Polish adults,' *Urban Forestry & Urban Greening* 29, 2018, pp. 276–283.

24 Geoffrey Donovan et al., 'Is tree loss associated with cardiovascular-disease risk in the Women's Health Initiative? A natural experiment,' *Health & Place* 36, 2015, pp. 1–7.

25 Bum-Jin Park et al., 'The physiological effects of Shinrin-yoku (taking in the forest atmosphere or forest bathing): evidence from field experiments in 24 forests across Japan,' *Environmental Health and Preventive Medicine* 15(1), 2010.

26 Bing Bing Jia et al., 'Health effect of forest bathing trip on elderly patients with chronic obstructive

pulmonary disease,’ *Biomedical and Environmental Sciences* 29(3), 2016, pp. 212–218.

27 Qing Li et al., ‘Effect of phytoncide from trees on human natural killer cell function,’ *International Journal of Immunopathology and Pharmacology* 22(4), 2009, pp. 951–959.

28 Omid Kardan et al., ‘Neighbourhood greenspace and health in a large urban centre,’ *Scientific Reports* 5, 2015.

29 Robin Wall Kimmerer, *Braiding Sweetgrass: Indigenous Wisdom, Scientific Knowledge and the Teachings of Plants* (Milkweed Editions, 2013).

30 Marcel Mauss 的書 *The Gift* 對於棄成長思想十分重要。

31 Rattan Lal, ‘Enhancing crop yields in the developing countries through restoration of the soil organic carbon pool in agricultural lands,’ *Land Degradation & Development* 17(2), 2006, pp. 197–209.

致謝

1 「催眠狀態」的說法及橫渡沙漠的故事引自 Tara Brach 的作品。

國家圖書館出版品預行編目資料

少即是多：棄成長如何拯救世界／傑森．希克爾（Jason Hickel）著；朱道凱 翻譯
– 初版 . -- 臺北市：三采文化，2022.2
面：公分 .（FOCUS 102）
譯自：Less is More: How Degrowth Will Save the World

ISBN：978-957-658-754-2（平裝）

1. 社會議題 2. 氣候變遷 3. 經濟學

550.16　　110022780

@封面圖片提供：
Photobank - stock.adobe.com

suncolor 三采文化集團

FOCUS 102

少即是多：棄成長如何拯救世界

作者｜傑森．希克爾（Jason Hickel）　譯者｜朱道凱
責任編輯｜張凱鈞　專案主編｜戴傳欣
美術主編｜藍秀婷　封面設計｜池婉珊　美術編輯｜池婉珊
文字編輯｜徐敬雅　文字校對｜聞若婷　內頁排版｜魏子琪
行銷經理｜張育珊　行銷企劃｜蔡芳瑀　版權負責｜杜曉涵

發行人｜張輝明　總編輯｜曾雅青　發行所｜三采文化股份有限公司
地址｜台北市內湖區瑞光路 513 巷 33 號 8 樓
傳訊｜TEL:8797-1234　FAX:8797-1688　網址｜www.suncolor.com.tw
郵政劃撥｜帳號：14319060　戶名：三采文化股份有限公司
本版發行｜2022 年 2 月 25 日　定價｜NT$480

LESS IS MORE
How Degrowth Will Save the World